이희식 장로 은퇴기념 대표기도문 모음집

기도의 향연

"향연이 성도의 기도와 함께 천사의 손으로부터 하나님 앞으로 올라가는지라"(요한계시록 8:4)

도서출판 조은

머리말

사랑이신 주 예수 그리스도의 이름으로 문안드립니다.

장로 직분을 받든지 13년, 강산도 변했습니다.

대표 기도를 허락하셔서 그간 모아온 기도문을 한 데 묶어 내용을 훑어 볼 때 부끄러울 때가 많았습니다.

하나님께 나름대로 정성을 드려 기도문을 드렸다지만 어설픈 내용과 걸맞지 않은 표현이 저의 얼굴을 붉어지게 할 때가 많이 있었습니다.

드리는 기도문은 순수한 창작도 아닙니다.

기록된 하나님 말씀 중에서, 목사님들이 선포하신 말씀 중에서, 교우들의 귀한 기도문에서, 여러 기록서적에서 감정을 움직이게 하는 내용들을 메모하여 두었다가 기도문에 활용했습니다.

그래서 반복해서 드린 내용도 많고 중복된 내용도 많이 있음을 고백합니다. 예배 때마다 떨리는 마음으로 항상 기도에 임했습니다.

주님 앞에 꿇어 엎드릴 때마다 예배의 시작 분위기를 경건한 내용의 기도로 시작되기를 기도했습니다.

목사님이 증거하신 선포의 말씀이 빗나간 내용이 아니기를 기도했습니다.

선포하실 말씀의 시간을 점하지 않기를 기도했습니다.

전달매체 앞에서는 정확한 발음, 음성의 고저, 기록의 말씀을 힘주어 강조하는 음성으로 받아 주시기를 기도했습니다.

22년간 모아온 주님께 드리는 대예배 시의 기도문을 다시 정리하게 하신 하나님께 먼저 감사드립니다.

특별히 지광식 담임목사님께서 은퇴기념으로 부족한 기도문을 기록으로 남기게 하신 은혜에 감사드립니다.

그 외에 부목사님들과 장로님들 그리고 많은 교우들이 주신 사랑에 감사드립니다. 그리고 사랑하는 아내 강희춘 장로와 자녀들, 손자들까지 주님 앞에 예배를 드릴 수 있는 가정을 허락하신 은혜에 감사하고 행복했습니다.

부족한 내용을 널리 이해하시고 기억에 남는 한 줄의 기도문이 됐으면 좋겠습니다.

이희식 장로

축하의 글

 이희식 장로님은 종이 우리 성천교회에 부임한 이후 재정부장을 비롯하여 중책을 맡아 종의 목회를 최일선에서 도와주신 고마운 분입니다. 욕심 같아서는 은퇴를 미루도록 하여 건강이 허락할 때까지 계속 최일선에서 종의 목회를 돕도록 하고 싶는 마음 간절합니다만 사실상 그렇게 할 수 없어서 흐르는 세월이 야속하기만 합니다.
 이 장로님은 부인이신 강희춘 장로님과 함께 부부장로로 우리 성천교회를 섬기며 새벽마다 빠지지 않고 나와 교회를 위하여 기도하셨고, 몇 년 전에는 성천제이교회 예배당을 짓기 위해 기꺼이 땅도 하나님께 바칠 정도로 헌신적인 분이십니다. 슬하의 자녀들도 모두 믿음의 가족을 이루어 우리 성천교회에서 봉사하고 헌신하는 일에 앞장섬으로써 신앙의 계대를 잇는 일에도 귀감이 되셨습니다.

 명예로운 장로은퇴에 즈음하여 그동안 해오셨던 회중예배 대표기도문을 책으로 엮게 되었습니다. 2000년 1월 2일에 장로로 천거된 이후 지금까지 해 오셨던 대표기도문을 소중하게 보관해 오신 것만 봐도 장로님이 하나님께서 맡겨주신 일을 얼마나 귀중히 여기며 성실하게 임해오셨는지 알 수가 있습니다. 비록 연한이 차서 은퇴를 하시지만 앞으로도 하나님께서 기뻐하실 기도의 자리와 예배의 자리에 변함없이 계실 것을 확신하고 기대하며 이 한권의 책을 펴냄으로써 성천의 모든 식구들과 함께 장로님의 명예로운 은퇴를 축하하며 축복합니다. 할렐루야! 아멘.

2013년 2월 17일 목양실에서
성천교회 지광식 담임목사

차 례

머리말 ••• 3
축하의 글 ••• 5

1991 기도문 ••• 9
1992 기도문 •••17
1993 기도문 ••• 25
1994 기도문 ••• 33
1995 기도문 ••• 45
1996 기도문 ••• 53
1997 기도문 ••• 59
1998 기도문 ••• 70
1999 기도문 ••• 84
2000 기도문 ••• 99
2001 기도문 ••• 112
2002 기도문 ••• 126
2003 기도문 ••• 145
2004 기도문 ••• 169
2005 기도문 ••• 190
2006 기도문 ••• 202
2007 기도문 ••• 218

2008 기도문 ••• 235
2009 기도문 ••• 248
2010 기도문 ••• 257
2011 기도문 ••• 270
2012 기도문 ••• 283

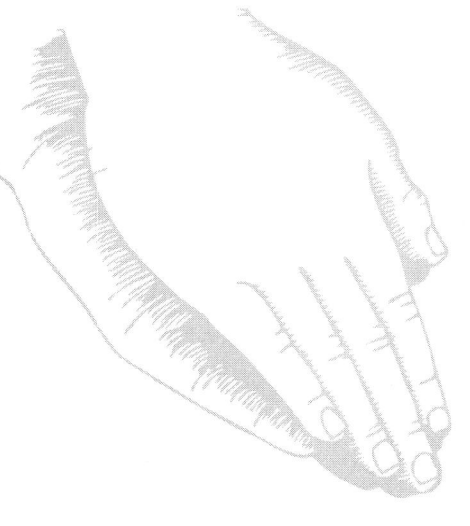

1991

1991년 2월 17일

   참되고 은혜로우신 하나님! 올바른 마음과 생각으로 진실한 기도의 주인공이 되게 도와주시옵소서.
   참 진리와 사랑의 복음을 들려주시는 이 자리에서 기도를 올리게 되었음을 진심으로 감사드립니다.
   우뚝선 철탑의 종소리는 사랑이 담긴 주님의 음성으로서 만인의 가슴을 두드렸고 드높은 성전은 죄의 사함을 받을 수 있는 주님의 따스한 품안으로 일관되어 왔건만 아직도 이곳에 몸과 마음을 돌리지 못한 심령들이 있사오니 함께 할 수 있는 뜻을 부어주시옵소서.
   온누리를 창조하시어 지금 이 시각에 이르기까지의 긴 세월 속에서 기껏해야 우리는 순간의 머무름이거나 한 방울의 물방울이 떨어져 곧 없어져 버릴 수밖에 없는 불쌍하고 연약한 중생입니다.
   심을 때가 있으면 뽑아질 때가 있고 기뻐할 때가 있으면 슬퍼할 때가 있으며 태어날 때가 있으면 반드시 죽어야만 하는 순리를 상시 보고 느끼고 체험하면서도 곧 망각해 버리는 불쌍한 인생입니다.

사랑이 많으신 하나님 아버지!

지금 이 자리에서 우리는 회개와 속죄로 거듭나기를 갈망하고 있사옵고 하나님의 깊으신 은혜에 찬양과 찬송을 올립니다. 먹고 마시고 수고함을 낙으로 누림이 하나님의 크신 선물인 것을 깨닫게 하여 주시옵소서.

먼저 선택되어 주님께 나온 우리들이 하나님의 뜻을 받들어 결집된 낱알이 되어서 이곳에 참석하지 못한 심령들에 뿌리워져 그들 스스로 발을 들여놓을 수 있도록 하나님의 자녀로서 모범되게 하시옵소서.

성천교회의 찬란한 빛이 발하여 시흥시 곳곳에 어두운 곳을 비추는 주님의 횃불이 되게 하소서.

성령의 은총을 입으시어 이제 단에 서신 사자 목사님의 말씀이 목마른 자들의 샘물이 되어 복되고 강건한 말씀으로 우리의 믿음을 더하여 주시옵소서. 모든 것 주 예수님의 이름 받들어 기도드렸사옵나이다. 아멘.

1991년 2월 21일 • 새벽기도문

하나님 아버지! 은혜를 감사합니다.

죄악 가운데서 죽을 죄인들을 크신 은혜로 택하시고 부르시어 주님에 의해 힘입어 성도가 되게 하심을 감사드립니다. 지금 이 시각으로부터 시작되어 오늘 끝나는 시각까지 악인의 꾀를 좇지 아니하고 죄인의 길에서지 않도록 성령의 음성이 우리 귓전에 함께 하여 주시옵고 유혹으로부터 피할 수 있도록 주님의 피묻은 손으로 항상 보호하여 주시옵소서.

하나님의 참뜻이 목사님 은혜의 말씀으로 전달되사 굳은 믿음되게 하시옵소서. 예수님의 이름 받들어 기도드렸사옵나이다. 아멘.

1991년 3월 5일 • **평상생활의 마음**

오 거룩하신 하나님, 연약하고 불쌍한 저희들을 돌보아 주시사 주님 안에서 중심을 갖고 생활할 수 있는 믿음으로 임하소서.

세상이 온통 악으로 가득차고 어디든 가도 편안한 마음을 가질 수 없는 어지러움이 넘칩니다.

우리는 힘없고 능력이 부족하오나 주님의 말씀과 같이 빛과 소금의 사명을 다 할 수 있도록 도와주시옵소서.

나 하나만을 위함이 아니고 이웃과 모두를 위해 희생과 봉사의 마음을 갖고 행동하게 하옵소서. 예수님의 이름 받들어 기도드렸사옵나이다. 아멘.

1991년 6월 30일

태초에 하나님께서 우리를 지으신 이래 지금 이 순간까지 그리고 영원토록 동행하여 주실 하나님 아버지.

이 자리에 모인 우리 모두에게 항상 주님의 음성이 우리의 귓전을 떠나지 않게 하옵소서. 닫혀있는 우리의 마음의 문을 열어주소서. 우리의 영혼이 눈을 뜨게 하옵시며 가식을 벗어 던지고 참으로 주님 앞에서 깨끗하고 순결케 하옵소서.

　지난 7일간에도 당신께서 주관하신 가운데 우리 모두가 성스러운 이 자리에서 무릎을 조아려 기도를 드리게 되었음을 진실로 감사를 드립니다. 그러나 이 영광된 자리에 참석지 못한 심령들이 있사오매 심신이 병들고 지친 심령이었다면 이들을 주님의 사랑으로 치유케 하옵시며 어리석고 무지하여 사탄의 꾐에 빠진 이들이라면 이 사슬로부터 풀려날 수 있도록 지혜를 주셔서 이들 모두가 주님 앞에 영광을 함께 나눌 수 있도록 도와주시옵소서.

　은혜로우신 하나님 아버지! 온갖 죄악이 난무하여 인류의 기본인 윤리와 도덕이 무너져 버린 이 시대에서도 하나님의 자녀로서 우리의 삶이 진실로 하나님을 섬기며 하나님의 뜻한 바 그 길로 가고 있는지 우리 자신을 돌아보며 회개하고 재정리 할 수 있는 이 자리가 되게 하옵소서.

　돌아보건데 입으로만 부르짖는 믿음으로 환경에 따라 임기응변식 변절로 자기 나름대로의 생활에 익숙해 있지나 않았는지 빈 몸으로 가는 진리를 알면서도 재물에만 집착한 나머지 물질만능에 유혹되어 세상 생활에만 만족을 꾀하며 스스로만을 안위해왔는지, 죽음이 임박한 이웃 병든 사람의 아픔보다 가시박힌 나의 손끝이 더욱 큰 아픔으로 생각되어 이웃을 외면하지 않았는지, 그리스도의 생활 중심이 흔들린 임기응변식 신앙과 물질에 좌우된 기형적 사고방식과 이웃사랑의 인색이 있었다면 이로부터 회개하여 주님의 뜻을 기려 믿음의 모범으로 행동하게 하옵소서.

　그리하여 이 자리에 참석하지 못한 굳어진 심령들에게 모범이 되어 우리로 하여금 그들이 주님 앞에 나올 수 있도록 우리의 위상을 재정립할 수 있는 이 시간 이 되게 하옵소서.

어린 유년으로부터 청장년에 이르기까지 각 기관 모두가 뿌리 깊은 신앙인으로서 이 지방 중심이 되어진 성스러운 이 터전에서 그리스도의 믿음 소망 사랑을 간직한 불붙는 신앙의 중심이 되게 하옵시고 이 신앙의 메아리가 이 터전으로부터 온누리에 울려 퍼지는 중심지가 되게 하옵소서.

끝으로 목마른 자들의 인도자가 되어 이 단 위에 서신 목사님의 말씀이 긴 가뭄 끝의 단비가 되어 우리의 몸과 마음을 해갈하여 주시도록 복되고 강건한 말씀으로 우리의 믿음을 돈독하게 하옵소서. 모든 것 예수님의 이름으로 기도드렸사옵나이다. 아멘.

1991년 9월 8일

삶의 진리를 깨닫게 하시는 거룩하신 하나님!
오늘 하루도 주께서 허락하신 가운데 참사랑이 말씀을 얻고자 이렇게 모였나이다. 저희들을 선택하시어 믿음의 보금자리를 베풀어 주심에 감사하오며 이 자리에 동참치 못한 이웃을 불쌍히 여기시사 마음은 있으되 육체가 허락지 아니하였으면 육체의 고질된 병든 곳을 고쳐주시고 마음이 병들고 퇴폐하였으면 이를 치유케 하시여 모두가 참 진리의 말씀과 사랑을 나눌 수 있게 인도하여 주시옵소서.

사랑이 많으신 하나님! 의롭지 못함은 파멸을 자초할 수밖에 없었던 소련 공산당의 몰락이 우리에게 크나큰 교훈을 주었음은 참으로 하나님을 믿지 아니하고 예수 그리스도의 참사랑을 외면한 댓가가 종말이 오는 참담한 파멸의 실상을 보여주셨습니다.

피와 눈물도 없이 온갖 수단과 방법을 총동원하여 인류의 기본적인 도덕과 자유를 무시한 채 인위적으로 통치했던 그들을 주께서 허락지 아니함은 어떠한 환경과 조건에서도 길게 존속할 수도 크게 융창할 수도 없다는 역사적 교훈을 주셨사오매 진실로 감사드립니다.

전지전능 하신 하나님 아버지!

우리의 어리석은 뜻을 따라 인생을 경영케 마옵시고, 허탄한 것을 자랑하며 자만하는 행동에 제약을 두시고, 더욱이 선을 알면서 불의의 편에 서서 악을 행하는 동조자 대열에서 빠지게 하옵소서.

세상이 다 하나님을 적대시하고 정의와 공평을 잃고 사탄의 편에 서서 죄악을 유희하더라도 이 자리에 모인 심령들로 하여금 끝까지 하나님을 섬기며 성령을 거역하지 않도록 돈독한 믿음을 주옵소서. 흔들리지 않는 중심의 믿음을 부어주시옵소서.

주님의 은총으로 이 자리에 서신 목사님의 강건한 믿음에서 오는 복된 그 말씀으로 우리의 믿음을 더욱 굳건한 반석 위에 서게 하여 추시옵소서. 모든 것 주 예수님 이름 받들어 기도드렸사옵나이다. 아멘.

1991년 12월 8일

항상 우리와 함께 하시는 하나님! 성스러운 이 자리에서 기도를 드리게 되었음을 감사드립니다.

더욱이 지난 일년간 주님이 베풀어 주신 은총 가운데 오늘의 우리가 있음을 생각할 때에 진실로 감사합니다.

그러나 우리에게 주신 사랑과 평강을 받기만 해왔고 받기만을 원했을 뿐 남에게 주었는지 매우 부끄러울 뿐입니다.

이제 1991년도 저물어가는 한해의 벼랑 끝에 서서 지난날 모두를 마감하고 정리해 봅니다.

사랑의 하나님! 감사의 하나님! 영원불멸의 하나님이였음을 깨닫는 이 시간이 되게 하옵소서. 세계 곳곳에는 무모한 사상과 이념이 소멸되고 있으며 무분별한 무기개발로 파멸과 말살을 자초하고 있는 어리석은 인간들에게 자제하도록 환경을 일깨워 주신 하나님! 우리를 지극히 사랑해 주셨으니 이 또한 감사합니다.

혼탁한 금세기에 이단자들이 더욱 어지럽혀 주님의 진리를 부정하고 왜곡하여 설파하는 사탄들 행위에 휘말리지 아니하고 이 자리를 선택하게 주셨으니 진실로 감사드립니다.

이 어려운 경제난국에서 과소비 풍토와 기본 도덕이 타락된 어지러운 현실에서도 건실한 삶을 회복할 수 있도록 일깨워 주셨음에 감사드립니다. 사랑이 많으신 하나님 아버지! 이웃 사랑하기를 내 몸과 같이 하라고 하셨습니다.

우리 주위에 헐벗고 굶주린 이웃을 위해 우리는 얼마나 도움을 주었는지, 마음의 고통과 육체의 아픔을 안고 있는 이웃에게 우리는 얼마나 고통을 같이 나누었는지 우리 스스르를 채찍질하게 하옵소서.

이제 금년도 20여일 밖에 안 남았습니다. 복잡하고 어지러웠던 한 해가 우리에게 믿음이 부족하게만 느꼈던 한 해가 서서히 물러서고 있습니다.

이 성스러운 전당에 모인 우리나 참석지 못한 모두의 마음속에 얼룩진 곳이 있으면 펴고 정리해서 보내는 마음은 홀가분하게 맞이하는 마음은 밝고 희망찬 해가 되도록 하옵소서.
　당회의 결산이 모두가 인정하는 마무리가 되게 하옵시고 신년에는 더욱 알찬 성천의 살림이 되도록 도와주시옵소서.
　금년에도 당신의 사랑하는 종 목사님의 음성이 온갖 고달픔을 잊고 우리의 텅빈 가슴을 성령으로 채워 주실 줄 믿습니다.
　모쪼록 돌아오는 해에도 건강한 몸으로 강건한 하나님의 말씀을 대변하시어 저희를 인도해 주시옵고 연성 관내와 시흥시 중심의 성천으로서 빛을 발하게 복음을 전파할 수 있는 교회로 성장하게 하옵소서. 모든 것 주 예수님 이름 받들어 기도드렸사옵니다. 아멘.

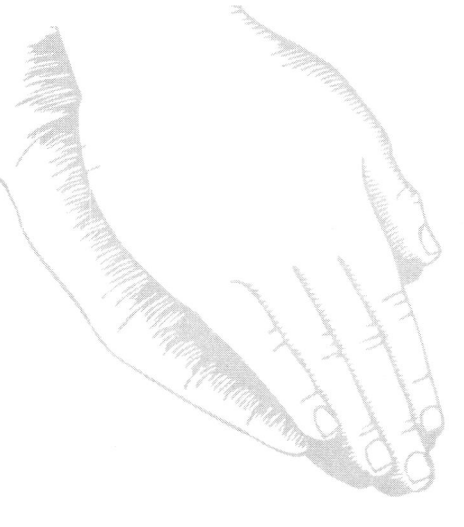

1992

1992년 1월 12일

　전능하시며 자비롭고 의로우신 영광의 하나님!
　오늘도 주님 앞에 모여 성스러운 마음으로 지키게 하시오니 진실로 감사드립니다. 이웃과 더불어 절대의 하나님 앞에서 머리 숙여 기원하오며 이 세상 그늘진 곳과 우리 마음 구석구석의 드리워진 암울한 어두움을 거두어 주시옵소서.
　사랑이 많으신 하나님 아버지!
　여기에 참석 못한 안타까운 심령들을 불쌍히 여기사 그들에게 어떠한 형태로든 주님 앞에 나와 하나님의 생명의 말씀 은혜의 말씀인 것을 깨닫게 하옵소서.
　더욱이 이 자리에 모인 우리 형제들 간의 사랑과 믿음의 행위들이 그들 눈에 귀감이 될 수 있게 하시어 하나님이 원하시는 대열에 서게 하옵소서.
　천지창조 이래 긴 세월 속에 잠시 머물렀던 한 해가 지난지 불과 10여일이 지났습니다. 이 순간까지도 연초에 각 사람마다 하나님 보시기에 모양새 좋았던 약속들이 자신도 모르게 동떨어진 곳에서 방황하며 죄악의 굴레가 씌워지고 있지나 않았는지 심히 두렵습니다.

은혜로우신 하나님 아버지!

우리가 살아가는 동안 시시각각의 크고 작은 시험을 받게 될 때 인내로서 극복하여 환난과 고통을 이길 수 있는 온전한 삶을 살아갈 수 있도록 항상 기뻐하며 기도하며 감사하라는 주님의 말씀이 우리 귓전에 머물게 하옵소서.

하나님이 원하시는 일과 기뻐하시는 일 아름다운 일들을 생각하며 일상생활을 경건한 마음을 품고 거룩한 삶을 영위할 수 있도록 주님의 은총의 말씀이 우리 귓전에 항상 머물게 하옵소서.

하나님의 크신 사랑에 힘입어 이웃과 함께 화해하고 용서하라는 가르침이 우리들 귓전에 항상 머물러 시작부터 끝까지 아늑하고 화목하게 하옵소서.

이러한 가운데 우리는 성령 안에서 믿음이 크고 우리 교회가 한 중앙에 우뚝 서서 생명의 빛을 발할 줄 믿습니다.

이를 위해 우리 모두의 마음을 하나로 하여 오직 예수 그리스도의 고난과 고통을 되새기며 봉사하며 헌신하는 마음과 행동을 갖게 하옵소서.

끝으로 사랑하시는 당신의 아들 우리 목사님으로 하여금 생명의 말씀 은혜의 말씀이 뜨거운 심령으로 우리 모두의 가슴깊이 스며들게 하옵소서. 모든 것 주 예수님 이름 받들어 기도드렸사옵나이다. 아멘.

1992년 3월 29일

환난과 고난으로부터 벗어나게 하시는 하나님 아버지! 보살펴 주신 줄 믿사옵고 감사를 드리옵나이다.

저희는 어리석고 연약하여 지난 주간에도 음으로 양으로 자신도 모르게 온갖 죄의 굴레에서 벗어나지 못한 가운데 있었음을 느낍니다. 그러한 가운데에서도 항상 우리를 불쌍히 여기사 그 굴레에서 벗어날 수 있도록 인도하여 주시고 오늘도 이 성스러운 자리에 선택하여 주신 줄 믿사오며 진실로 감사를 드립니다.

오늘 여기에 생명의 말씀, 은혜의 말씀이 갈급한 수많은 심령들이 참석지 못한 가운데 있사오니 마음이 병들어 방황하는 자에게 사랑의 음성으로 치유케 하시고 육체의 고통으로 시달리며 괴로워하는 이에게 희망과 용기를 주시되 그 고통으로부터 벗어나게 하시어 그들과 함께 이 자리를 누리게 하옵소서.

"너희는 이 세대를 본받지 말고 오직 마음을 새롭게 하고 변화를 받아 하나님의 선하시고 기뻐하시는 뜻이 무엇인지 분별하도록 하라" 하신 말씀으로 저희들에게 가르치심이 있으신 줄 믿습니다. 그러나 어제도 오늘도 늘 그랬듯이 일상생활에 만연된 탐욕과 질시로 이웃을 비방하고 질타하며 기만하는 마음을 새롭게 하여 변화되어야 하나 습성화된 생활로 그렇지 못한 줄 알고 있습니다.

어리석고 우매한 인간들의 순간순간의 생활이 하나님을 멀리하는 행동과 감언에 즐거움을 느끼는 가운데 돌이킬 수 없는 죄악을 범하고 있사오니 하나님의 온전하신 뜻을 거역하며 노하게 한 일들이 자

주 반복되는 죄악을 범한 줄 알고 있습니다.

 사랑이 많으신 하나님 아버지!

 어리석고 불쌍한 저희들을 통찰하시사 우리 모두 함께 하며 항상 즐거워하며 기뻐하는 생활로 이웃과 아픔을 같이 나누고 이웃의 괴로움을 덜어주는 사랑의 손길이 항상 함께 할 수 있도록 도와주시옵소서.

 구태의연한 인생의 평상 생활 중에서 벗어나게 하시어 하나님의 선하시고 기뻐하시는 온전한 뜻으로 인도하심 받아 거듭나게 하소서. 참진리의 말씀을 사랑하시는 주님의 종 우리 목사님으로 하여금 충만한 은혜의 말씀으로 가득 채워주시옵소서. 또한 그 은혜의 말씀이 우리 성천교회를 중심으로 한 시흥 지방의 그늘지고 어두운 곳에 복음이 되어 하나님의 뜻을 기리게 하옵소서. 이 모든 말씀 주 예수님의 이름 받들어 기도드렸사옵나이다. 아멘.

1992년 6월 15일 • 화목의 기도

 사랑이 많으신 하나님 아버지! 오늘 한 날도 고귀하고 성스러운 이 자리에서 하나님을 뵙고저 여기 모였습니다.

 항상 같이 하시는 주님이시여!

 지난 한주간도 우리 곁에 계셔서 한순간도 놓치지 않으시고 저희를 지켜보신 줄 믿습니다. 험난하고 사악한 이 혼탁한 속세에서 연약하고 어리석은 우리가 오직 한 분이신 주님께 대한 중심이 흔들리지 않고 생각하며 행동하고 생활했는지 심히 두렵습니다. 주님이 원하시는 생활로 기도하며 간구하는 참된 삶을 갖게 하옵소서.

사랑이 많으신 구세주여! 이 자리에 참석지 못한 안타까운 심령들이 있사오니 마음은 있으되 육체의 고통으로 멀리 한 이들에게 그 고통에서 벗어나게 하옵시고 마음이 병든 자에게 주님의 사랑과 음성이 그들을 깨우쳐 영광된 이 자리를 지키게 하옵소서.

더욱이 여기에 부르심 받아 모인 저희로 하여금 이 자리를 채울 수 있도록 사명을 주시고 능력을 주옵소서.

우리를 구원하시려고 대속하신 주님이시여! 죄악이 가득한 속세에서 살아가고 있는 우리에게 자신을 희생하며 이웃과 더불어 화목한 생활이 주안에서 이루어지기를 원하고 계신 줄 믿습니다.

그러나 물질의 풍요를 앞세워 즐기기를 생활의 전부로 착각한 나머지 그늘 지어 어두운 곳을 보지 못하고 자기 안위와 자기중심으로 쾌락의 눈이 먼 세상이 되었사오니 심히 안타깝습니다. 어리석음이 가득찬 불쌍한 중생들에게 자기희생과 봉사로 나부터 양보하고 이해하며 포용할 수 있는 능력을 주옵소서.

항상 저희들께 주님의 가르치심과 이웃사랑과 용서를 일관하신 줄 믿사오나 이기적이고 위선에 도취된 나머지 저지른 죄악에 대해서는 남이 나에게 먼저 용서를 바라고 있으나 내가 먼저 용서하고 이해하며 화목을 나눌 수 있도록 주님께서 인도하여 주시옵소서.

우리 모두의 마음과 뜻이 하나가 되어 자기들의 희생으로 화목한 생활을 앞세운 믿음 소망 사랑의 생활을 앞세운 생활이 주안에서 영원하도록 하옵소서.

시시각각으로 밀려드는 온갖 시험을 이기며 승리하는 내일이 되게 하시어 희생과 화목한 주님이 원하시는 생활이 일관되게 하옵소서.

갈급한 심령들이 이 자리에 모였사오니 사랑하시는 당신의 아들 목자의 음성을 빌어 진리의 말씀, 생명의 말씀으로 충만한 은혜를 얻게 하옵소서. 거룩한 이자리가 사랑의 말씀으로 하여금 주님께 찬양과 찬송으로 영광을 올릴 수 있게 하여 주시옵소서. 주 예수님 이름 받들어 기도드렸사옵나이다. 아멘.

1992년 8월 9일 • 건축위원회 헌신예배

지금 이 시간도 하나님께서 허락하여 주신 카운데 건축위원회 예배를 드리게 되었음을 진실로 감사드립니다.

항상 우리 곁에 계셔서 지켜주시는 하나님 아버지!

이 지방에 예고된 변화는 이 시대가 요구하는 흐름이기보다 이미 하나님께서 내려주신 예시였음을 느끼고 있습니다.

마음과 정성을 다해서 이룩해야 할 이 성전은 우리에게 평온한 마음의 양식처요 주님께서 주신 아늑한 주님의 품안에서의 요람인 줄 믿사옵고 이 지역에서는 광명의 빛이 어두운 그림자를 구석구석 밝혀주실 원천의 빛이 발할 수 있는 터인 줄 믿습니다.

우리만이 믿음의 이 자리가 입으로만 오르내리는 중심이요 보기에만 느껴지는 시흥시 중심이기 보다는 우리 정성이 담기고 깊은 뜻이 깃들어진 진실한 마음이 사랑하는 당신의 종 목사님의 구상과 우리 모두의 손길로 실체를 이룩할 수 있는 실천의 행동으로서 이루게 하옵소서.

장소로서의 시흥시 중심보다는 믿음의 시흥시 중심이 되어 만인의 거룩한 성전으로 은혜 받는 성전 건축을 이루게 하옵소서. 주 예수님 이름 받들어 기도드렸사옵나이다. 아멘.

1992년 8월 30일 • 귀감의 기도

늘 함께 하시는 하나님 아버지!

8월도 무덥고 지루했던 장마와 함께 태풍으로부터 저희를 보호해 주셨고 결실의 계절을 맞이할 수 있도록 희망의 날들을 주신 가운데 오늘도 주님의 부르심 받아 이 성스러운 자리에 모였나이다.

이렇듯 저희에게 주시는 은혜로움 가운데 여기에 참석지 못한 여러 형태의 사랑하는 주님의 아들딸들에게 나름대로의 괴로움을 보살펴 주시사 주님께 향한 마음을 흔들리지 않게 하옵소서.

우리가 하나님이 원하시는 "귀감된 생활을 하였는지" 뒤돌아보고 싶습니다. 무분별한 탐욕의 종이 되어 이기적인 행위로 이웃에게 주시를 받는 일이 있었다면 그 사슬에서 벗어나게 하시고 헛되고 기회주의적 발상에서 남을 시기하며 중상하므로 위장된 인간상호의 교류가 있었다면 이들 서로가 용서를 주고받을 수 있는 너그러움을 교류케 하옵소서.

무책임한 행위와 말들이 무지에서 오는 사유였다면 하나님의 말씀 가운데 그 잘못을 깨달을 수 있는 귀절을 찾게 하시어 숙연함을 갖게 하소서.

때와 장소에 따라 감정에 얽매여 자기 이성을 잃고 위선과 위장으로 하나님을 망령되이 하는 것이 있었다면 이들 지배에서 하루속히 벗어나 거듭날 수 있는 자신을 발견케 하소서.

첫 인간들로부터 죄를 지은 바 우리이기에 떳떳치 못한 우리 일상생활이 몸에 베인 줄 압니다. 회개하오니 탐욕과 위장과 위선으로 일관된 사고에서 벗어나게 하시어 어려운 일 당하지 않게 하옵시고 악인의 꾀를 쫓지 아니하고 죄인의 길에 서지 않도록 하옵소서.

이러한 마음가짐의 바탕 위에서 사랑하시는 주님의 종 목사님이 원하시는 바 성스러운 대성전 건축과 안으로는 개척교회 설립과 밖으로는 세계적 선교 사업에 앞장서서 훌륭한 인물들을 양성케 하옵소서. 이 모든 말씀을 예수님의 이름 받들어 기도드렸사옵나이다. 아멘.

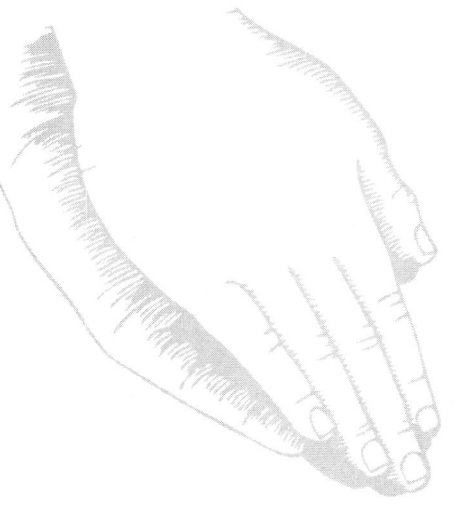

1993

1993년 1월 9일 • 새해의 기도

  하나님의 음성이 불변하시사 오늘도 부르심을 받아 이 자리에 모였나이다. 어리석고 유약한 저희는 하나님의 참사랑을 통해서 성령으로 굶주린 배를 채우고 목마름을 해갈하고자 하오니 하나님의 방법으로 풀어주시옵소서.

  또한 이 자리에 참석지 못한 이웃형제들이 있사와 각기 다른 어려움과 여러 가지 구실로 참사랑을 외면하고 이 세상 부질없는 꿈과 어렵고 괴로운 나날들을 보내며 방향을 잃고 헤매고 있사오니 이 또한 하나님의 방법으로 하나님의 말씀이 전달되게 하셔서 모두가 주님 품으로 돌아오게 하옵소서. 이제 93년도도 이미 시작되었습니다.

  어렵고 복잡했었던 지난 한 해에도 하나님께서 저희를 사랑하시어 보호하여 주셔서 지금 이 자리에 있게 하였사오니 진실로 감사드립니다. 지난 한해를 돌이켜 보건데 시시각각으로 우리의 마음이 변하여 하나님의 품을 떠난 일들이 여러 가지 많이 있었던 것으로 기억됩니다.

망령된 꿈과 헛된 욕망으로 재물에 노예가 된 잠시의 생활이 끝내는 자기 파멸을 가져온 자들의 마지막 몸부림을 본 일도 있습니다.
　자기 위치와 현실을 도외시한 채 부질없는 시기와 질투로 이웃에게 부담과 마음의 갈등을 주는 일들로 돌아서고 보면 그로 하여금 자신의 한구석에 짐이 되는 사실들도 있었습니다.
　이웃사랑과 함께 윗어른과 부모님의 공경이 우리의 기본임에도 자기중심의 이기적인 생활로 자신의 안일만을 선택하여 전통과 기본 도덕을 외면했었던 이 모두가 필연적으로 자신에게 돌아오는 고독과 외로움을 우리 주위에서 보아 왔습니다.
　사랑이 많으신 하나님 아버지! 이 부질없는 가슴 아픈 일들을 잊게 하여 주시옵소서.
　92년의 이러한 일들이 우리가 살아가는 생활의 한번에 밑거름이 되어 대망의 93년도는 주님께서 가르치시고 인도하시는 봉사와 희생과 헌신으로 생활에 임하게 하옵소서.
　특히 이 자리에 모인 우리 모두가 이 자리를 외면한 자들의 귀감된 생활이 되게 하옵소서.
　거룩한 대성전의 세우심과 그늘진 곳의 복음화로 어느 곳에 있든지 하나님의 사랑이 충만하게 하옵소서.
　이 모든 말씀 주 예수님의 이름으로 기도드렸사옵나이다. 아멘.

1993년 3월 28일 • 박철화 목사님 감리사 선출 축복기도

　전능하사 우리를 지으신 하나님 아버지!

우리의 주인이시며 영화로우신 하나님 아버지인 줄 믿습니다.

주님의 크신 뜻과 은총으로 연약한 저희를 사랑하시사 이 거룩한 자리를 허락하여 주신 가운데 감사와 영광의 기도를 드리게 되었음을 진실로 감사드립니다.

지난 주간도 이 힘난하고 어지러운 세류 가운데 저희를 붙들어 주셔서 이 거룩한 성전에 나왔습니다. 주님의 말씀대로 살아가는 믿음을 허락하시고 일상생활에서 늘 주님의 영광을 드리는 믿음을 갖게 하옵소서. 걱정과 근심과 괴로운 모든 것이 나약한 믿음에서 비롯한 것이오니 저희를 온전히 이끌어 주시옵소서. 굳건한 믿음을 허락하여 주시옵소서.

저희를 사랑하시는 하나님 아버지!

특히 성천교회를 굳건한 믿음의 반석으로 택하신 하나님! 어둡고 그늘진 이곳을 사랑과 믿음의 촛불로 밝히신 지 40년이 지난 오늘날 우리 목사님을 이 지역 감리사로 택하신 가운데 첫 예배를 드리오니 다시없는 주님의 영광의 손길로 인도하신 줄 믿습니다.

숱한 나날들을 온갖 고뇌 속에서 희생과 봉사를 기쁨으로 일관하신 당신의 종 목사님으로 하여금 더욱 큰 믿음과 사랑으로 그의 능력을 보살피사 이 지역에서 하늘나라 선한 사업에 귀한 열매를 충실한 열매를 맺게 하시어 놀라운 성공의 열쇠로 허락받는 종이 되게 하옵소서.

어린이로부터 시작해서 청장년 노년층에 이르는 모든 이들의 목자로서 사명을 다 하게 하시고 우리 모두의 간구하는 대성전 건축과 함께 안으로는 개척교회 설립과 밖으로는 세계적 선교 사업에 앞장 선

인물들을 양성케 하옵소서. 이 모든 말씀 우리 주 예수님 이름 받들어 기도드렸사옵나이다. 아멘.

1993년 6월 6일 • 뿌린 대로 거두게 하소서!

　영원하신 하나님 아버지!
　끝없는 사랑으로 감싸주시는 거룩한 주님께 감사와 영광을 드립니다.
　오늘도 어리석고 연약한 저희들을 위해 귀한 말씀과 은혜로움을 입을 수 있는 시간을 주셨사오니 진실로 감사드리오나 거룩한 이곳에 참석해야만 할 이웃이 있사오나 함께하지 못했습니다. 병마에 시달린 육체의 고통으로 또는 마귀에 얽매인 곳에서 해방되지 못한 이들이오니 하루속히 고통과 사슬에서 풀려나게 하시어 영광을 드리게 하옵소서.
　우리를 구원하신 하나님 아버지!
　지난 5월은 우리 농촌에서 연중 가장 바쁘고 고달픈 절기였습니다. 씨를 뿌리고 심어 가꾸어 가을의 알곡을 꿈꾸며 육체의 고달픔을 달랜 주간이었습니다. "심은 대로 뿌린 대로 거두어 들이는" 희망의 열매를 연상케 하옵소서.
　기성인들의 생각과 말과 행동이 우리 후대들에게 뿌려지는 씨앗이 오매 옳지 못하면 못한 대로 열매를 맺게 하는 사회 실상을 우리는 보고 느끼고 있습니다. 이웃과 더불어 반목과 질시와 이기적인 생각과 행동으로 뿌려지는 씨앗으로 하여금 서로가 불행한 열매를 맺게 되어 거두어들인 것도 보고 있습니다.

사랑의 하나님! 이러한 실상을 보고 느꼈을 진데 주님의 사랑과 은총으로 살아가는 우리가 주님의 품을 떠나 온전치 못한 믿음으로 이웃에게 씨앗을 뿌리며 열매를 기다리고 있지 않나 두렵사오니 오늘 이 시간을 기해서 뒤돌아보며 회개하는 이 자리가 되게 하옵소서.

　사랑이 많으신 하나님 아버지! 우리 이 땅에 거룩한 대성전 건축을 원하옵는 것도 어둡고 그늘진 곳의 복음화를 기하는 것도 더욱이 훌륭한 지도자 양성을 기원하는 우리교회 3대 목표도 심은 대로 거두어들이는 참 진리를 깨닫게 하는 목표가 되게 하시어 꼭 이루어지게 하옵소서.

　하나님 아버지! 우리 목사님께서 당신을 대신하시어 흠 없는 이 자리에서 참 진리의 말씀을 베풀고자 하시오니 부족함 없는 능력으로 임하게 하옵시고 또한 그의 가정을 건강으로 지켜 주시옵소서.

　그리하여 우리 교회와 교인들을 위해서 더욱더 아낌없는 사랑과 일을 할 수 있도록 보호하여 주시옵소서. 예수님 이름 받들어 기도드렸사옵나이다. 아멘.

1993년 8월 15일 • 감사기도

　언제나 저희들을 사랑하시는 하나님 아버지께 오늘도 영광을 드립니다.

　거룩하고 성스러운 이곳에 죄인일 수밖에 없는 저희들을 불러주셔서 지키게 하오니 진실로 감사를 드립니다.

　한치 앞을 내다 볼 수 없는 어리석고 나약한 우리 죄인들은 무모한 욕심과 허구로 온갖 죄를 저지른 가운데 지난 주간에도 세계 방방곡곡에서는 지진과 홍수로 얼룩지고 전쟁으로 인한 굶주림의 속에서 피비린내 나는 불쌍한 인간들의 울부짖는 마지막 몸부림을 보고 듣고 있습니다. 그러한 가운데 우리들에게 닥쳐 올 듯한 가공할 태풍으로부터 피하게 하시어 큰 재난과 재앙으로부터 벗어나게 하셨음은 우리들을 지극히 사랑하시는 하나님이신 줄 진실로 믿사오며 감사드립니다.

축복의 하나님! 저희 나라를 사랑하시사 안정된 국가로 이끌어 주시옵소서.

48년 전 8월 15일 광복된 이래 위정자들의 정치 행각으로 하여금 온갖 부정과 부패로 나라가 혼란한 가운데서 이제 벗어나고자 몸부림치고 있습니다. 하루속히 안정된 사회와 경제를 이룩하게 하시어 우리 모든 백성들이 불안한 날들을 잊게 하시고 활기차고 명랑한 분위기를 갖게 하옵소서.

사랑의 하나님! 저희 목사님과 함께 하시어 이 자리에 세워 주신 줄 믿습니다. 대성전 건축과 어둡고 그늘진 곳의 복음화와 선교적 사업에 참여시킬 인물들의 양성 목표를 세우게 하시어 우리 성천을 이끌게 하신 줄 믿습니다. 이 지방의 크고 작은 일들을 감당케 하시어 놀라운 능력으로 부족함이 없는 결과를 낳게 하시옵소서! 그의 가정과 가족들에게도 건강의 축복을 주시어 사랑하는 당신의 종 목사님으로 하여금 오직 주님의 일만을 감당케 하옵소서. 모든 말씀 주 예수님 이름 받들어 기도드렸사옵나이다. 아멘.

1993년 10월 31일 • 회개기도

    생사화복을 주관하시는 하나님 아버지!
    때때로 뿌려 주시는 비로 온누리에 늘푸른 들이 이제 풍요로운 곡식으로 가득 차게 하시어 거두어들이게 하였사오니 더욱 감사하옵니다.
    어느 한 날도 하나님께서 주관하시지 않으면 이 순간에도 모든 일이 허사일 수밖에 없음을 잘 알고 있습니다. 거두어들이는 날까지 저희를 보살펴 주셔서 저희들의 손길을 무겁지 않게 도와주시옵소서.
    주여! 지난 한 주간도 어리석고 연약한 우리는 세상일에만 매달리어 당신을 기쁘게 해드리지 못하고 자신의 욕망과 안일을 위해 시간을 보내는 죄악을 범한 줄로 알고 있습니다. 회개하오니 하나님의 말씀과 뜻으로 저희 삶을 얽어 매여 주시고 저희 영혼을 일깨워 주셔서 삶 전체가 하나님을 향한 행위로 일관되게 하옵소서.
    사랑이 많으신 하나님 아버지! 지금 이 사회는 기성세대의 그릇된 판단과 온당치 못한 행위로 모두가 병들어 가고 있습니다. 일신 상의 안위와 팽배되어 있는 자기만의 이기심으로 하여금 부질없는 욕망과 욕심이 우리 후대들에게 비추어짐으로 지금 이 사회를 온갖 죄의 온상으로 만년화 되어 걷잡을 수 없는 사회문제가 부상되고 있습니다.
    거룩하신 하나님 아버지! 이 나라를 사랑하시사 지금 사회 각지에서 개혁에 물결이 일고 있습니다. 통치자들을 비롯한 위정자들의 마음을 순수하게 하시어 이 땅에서 불의와 부정을 바로 세워 주셔서 이 나라를 하나님께서 주관하시는 통일된 하나로 만들어 주시옵소서.

전지전능하신 하나님 아버지! 우리 교회의 3대목표가 있습니다. 시흥시를 중심으로 한 이 자리에 웅대한 성전건축과 전지역 복음화와 이에 따른 지도자 양성의 뜻을 이루게 하시옵소서.

오늘도 우리 목사님과 함께 하시어 당신의 제단 앞에 세워주신 줄 알고 있습니다. 진리의 말씀을 전파하실 때에 부족함이 없는 증거로 능력을 허락하여 주시옵소서. 더욱이 이 지역 감리사로 세우셨으니 그 어느 때보다 봉사와 성실로 짜임새 있는 역할을 감당하시어 사명을 다하는 당신의 진실된 종이 되게 하옵소서. 이 모든 말씀 주 예수님 이름 받들어 기도드렸사옵나이다. 아멘.

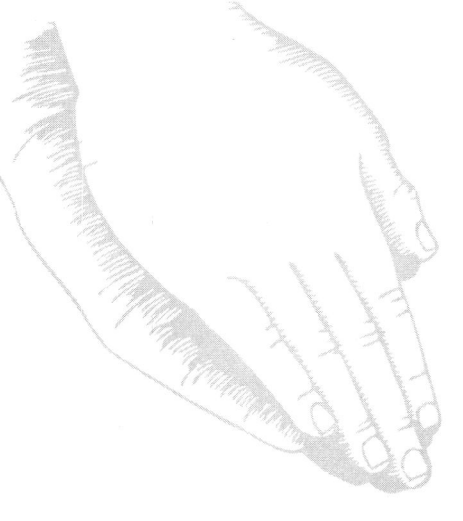

1994

1994년 1월 2일 • 신년 기도문

창조주 하나님 아버지!

94년도 한 해를 허락하신 가운데 저희를 사랑하시어 성스러운 이 자리에 인도하여 주셨사오니 진실로 감사드립니다.

새롭게 맞이하는 올해에도 연약하고 불쌍한 저희들을 사랑하시사 지금까지 보호하여 주신 것처럼 금년 한해에도 함께 하여 주시옵소서.

그러나 이 자리에 함께하지 못하는 심령들이 있습니다. 병마에 시달리어 신음하는 이웃에게 빠른 쾌유를 보내주시어 일어나게 하옵소서. 마귀의 사슬에 얽매인 무리에게 그 굴레에서 벗어나게 하시어 하나님 앞에 감사와 찬양을 드릴 수 있는 우리의 교우가 되게 하옵소서.

사랑의 하나님! 지난 한해를 돌이켜 보고 거듭나게 하옵소서. 천지 창조 이래 뜨는 해의 괘도는 한 치의 오차도 없이 반복 되는 가운데 아름다운 4계절의 삶을 주신 하나님께 진실로 감사를 드렸는지 되돌아보고 싶습니다.

때때로 비를 뿌리시어 철따라 주시는 온갖 열매로 풍요한 생활을 영위했으나 진심으로 감사의 예물을 드리지 못하고 형식에 얽매인 재물 드리기에 인색한 한해였습니다.

  역사 속에 오신 주 예수께서 죄 많은 저희를 대신하셔서 흘리신 피의 영원한 진리를 깨달으면서도 돌아서면 죄악을 범하는 속성을 감추지 못하고 크고 작은 죄를 범한 한해였습니다. 서로 사랑해야 할 이웃에게 따스한 손길을 보내지 못한 한 해였습니다.

  희생과 봉사를 앞세워 소중하고 귀한 직분을 감수해야 하나 나약하고 소신없는 직분으로 한해를 보냈습니다.

  세인의 부끄러움 없는 진지한 생활로 신앙인의 길을 걸어야 하나 반목과 질시와 편협된 생활로 그들이 우리를 멀리하게 한 한해였습니다.

  사랑의 하나님! 회개합니다. 저희들이 저지른 죄와 허물을 용서하시고 새로운 해에 새로운 마음을 갖게 하옵소서.

  지금 우리가 지금 존재하고 있는 것만으로도 감사한 생각을 갖게 하옵시고 이웃에게는 따스한 사랑의 손길을 나눌 줄 알게 하옵시고 자기의 희생과 봉사로 직분을 다하게 하옵소서.

  마음 깊은 곳에서 우러나오는 감사의 예물을 드리는 생활이 되게 하옵소서.

  모름지기 우리의 진실한 행동으로 하여금 하나님 믿기에 마음과 정성을 다해서 무지한 세인들의 눈에 본이 되게 하옵소서.

  천혜의 조건으로 시흥시에 위치한 우리 성천교회를 사랑하시사 지난해처럼 금년도 지켜 주시옵소서.

  이 지역개발에 따른 우리 성천교회를 새로운 모습으로 변화를 요구하고 있습니다. 놀라운 성령으로 목표를 이루게 하시어 어둡고 그늘진 곳에 빛을 드리우는 햇빛이 되게 하시고 갈급한 심령들의 가슴을 적셔 주는 성도가 되게 하옵소서.

각 기관기관이 한마음 한뜻이 되어 긍정적이고 적극적인 자세로 임하게 하시고 어설픈 운영이 되지 않게 하옵소서.

특별히 저희 목사님과 함께 하시어 금년 한해에도 주님께서 기뻐하시는 말씀과 찬양으로 저희들에게 활력과 생명이 넘치는 말씀으로 증거케 하옵소서.

더욱이 이 지역에 감리사로 직분을 다하게 하시고 그의 가정과 가족에게 행운과 건강을 지켜 주시옵소서. 우리 이웃의 온 가정이 믿음과 신앙으로 하나님의 뜻이 항상 함께하는 가정이 되게 하옵시고 물질의 풍요함과 더불어 건강을 주셔서 건전한 사회의 구성원으로 되게 하시어 남북통일을 다지는 한해가 되게 하옵소서. 이 모든 말씀 우리 주 예수님 이름 받들어 기도드렸사옵나이다. 아멘.

1994년 3월 15일 • 창립 예배일 기도

험난하고 어지러운 세태 속에 죄인일 수밖에 없는 저희를 사랑하셔서 이 아름답고 성스러운 하나님 품 안으로 인도하신 줄 믿습니다. 얼어붙은 땅에 다시는 돋아날 것 같지 않던 새싹처럼 41년간 우리 성전을 보호하시어 지켜주신 줄 믿습니다.

창설 이래 뜻이 있으셔서 우리에게 보내주셨던 종들을 주님의 특별한 축복과 은총 가운데 각기 다른 곳에서 직무를 다하며 우리를 위해 기도를 하고 있는 줄 알고 있습니다.

그들이 우리에게 바라는 기도가 헛되지 않도록 하옵시고 부족함이 많은 저희들을 붙들어 주시옵소서. 저희는 저희들이 우둔한 입술이나마 하나님의 뜻을 전하고 이를 증거하기 위한 행위가 하나님 보시기에 "잘했다" 칭찬받는 자세였는지 우리의 중심을 가다듬게 하시고 스스로를 기만하여 자기 안이 가운데 독백이었다면 다시금 흐트러진 자세를 바로 잡게 하소서.

저희는 저희들의 눈으로 우리 주위에 펼쳐진 모두가 하나님의 증거일진데 그 뜻을 음미하지 못하고 가증한 찬송으로만 목청을 드높이지 않았나 두렵습니다. 이로 하여금 우리 이웃이 하나님 앞에서 멀어지게 한 의미없는 찬송을 중단케 하옵시고 새로운 지혜의 눈을 뜨게 하시어 참 진리의 증거로 그들에게 비추게 하옵소서.

저희들의 귀가 사탄의 음성에 현혹되어 하나님의 음성 듣기를 가벼이 하고 세상 일에만 도취되어 죄인의 길에 서서 방황하는 때가 있었사오니 주여! 다시는 그 길에 서지 않도록 뇌성과 같은 음성으로 우리의 귀를 때려 주시옵소서.

사랑의 하나님! 어리석고 연약한 우리이기에 우둔한 입술과 어리석은 눈과 항상 열려있는 귀로 온갖 유혹에 흔들리지 아니하고 저희들을 지켜주셔서 반복되는 죄악의 사슬에서 해방되게 하소서. 이제 우리들의 선교의 사명을 감당하고자 부족한 가운데 이곳 반석 위에 대성전을 세우고자 하오니 주님의 섭리로 이룩하게 하옵소서.

그늘진 곳의 개척으로 빛을 발하게 하옵시고 선교사 양성으로 하여금 세계적 선교사명을 감당할 수 있는 길을 열어 주시옵소서.

여기 모든 각 기관마다 주님의 손길로 인도하여 주시고 도움을 주시사 믿음, 소망, 사랑이 깃들어진 자랑스러운 운영이 되게 하옵소서.
 주님의 몸된 교회를 위해 수고하시는 목사님께 은혜와 진리를 충만케 하여주시고 직분을 가진 이들에게 축복을 내려주셔서 그들로 하여금 목사님을 받들어 섬기는데 부족함이 없게 도와주시옵소서. 이 모든 말씀 우리 주 예수님 이름 받들어 기도하였사옵니다. 아멘.

1994년 5월 22일 • 가정의 달

 하나님의 말씀과 뜻이 우리 생활 속 모두를 지배하셔서 오늘도 이 성스러운 자리로 인도하신 줄 믿습니다. 특별히 5월은 쇠퇴해가는 온 가족의 의무를 일깨워 주시사 가정의 달로 허락해 주신 줄 믿사오며 감사를 드립니다.
 태어나면서부터 성숙하기까지 우리 자녀에게 삶의 경외함을 배우게 하며 그들에게 가르치라 하신 주님의 참된 구속을 벗어난 사례가 난무하여 회개합니다.
 가장 많은 시간을 같이 하는 어린 자녀들은 말씨와 손짓 심지어 걸음걸이까지 흉내 내가며 커가는 거울이온데 우리는 그들에게 주님의 "교양과 훈계로 양육하라" 하신 분부대로 받들어 실천에 옮겼는지 감히 되돌아보게 하소서.
 사랑의 하나님! 분명 인간의 도리로서 첫째를 부모공경에 두신 계명을 우리는 기억합니다. 그러나 물질만능과 자기중심의 행위를 앞세운 핵가족의 유물은 양로원의 사업성을 검토하며 영리에 연결시키는 세대에 살고 있음을 안타깝게 생각합니다.

병든 부모를 헌신짝처럼 내팽개치고 낳은 부모 모시기에 자식들 간에 흥정의 대상으로 하는가 하면 유산에 눈이 어두워 "마음의 살인 육신의 살인" 까지 자행하는 난감한 사건들을 보고 듣는 삭막한 광경이 전개되는 이 시대에 물들까 두렵습니다.

먹이를 물어다가 입에 넣어주는 날짐승들의 헌신의 양육을 보며 살고 있습니다. 서슬 푸른 강자의 배회로 어린 병아리를 품안으로 모으는 어미 닭의 사랑을 느끼며 살아왔습니다.

더욱 우리는 문밖 멀리서 돌아오는 탕자를 보고 달려가 목을 껴안고 입을 맞추는 부모의 참사랑 비유를 하신 예수님의 가르치신 내용을 항상 옆에 놓고 살아왔습니다.

혼탁한 세대의 흐름 속에 당연시되는 어리석은 인간들의 잘못된 풍토를 하나님의 섭리와 가르침으로 항상 우리 앞에 내보이시는 하나님! 우리 모든 성인들이 제자리를 지키게 하옵소서. 부모와 어른들로서 권리와 의무를 포기하지 아니하고 주님의 가르침을 깨달아 실천케 하옵소서.

우리의 정리된 몸가짐으로 이 성스러운 자리를 멀리하는 이들께 비추이게 하셔서 저희들의 몸된 교회를 부흥 발전시키는데 원동력이 되게 하소서.

이러한 바탕 위에서 대성전 건축과 사각 지대의 국내 선교와 훌륭한 인재 양성으로 세계선교의 앞장설 수 있는 사명을 감당케 하옵소서.

각 기관마다 성도의 개체의 힘이 결집되어 긍정적이고 적극적인 자세로 임하는 운영이 되게 하시어 살아 움직이는 믿음의 전당이 되게 하소서.

특별히 저희 목사님과 함께 하셔서 이 지역의 감리사로서 직분을 감당케 하시옵고 주님께서 기뻐하시는 말씀과 찬양으로 저희들에게 꿈을 먹여 주시옵소서.

하나님께 영광을 올리며 은혜를 함께 하는 복된 시간이 되게 하옵소서. 예수님 이름 받들어 기도드렸사옵나이다. 아멘.

1994년 7월 31일 • 위기에 있는 이 세상을 구하소서!

사랑의 하나님! 뜻이 있으셔서 오늘도 이 성스러운 자리를 지키게 하신 줄 믿습니다. 사랑과 은혜의 말씀으로 연약하고 부족한 심령을 채워 주실 줄 믿습니다. 지난 주간에도 무사한 나날을 주셨사오니 진실로 감사와 찬양을 드립니다.

거룩하신 하나님 아버지! 그러나 세상일에만 묻혀 살다보면 주님의 뜻하신 대로 살지 못하고 자의든 타의든 간에 온갖 허물 가운데 있었사오매 이를 회개하오니 용서하여 주시옵소서.

저희는 한치 앞을 내다보지 못하는 어리석은 죄인이기에 하나님의 말씀과 뜻이 항상 우리를 구속하실 줄 믿습니다. 우리 일상생활에 필연적인 문명의 발달은 무부별한 오만과 자만으로 승화되어 인류와 질서가 무너지고 하나님의 뜻을 거역하고 타락과 방종이 우리 스스로의 재앙을 가깝게 불러들이고 있음을 느끼고 있습니다.

세계 곳곳에는 전쟁으로 하여금 살상과 살육이 자행되고 홍수와 가뭄이 교차하는 가운데 하루에도 수천 명의 죄없는 어린이와 남녀노소가 기아와 질병으로 죽어가고 있습니다. 하나님께서 내려주신 이 자연도 황폐화되어 날이 갈수록 암담한 세상이 만들어지고 있습니다.

  수십년 만의 예기치 못한 가뭄으로 식물과 대지가 타들어가고 있는 말세지말에 하나님의 모든 계시를 유념하여 회개하게 하셔서 거듭나게 하시옵소서.

  사랑의 하나님! 지금 이 자리에는 병마에 시달리어 고통 중에 있는 성도와 사탄 꼬임에 흔들려서 함께 하지 못한 이웃이 있사오니 고통 중에 있는 이들께 힘과 용기를 주시어 벗어나게 하옵소서. 사탄에 얽매인 이들께 벗어나게 하옵소서.

  우리교회는 선교의 사명을 감당하는 교회로서 대성전 건축과 국내적 선교와 선교사 양성으로 세계선교에 동참할 수 있는 3대 목표를 이루게 하소서.

  오늘도 우리 목사님으로 하여금 은혜를 받고자 하오니 성스러운 제단에 서실 때 능력을 함께 하시어 살아 움직이는 성령을 부어 주시옵소서.

  더욱이 지역의 감리사로서 직분을 다하셔서 하나님께서 "잘했다" 칭찬 받으시는 은혜를 받게 하옵소서. 이 모든 말씀 우리 주 예수님 이름 받들어 기도드렸사옵나이다. 아멘.

1994년 10월 9일 • 자기의 위치

  거룩하고 성스러운 하나님 아버지!

  무지와 어리석음에서 헤어나지 못하여 죄인일 수밖에 없는 불쌍한 저희를 사랑하셔서 오늘도 주님 앞에 인도하여 주신 줄 믿사오며 감사를 드립니다.

　예기치 못한 사건 사고로 얼룩진 일주일도 우리를 보호하여 주셔서 평안한 날을 보내게 하셨사오니 더욱 감사하옵나이다.

　한여름 극심한 가뭄에 몸도 마음도 함께 말라 내일을 암담하게 생각한 것도 연약하고 어리석은 저희 생각일 뿐 하나님의 섭리는 넓은 능력이 한이 없는 줄 압니다.

　거룩하신 하나님 아버지! 이렇듯 마음이 연약하고 부족한 저희들에게 "듣기는 들어도 깨닫지 못하고 보기는 보아도 알지 못하리라" 하신 말씀을 들려주신 줄 아오나 바람이 불면 흩어질 "모래성"만 쌓으며 자기 위치를 분별치 못하고 감사를 모르는 저희들이오니 깨닫게 하옵소서.

　사랑의 하나님!

　지금 우리의 가정은 위치가 흔들리고 있습니다. 자녀와 함께 부부로서의 도를 다하여 가정윤리의 법도를 지키지 못하고 자유 분방한 가운데 하나님을 멀리한 가정이 많은 줄 알고 있사오니 스스로 돌아보게 하옵소서.

　성전을 향한 우리의 발걸음은 이웃이 주시하고 있은즉 바른 몸가짐으로 그들이 함께 할 수 있는 자세로 고쳐 잡게 하소서.

　거룩한 이 전당에서 주어진 사명과 맡겨주신 직분에 스스로 불태우며 앞에서 이끌고 뒤에서 밀어주는 우리였는가를 깊이 생각하고 회개하게 하소서.

　우리 교회에 큰 손길을 보내주셔서 선교적 사명을 다하여 3대 목표를 이루게 하시사 곧 닥쳐올 대성전 건축에 중지를 모아 봉헌케 하소서.

  갖은 고난과 역경 속에서 지켜온 우리 민족과 나라를 사랑하시어 분단의 벽을 허물고 하나님께서 생각하시는 영광된 나라로 만들어 주시옵소서.

  이 모든 말씀 주 예수 이름을 받들어 기도드렸사옵나이다. 아멘.

1994년 12월 24일 • 나

  하나님이시여! 주님의 인자를 좇아 저를 긍휼히 여기시며 주님의 많은 자비를 좇아 내 죄과를 도말해 주소서.

  나의 죄악을 말갛게 씻기시며 나의 죄를 깨끗이 제하소서! 나는 내 죄과를 아오니 내 죄가 항시 내 앞에 있나이다. 내가 주께만 범죄하여 주의 목전에 악을 행하였사오니 주께서 말씀 하실 때에 "의로우시다" 하고 판단하실 때에 "순전하시다" 하리라. 내가 죄악 중에 출생하였음이여 모친의 죄 중에 출생하였음이여 모친의 죄 중에 나를 잉태하였나이다. 중심의 진실함을 주께서 원하시오니 내 속의 지혜를 알게 하나이다.

  우슬초로 나를 정결케 하옵소서! 내가 정하리이다. 나를 씻기소서! 내가 눈보다 더 희리이다. 나를 즐겁고 기쁜 소리를 듣게 하사 주께서 꺾으신 뼈로 즐거워하게 하소서. 주의 얼굴을 내 죄에서 돌이키시고 내 모든 죄악을 도말하소서.

  하나님이여! 내 속의 정한 마음을 창조하시고 내 안에 정직한 영을 새롭게 하소서.(시편 51편)

어두움과 죽음의 그늘에 앉은 자에게 비추시고 우리 발을 평강으로 인도하시고자 이 땅위 아들을 보내주신 하나님 아버지!

지금 온 세상이 예수 그리스도의 탄생의 축복과 영광이 충만하고 있습니다. 지난밤과 어젯날 그리고 숱한 해를 거듭하면서 영원불멸의 진리와 생명의 더 발하심은 어쩐 일이 옵니까?

이를 깨닫게 하소서.

기울어져 가는 해는 풍요로운 현실 속에서 타락과 방종 탐욕의 시기 그리고 두려움과 분노로 얼룩진 그림자만 남겨 놓고 하나님을 멀리한 사악한 무리들의 행태로 하여금 재앙을 끌어들인 온갖 사건사고가 불쌍한 중생들의 가슴 한 구석에 지워지지 못하고 보내온 한 해인 줄 알고 있습니다.

사랑의 하나님! 금년 한 해를 마무리 하면서 어지럽고 혼탁했었던 곳에서 있었던 나를 다시한번 돌아보게 하소서.

그리고 나를 다시 찾게 하소서. "나"라는 육신은 분명 하나님의 창조물 가운데 한순간의 빛처럼 사라질 터인데 무한한 영적 감각을 불어 넣어 주셔서 하나님의 말씀과 뜻 안에서 영과 찬양을 드리는 평생의 생활이어야 할 줄 알고 있습니다.

그러나 우리는 자신의 이기적 사고와 헛된 욕망으로 근심과 걱정이 앞섰던 금년 한해가 아니었는지 되돌아보게 하소서.

저희는 그 이웃에게 화평을 말하나 그 마음에는 악독이 있나이다 하는 다윗의 독백은 사악하고 각박한 사랑의 고갈에서 기인된 줄 압니다. 이웃축복에 인색하고 메마른 사랑의 대화를 앞세운 가증된 생활 속에서 이웃과 함께 한 "나" 아니었는가를 되돌아보게 하소서.

나를 능하게 하신 주여! 나를 충성되이 여기시며 내게 직분을 맡기신 줄 압니다. 그러함에도 그 직분을 소홀히 아니하였는가를 기억케 하시고 자신의 뜻대로 남용한 죄를 범하지 않았는가를 스스로 정리하게 하소서.

일 년간 우리는 대성전 건축과 봉헌에 뜻을 두었습니다.

국내 선교를 위한 개척을 구상토록 하였습니다.

선교사 양성을 위한 눈을 세계로 돌렸사온데 우리는 진실로 두 손 모아 기도드리면서 무엇을 얼마나 이룩하였는가를 결과를 놓고 깊이 보게 하소서.

행동과 실천을 뒤로 한 채 입으로 흘려버린 한 해였는가를 깊이 생각하게 하소서.

무기력했던 우리 전당의 목표를 소홀히 한 것에 포기하게 하지 아니하고 하나님을 의지하여 생활하는 가운데 앞으로 닥쳐올 이 지역에 엄청난 변화를 감당케 하소서.

사랑하는 당신의 종 우리 목사님으로 하여금 암흑과 같이 어둡고 힘한 세상에서 저희들이 어두움을 이기고 밝은 빛으로 인도하시도록 영역을 넓혀 주시옵소서. 그에게 힘을 주시사 메마른 우리의 심령을 늘 푸른 곳으로 인도하여 주시옵소서. 우리 주 예수님 이름 받들어 감사드리오며 기도드렸사옵나이다. 아멘.

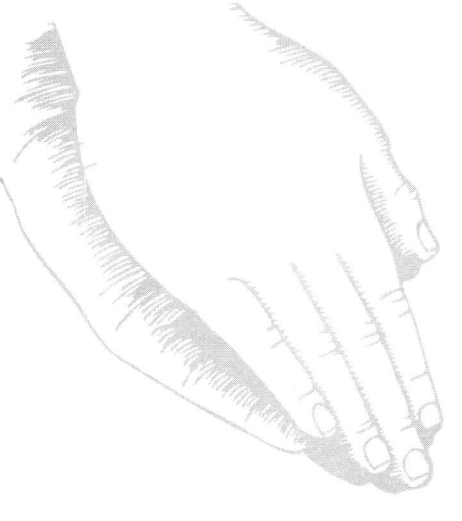

1995

1995월 2월 26일 • 깨닫게 하소서!

　주님의 뜻 가운데서 살고 말씀 가운데 행동하기를 원하시는 하나님 아버지!
　오늘도 저희를 사랑하셔서 헤아릴 수 없는 온갖 사건 가운데 휘말리지 아니하고 성스러운 성전에 머리 숙여 경배드릴 수 있는 시간과 장소를 허락하여 주셨사오니 진실로 감사드립니다.
　하오나 이와 함께하지 못한 형제가 있어 안타깝습니다. 무지한 가운데 맹목적인 삶으로 하나님을 모르고 있습니다. 시험 들어 마귀에 동조로 함께한 이들이 있습니다. 본의 아니게 병마에 시달리며 주야로 신음하고 있어 동석치 못한 이도 있습니다. 이들 모두 이런저런 굴레에서 벗어나게 하시어 저희와 같이 하나님께 찬양과 찬송을 드리며 같은 길을 걷게 하소서.
　작금의 세상은 스스로 억제치 못하는 인간의 욕망과 헛된 지배의 꿈에 사로 잡혀 붉은 피로 물들어진 가운데 폐허와 굶주림과 질병 속에서 헤어나지 못하는 인재의 덫에 걸려 있습니다.

이로 인한 하늘의 노여움은 가뭄과 홍수 냉해와 폭염 그리고 지진 등 온갖 천재로 그 댓가를 받고 있는 줄 알고 있습니다. 어리석음과 무지에 우리 죄인은 무디어진 감각으로 반복되는 죄악을 범하는 가운데 살고 있습니다. 이 지옥에서 빨리 벗어나게 하옵소서. 동토와 앙상한 나뭇가지에서 새싹이 움트는 이 봄처럼 헛된 꿈에서 깨어나게 하소서.

며칠 있으면 망국의 서러움과 절망과 좌절 속에서 희망과 용기를 잃지 않고 하나님께 의지하며 기도하는 가운데 3월 1일 독립만세를 외친 과거가 있습니다.

온갖 잔인하고 포악한 일제에 항거한 용기를 되새기게 하소서.

사랑의 하나님! 메마른 이 땅 중심에 성전 건축의 사명을 주시고자 불가피한 변화를 주신 줄 알고 있습니다. 그 변화에 당황하지 아니하고 어떤 어려움과 고통이 있어도 슬기로운 중지를 모아 원하시는 곳에 원하시는 전당을 세우게 하셔서 하나님께 영광을 드러내는 교회가 되게 하소서.

큰일을 감당케 하시고자 보내주신 목사님과 함께 하시어 영육간에 신령함과 강건함을 주셔서 온 성도들의 주어진 직분에 능력을 더하게 하시어 큰 횃불 밝은 빛을 발하게 하소서. 이 모든 말씀 주 예수님 이름 받들어 기도드렸사옵니다. 아멘.

1995년 5월 14일 • 가정의 달에 임하며

　하나님 뜻 안에 살고 말씀 가운데 행동하기를 원하시는 주여! 거룩한 오늘도 저희를 불러주셨사오니 진실로 감사합니다.
　하오나 육신의 고통과 마음의 상처로 이 자리에 참석지 못한 이웃들이 있사오니 그들의 환부를 치유하시어 하나님께 찬양과 찬송을 함께 드리는 이웃되게 하소서!
　더욱이 5월은 가정의 달입니다.
　이미 시내산 지경에서 모세로 하여금 약속 있는 첫 계명으로 "네 부모를 공경하라"고 내리신 말씀은 인류가 존재하는 한 가정을 중심으로 오직 주 예수를 섬기는 은혜 가운데 사랑으로부터 시작되는 줄 믿습니다. 그렇지만 인륜이 무너지고 도덕이 소멸되어가는 지금의 세태는 낳고 길러준 부모는 멸시를 당하고 비정한 부모는 자식을 외면하는 한심한 흐름 속에 이웃들과 함께하고 있습니다.
　주여! 이 잘못된 패륜에서 깨어나게 하소서. 자녀로서 부모 밑에 순종함이 우리였고 부모로서 자녀를 양육함이 우리일 수밖에 없으며 노인의 자리는 어김없이 나와 이웃에 함께 닥쳐오는 천륜의 길이온데 잘못 자행된 반목과 질시 폭력과 살인 불효 불충의 몫도 따라서 우리에게 되돌아오는 이치를 깨닫게 하소서.
　그리고 회개하게 하소서!
　이제 험악하고 암울한 현세에 광명의 빛을 주시고자 이 지역에 새로운 성전건축을 명하신 줄 알고 있습니다. 주님의 큰일을 감당하실 목사님을 중심으로 어렵고 힘든 일에 사명으로 감당케 하소서. 모든 기관과 직분을 가진 이들과 온 성도가 함께 힘을 더하게 하시어 주님의 능력을 더하게 하소서. 이 모든 말씀 주 예수님 이름 받들어 기도드렸사옵나이다. 아멘.

1995년 8월 6일 • 8.15 광복의 달에서

환난의 피난처이신 하나님 아버지!

지난 주간도 어둡고 암울한 속세에서 살다가 오늘 이 성스러운 하나님 품안으로 인도하여 주셔서 은혜와 축복을 받을 수 있는 시간을 주셨사오니 진실로 감사를 드립니다. 고난과 시련의 역사만이 점철된 이 민족에게 해방의 기쁨을 주셨던 광복의 달이오매 더욱더 감사하옵니다.

우리 민족이 일제 36년간 어두운 역사 속에서 있었음은 각 개인의 사리사욕과 지도자들이 함께 뭉치지 못하고 주님의 말씀대로 살지 않았거나 외면했던 어리석음의 결과였음을 고백하오니 저희를 불쌍히 여기사 용서하여 주시옵소서.

쇠퇴한 민족의 역사는 주께서 애초에 창조하신 모습에 벗어나 주권과 인권이 말살된 채 기억조차 싫은 치욕 속에서 살아야만 했고 이에 벗어나기 위해서 수많은 백성들이 피를 흘려야만 했던 아픔을 기억하고 있습니다.

더욱이 짧은 우리 기독교 역사 속에서 믿음의 선배들이 흘린 피가 아니었던들 지금 이 성스러운 곳에서 있었을까 하는 의구심 가운데 진실로 감사를 드립니다.

사랑의 하나님! 그러나 지금의 현실은 있는 자의 횡포와 지도자들의 잘못된 생각으로 갖가지 엄청난 재앙의 소용돌이 속에서 백성은 불안해하고 있습니다.

무지한 자들은 하나님을 외면하고 모독하는 가운데 불쌍하고 연약한 저희들은 치유될 수 없는 깊은 상처가 작금의 세태의 더욱 큰 문제가 됐사오니 이를 불쌍히 여기사 주님의 분노를 피할 수 있는 길을 열어 주시옵소서.

큰 곳에서나 작은 곳에서 "모세가 손을 들면 이스라엘이 이기고 손을 내리면 아말렉이 이기는 것"처럼 성령으로 입은 지도자의 손이 항상 들어져 하나님의 말씀과 뜻 안에서 순종하는 가운데 승리하게 하소서. 이제 험악하고 암울한 가운데에서도 광명의 빛을 주시고자 이 지역의 새로운 성천 건축의 명을 내리신 줄 알고 있습니다.

주님의 큰일을 감당하실 목사님을 중심으로 어렵고 힘든 일에 사명으로 감당케 하시도록 모든 기관과 직분을 가진 이들과 온 성도들이 모세의 들리어진 팔에 버팀돌이 되지 하시어 주님의 놀라운 능력을 발하게 하소서. 이 모든 말씀 주 예수님 이름 받들어 기도드렸사옵나이다. 아멘.

1995년 10월 22일 • 성전 건축

전지전능하신 하나님 아버지! 지난 주간도 흩어졌던 어린 양들에게 사랑과 자비와 은총을 베푸셔서 오늘 이곳에 모일 수 있도록 안일함을 주셨사오니 진실로 감사드립니다.

하나님 아버지! 연약한 우리는 이 세상사는 동안 눈에 접하고 있는 쾌락과 욕심과 아집에 얽매여 하지 말았어야 하는 똑같은 죄를 반복하는 어리석음에서 헤어나지 못하고 영적인 일과 영혼을 위한 일에 너무 외면한 줄 느끼고 있습니다.

이렇듯 세상 일에만 매달려서 자기를 위함에는 인색치 아니하고 이웃을 생각하기에는 조금도 후함이 없는 저희를 용서하여 주시옵소서!

사랑의 하나님! 뜻이 있으셔서 지금까지 이 성전을 시대적 사명을 안고 멀지 않은 날에 자리를 옮겨야 하는 대역사를 앞에 두고 있습니다. 심히 우려되는 바 지금까지 지켜주신 성전에 대한 성도들의 사랑이 다소 멀어질까 두렵사오니 주여! 붙들어 주시옵소서.

주님의 크신 능력과 사랑으로 육신의 게으름을 떨쳐 버리게 하시고 자손만대에 구원의 전당을 정성이 깃들인 모두의 전당 세우심에 동참케 하옵소서.

지금 이 민족에게는 평화보다는 전쟁과 그로 인한 숱한 상처가 많았고 지금도 한 곳에서는 양 칼날을 세워 무력침공의 기회를 엿보고 있으며 한쪽에서는 풍요 가운데 혼탁한 무리들의 부정부패와 탈선, 타락 등 온갖 하나님을 멀리한 행위 일뿐 이를 떨쳐버릴 자제력을 상실하고 있사오니 주여! 구원하여 주시옵소서.

사랑의 하나님! 오늘도 주님의 귀한 말씀을 증거하실 목사님께 능력과 성령을 충만히 부어주시어서 주님의 영광을 드러나게 하소서. 예배의 처음과 끝 모두를 맡기오며 이 모든 말씀 예수님 이름 받들어 기도드렸사옵나이다. 아멘.

1995년 12월 31일 • 1995년을 보내는 기도

 사랑의 하나님! 이제 일 년이 분초를 다투는 가운데 묵은해로 자취를 감추며 새해를 기다리는 소중한 시간입니다.
 오늘도 이렇게 하나님 존전에 나와서 뒤돌아보는 반성과 새해를 기쁨과 희망으로 맞이할 수 있도록 은혜를 베풀어 주셨사오니 진실로 감사드립니다.
 지난 날들이 믿음의 중심과 우리들의 행동이 하나님의 말씀 가운데 뒤따랐어야 했사온데 내가 보내야 했던, 우리가 겪어야 했던 자취는 추악한 무리에서 헛된 영광을 위한 발걸음뿐인 줄 압니다.
 사랑과 용서의 하나님! 보시기에 미련하고 미흡한 끝맺음에 깊은 반성과 새로운 각오로서 회개하오니 용서하여 주시옵소서.
 밝아오는 날의 설계는 묵어가는 해의 자국을 거울삼아 한 번의 잘못을 반복치 않게 믿음으로 무장케 하옵소서.
 우리 모두 맡은 직분에 헌신과 봉사로 감사하며 임하게 하옵시고 성스러운 이자리에 참여한 이들은 모두를 바칠 수 있는 마음의 결단을 내리게 하옵소서.
세상적인 것에 현혹되지 않게 하옵시고 오직 주님만을 바라보는 기쁨과 희망과 믿음을 주옵소서.
 개성 인간의 소견대로가 아니고 진실로 하나님께서 원하시는 계획에 의해 쓰임받는 한 해가 되게 하소서.
 사랑의 하나님! 우리는 이 땅에 대성전 건축을 위하여 작은 마음으로 준비한 해였습니다. 이제 큰마음으로 모두가 하나가 되어 부족함

없는 대성전 건축의 총력의 해로 지표를 삼게 하소서.

몸과 마음으로부터 지켜왔던 이곳이 지역중심의 전당, 복음의 전당, 사랑의 전당으로 거듭 날 수 있도록 붙들어 주시옵소서.

격동의 한해는 엄청난 재난 속의 국가와 국민 모두가 불안한 해였습니다. 이를 계기로 하나님께서 우리에게 반성의 기회를 주신 줄 믿습니다. 돌아오는 내일에는 참 평화가 하나님의 섭리로 온누리에 정착되게 하시어 다시는 격랑이 일지않는 평온함으로 일관되게 하옵소서.

격의없는 몸과 마음으로 헌신하시고 자리를 지키시는 우리 목사님을 기억하시어 풍성한 은혜를 내려주셔서 진리의 말씀을 베풀어 주시기에 부족함이 없는 능력을 허락하소서. 그의 가정과 가족에게도 건강으로 함께 하시어 교회와 성도를 위해 헌신하실 수 있도록 도와주시옵소서.

예배의 처음과 끝을 주님께 부탁드리오며 구주 예수 그리스도의 이름으로 간절히 기도드렸사옵나이다. 아멘.

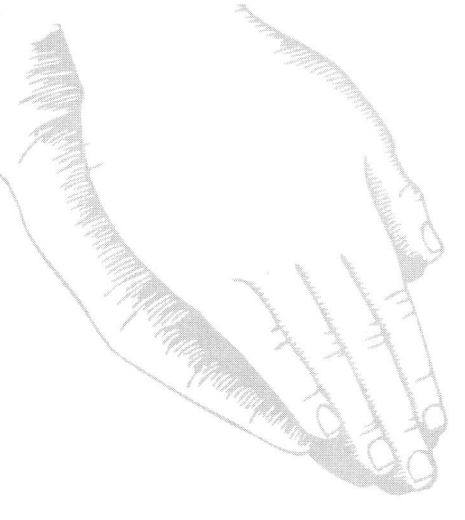

1996

1996년 3월 17일 • 고난주간 직전에

인류의 생사화복을 주관하시는 하나님 아버지! 그 섭리를 찬송하오며 주님께 영광을 드립니다.

우리의 죄악으로 하여금 상함을 받으셨고 질고로 하여금 슬픔을 당하여 주셨던 주여! 자신들을 돌아볼수록 부끄러울 수밖에 없는 죄인들이지만 오늘도 저희를 사랑하여 주셔서 갈급한 심령들을 성스러운 성전으로 인도하여 주셨사오니 감사 드립니다.

지난 한 주간도 우리의 삶이 하나님께 기쁘게 해드렸는지 의심스럽습니다. 육신의 안일함을 위해 깨끗지 못한 재물에 소망을 두었는가 하면 허영과 시기와 가증함으로 우리의 마음이 강퍅케 되어 메마른 정이 오고 갔습니다.

기본 도덕과 질서를 뒤로 하고 눈에 띄는 데로 자기위주의 행위로 하여금 이웃과의 사랑을 파기했을까 두렵사오니 용서하여 주시옵소서.

사랑의 하나님! 지금 여기 주님 앞에 우리 모두 머리 조아려 기도드리고 있습니다. 주님 뜻에 살고 말씀 가운데 주님의 영광을 나타낼 수 있는 삶으로 변화시켜 주시옵소서. 걱정과 근심을 멀리하고 오직 기쁨으로 소망이 깃든 삶을 주시옵소서.

　아직도 우리 이웃에게는 무지와 사탄에 얽매여 온갖 고통에 신음하는 불쌍한 심령들이 많이 있사오니 저희들과 더불어 살아갈 수 있는 기회를 주시어 믿음 가운데 동반자가 되게 하옵소서.

　지금 세상은 하루가 멀다 하게 엄청난 사건과 사고가 인류멸망의 족쇄가 씌워져 우리 주위를 압박해 오고 있습니다.

　더욱이 이 나라 분단으로 하여금 동족 간에 이웃사랑이 소멸된 채 어느 시기에 불의 충돌이 있을까 두렵사오니 전지전능하신 주님의 심판에 의해 평화로운 방법으로 해결하여 주시옵소서.

　거룩하신 하나님 아버지! 시대의 흐름과 함께 지역의 변화는 주님의 사랑과 진리와 은혜가 더욱더 충만한 전당을 요청하고 있음을 익히 알고 있습니다. 미약한 작은 손으로 시작되었사오니 반석 위에 기초를 두게 하시어 모든 이에게 소망을 둔 역사가 되게 하소서! 앞으로 있을 갖가지 시련과 고통을 기쁨으로 감당케 하시어 "잘했다" 칭찬 받는 은혜를 입게 하소서. 거룩하신 주 예수님의 이름으로 기도드렸사옵나이다. 아멘!

1996년 5월 26일 • 성전건축에 열과 성의를 다해

　만왕의 왕이신 하나님 아버지! 뜻대로 다스리시는 섭리 가운데 오늘도 저희를 불러 주시는 주님께 영광과 존귀와 찬송을 드립니다. 연약하고 부족한 저희들은 구원을 받고자 이 자리에 모였사오니 자원하는 심령을 주시사 꼭 붙들어 주시옵소서.
　지난 주간도 하나님의 말씀을 혀로 흉내 낼 수 있었으나 행동으로 옮기지 못함으로 주님의 사랑을 저버렸습니다.
　스스로의 희생이 따르는 봉사를 기쁨으로 찾아야 했으나 내 몸을 위해 자기 주관대로 살았기에 하나님 앞에 한 치도 접근치 못한 죄인을 용서하여 주시옵소서.
　폭염으로 시들고 타버려 버리는 갈급한 심령들에게 성령의 단비를 내려 주셔서 생기를 갖고 새롭게 출발할 수 있도록 거듭나게 하소서.
　지금 이곳에 함께 하지 못한 이웃이 있습니다. 병마와 싸우는 고통과 사탄에 얽매인 낙심 가운데 방향을 잃고 헤매는 이들께 위로와 평안을 주셔서 우리와 함께 주님 앞에 서게 하옵소서.
　사랑의 하나님! 일찍이 저희 지역을 사랑하셔서 이곳에 세워주신 성전이 새로운 변화를 맞게 되었습니다. 이 변화로 하여금 더욱 크고 아름답게 모두의 등불로 밝혀 비출 수 있는 대성전 건축되게 하소서.
　미약하나마 성도들 한 사람 한 사람의 벽돌 쌓아올림이 한 알의 밀알이 되어 세상의 기쁨을 줄 수 있도록 정성을 다하게 하소서.
　사랑의 하나님! 저희들 앞에 내세우신 목사님은 작금 어렵고 힘든 항해 가운데 큰 일을 감당하시게 되었사오니 그로 하여금 부족함이 없는 능력을 허락하시옵고 오늘도 흠없는 말씀으로 우리 모두를 시냇가로 인도하여 주시옵소서.
　그의 가정과 가족을 지켜 주셔서 그의 직분을 다하게 하소서! 이 예배의 처음과 나중을 온전히 맡기오며 주 예수님 이름 받들어 기도드렸사옵나이다. 아멘.

1996년 8월 11일 • 광복절과 함께

　전지전능하신 하나님 아버지! 온 인류의 역사를 주관하시고 감찰하시어 지금껏 우리를 지켜 주시고 하나님을 섬길 수 있는 분별력을 주신 하나님께 찬송과 영광을 드립니다.

　지난 주간도 하나님 말씀이 우리 마음속에 풍성히 거하고 있었는가 되짚어 봅니다. 하오나 온갖 범죄가 모든 이의 마음속에 더 크게 자리 잡았음이 인지되었사와 회개하오니 용서하여 주시옵소서.

　사랑의 하나님! 며칠 있으면 광복절 입니다. 되돌아 보건데 멀리는 어두운 수난 속에서 각종 아픔을 감수해야 했고 해방과 더불어 동족 간에 피비린내 나는 싸움으로 보냈는가 하면 지금은 모두를 잊은 채 평화 아닌 평화 가운데 배부른 세월로 알고 있습니다. 그러나 타락과 방종과 시기 가운데 암울한 내일의 환란을 예기치 못하고 하나님 앞에 온갖 범죄가 난무하고 있사오니 용서하여 주시옵소서.

　능력의 하나님! 이제는 주권도 알고 인권도 알고 쇠퇴한 민족의 전말도 깨닫게 하셨습니다. 더욱이 하나님을 멀리하는 민족들의 인간생활이 얼마나 비참하고 참담한 가를 온갖 통신수단으로 우리에게 보여 주셨습니다. 그러한 속에서 우리를 구원해 주셨음을 생각할 때에 진실로 감사드립니다.

　하오나 사악한 무리 가운데 함께 하는 우리는 주님의 믿음을 멀리하고 반복되는 같은 죄악에 습성화 될까 두렵습니다.

　주여! 불쌍하고 연약한 우리를 보살펴 주시사 오직 주님의 믿음과 사랑으로 무장케 하셔서 두터운 신앙생활에 헛점이 없도록 인도하여 주시옵소서.

 이제 우리는 과거의 어두움을 거울삼아 거듭나기 위해 보다 밝은 장래를 보며 성전 건축에 임하고 있습니다.

 목사님을 중심으로 장로님들과 모든 이들이 심혈을 기울여 힘을 모을 때인 줄 알고 있습니다. 흐트러진 환경의 육신이오나 정성과 마음이 하나가 되게 하시어 온갖 고난 가운데 아름다운 성전 건축에 임하게 하소서.

 하나님 말씀대로 살아가는 이들 중 병든 이에게 그 고통에서 벗어나게 하시고 사탄 얽매인 이들에게는 그 사슬에서 벗어나게 하소서.

 저희 목사님과 함께 하셔서 흠없는 주님의 제단에서 진리의 말씀으로 우리의 믿음을 더욱 두텁게 하소서. 이 모든 말씀 주 예수님 이름 받들어 기도드렸사옵나이다. 아멘.

1996년 10월 27일 • 건축과 우리의 자세

 참되고 바르게 살게 하심을 인간 생활의 기본으로 삼아주시고 이웃과 더불어 사랑으로 묶어주시어 숭고한 인류의 도를 일깨워 주시는 하나님 아버지! 불쌍하고 어리석은 저희를 책임져 주시는 주님께 찬양과 찬송을 드립니다.

 지금 이 시간까지도 저희를 사랑해 주셔서 암울한 세상에 온갖 사건과 사고가 이어져 가는 가운데 저희를 지켜 주시어 오늘 이 아름다운 성전에 불러 주셨사오니 진실로 감사드립니다. 하오나 육체의 고통과 마음의 상처와 사탄에 현혹되어 이 자리에 참석치 못한 이웃이 있습니다. 이들께 고통에서 벗어나게 하시고 상처를 아물게 하시고 사탄의 사슬에서 풀려나게 하시어 모두가 동참한 가운데 기쁨과 소망을 함께 나누게 하소서.

　우리의 죄를 대신 하셔서 보혈의 고통을 감수하신 하나님 아버지.

　지난 주간에도 우리는 누가 누구를 사랑했음이 아니라 작은 일에도 이웃을 능멸하고 탐욕과 탐심으로 자기만을 내세우는 한주간이 아니었는가 두렵습니다.

　이웃의 아픔을 외면했습니다. 분수 이상의 욕심으로 자기 위주의 행동을 일관했었습니다. 거짓된 입술의 장난으로 뇌까리는 믿음으로 보내는 한 주간이었습니다. 회개하오니 용서하여 주시옵소서.

　반복되는 행동으로 벗어나는 굳센 의지와 믿음을 주시옵소서.

　사랑의 하나님! 지금 우리는 주님의 몸된 교회를 섬기기 위해 성전 건축의 첫 삽을 드렸습니다. 모두의 성도들이 맡겨주신 각각의 분야대로 지나가는 나그네처럼 아니고 일의 주인으로써 책임을 다하게 하옵소서.

　종각이 설 때까지 힘든 고통과 아픔이 따를까 두렵사오니 주여! 저희의 정성된 마음으로 하나가 되게 하시어 지정된 일정에 무사히 진행케 하옵소서.

　오늘도 저희를 사랑해 주셔서 목사님으로 하여금 깊은 은혜와 성령의 간증으로 새롭게 변화되는 계기로 삼게 하시옵고 주님의 뜻 안에서 살고 행동으로 실천케 하옵소서.

　오늘도 예배의 처음과 끝을 주님께 부탁드리오며 우리 주 예수님의 이름 받들어 기도드렸사옵나이다. 아멘.

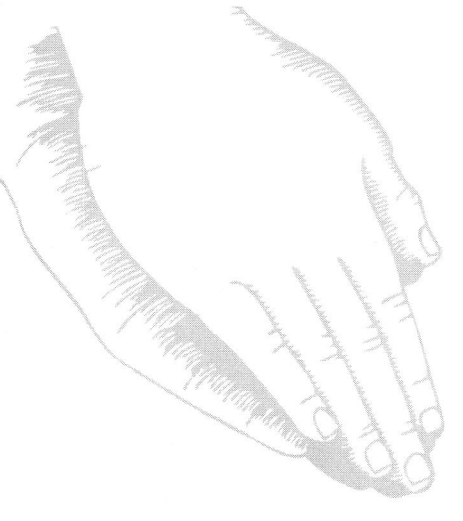

1997

1997년 1월 12일 • 신년을 맞이하여

신년을 허락하여 주신 가운데 축복의 대잔치를 치르게 하신 주님께 영광과 찬양을 드립니다. 은혜의 말씀으로 혼탁하고 정리가 안된 어리석은 저희를 일깨워 주셔서 참 삶만이 오직 그리스도 안에서 영위할 수밖에 없음을 깨닫게 하셨사오니 진실로 감사드립니다.

우리 모두 이러저러한 형태의 자리매김이 주님 사랑 가운데 각자에게 주신 달란트였음을 깨닫게 하신 하나님께 진실로 감사드립니다.

사랑의 하나님! 묵은해를 보내고 새해에 들어설 때까지 우리는 새로운 마음과 각오로 하나님 앞에 간구하고 믿음의 약속을 드렸습니다.

묵은 죄를 다시 범하지 않겠다는 의지를 앞세워 새해를 맞이했습니다. 우리 죄인은 시기하는 눈으로 주위 사람을 바라보았습니다. 간사한 입으로 이웃을 헐뜯고 비판했습니다. 경망한 손으로 쉽게 먹고 잘 살자고 일을 멀리했습니다.

이렇듯 한쪽 발은 인간 마음대로 자유를 갈망하며 내딛었고 한쪽 발은 주님의 눈치를 살피며 순종하며 살았었던 절름발이의 한 해를 보냈습니다.

주여! 불쌍히 여기사 새해 벽두부터 계속 붙들어 주사 거듭나게 일깨워 주시옵고 흩어졌던 마음을 믿음의 하나로 묶어주시는 한 해가 되게 하소서.

사랑의 하나님! 이제 우리 교회는 주님께서 허락하신 가운데 벽돌 한장 한장씩 쌓기 시작했습니다. "잘했다" 칭찬받는 그 날까지의 길은 멀고 험한 줄 아오니 주님께서 지켜 주시사 시공자들의 머리끝에서 발끝까지 상하지 않게 하옵시고 이에 참여한 모든 이에게 힘들고 어려운 일들을 기쁨과 아름다운 마음으로 승화시켜 주셔서 일에 주저함이 없게 하옵소서.

사랑의 하나님! 우리와 함께 할 이웃이 여기에 참석치 못하였음을 알고 있습니다. 육체의 고통을 짊어진 이들께 치유할 수 있는 믿음을 갖게 하옵시고, 버림받고 외면된 이들께 주님의 손길이 닿게 하옵소서! 마음이 상한 이들께 기쁨을 함께 나눌 수 있는 환경을 주셔서 사랑과 용서와 위로를 모두가 주님의 믿음 앞에 넉넉한 마음의 소유자로 이끌어 주시옵소서.

믿는 이들 가운데 본이 되게 하시는 하나님! 새해에 임명받는 이들이게 자기의 본분과 책임을 다하게 하소서! 주님의 교훈으로 일깨우는 교사들에게 주님의 참된 말씀으로 무장케 하시어 가르치게 하시옵고 예배를 위한 주인공들에게 온 마음으로 정성을 다하는 찬송으로 찬양케 하옵소서.

전지전능 하신 하나님 아버지!

오늘 이 성스러운 자리에 사랑하는 목사님을 세워 주셨습니다. 평생의 땀과 눈물로 중생을 위한 봉사에 시간과 물질과 온몸을 바쳐서 주님의 사랑을 불상하고 연약한 저희들의 심령을 일깨워 주시고자 단 앞에 세워 주신 줄 알고 있습니다.

금년 한 해에도 주님의 은총 가운데 우리를 푸른 초장에 누이시며 쉴만한 물가로 인도하여 주셔서 우리의 영혼을 소생시키시는 진정한 목자가 되게 하소서! 그의 가정과 온 가족에게 안녕과 건강을 주셔서 주관하시는 일에 평안함으로 임하게 하소서. 이 모든 말씀을 주 예수님 이름 받들어 기도드렸사옵나이다. 아멘.

1997년 2월 23일 • 성가대 헌신예배에서

날마다 우리의 짐을 지시는 하나님 아버지! 지극히 높으신 주님의 이름을 송축하오며 찬양과 영광을 드립니다.

마음 속 깊이 우러나오는 음성을 주시어 주님의 말씀과 뜻을 성가로 읊조리는 찬양대에게 헌신예배의 시간을 주셨사오니 진실로 감사를 드립니다. 특별히 고운 음성과 화음의 기교를 주셔서 선택된 자로서의 찬양의 직분을 주셨사오니 더욱 감사합니다.

주여! 이들을 기뻐하시사 더욱 충성할 수 있는 믿음과 기쁨으로 정성을 다하여 성가대의 직분을 다 할 수 있도록 인도하여 주시옵소서! 때로는 주님께서 주신 대원의 참여보다 사람의 일을 우선한 때가 있었습니다. 직분의 귀함을 알면서도 충실한 감당이 어려워 외면하는 갈등도 있었습니다.

사랑의 하나님! 부족하고 어리석은 저희를 용서하시고 그러한 그늘에서 벗어나게 하시여 진실로 우러나오는 주님 찬양에 앞장서는 우리가 되게 하소서.

성가대 구성원 한 사람 한 사람이 새로운 능력과 힘을 갖게 하시어 더욱더 거듭나는 생활이 되게 하소서.

특별한 은사 가운데 가슴에서 우러나오는 찬양의 성가로 하여금 듣는 이들에게 영혼을 감동하여 주님의 은혜를 받게 하옵시고 추악하고 험악한 이 세상 궂은일과 이러저러한 모양을 아름다운 찬양대의 성가로 하여금 깨끗하게 씻어버리게 하옵소서.

사랑의 하나님! 성가대를 이끌어가는 지휘자와 반주자들의 뛰어난 재능과 기능을 더욱 키우고 닦아서 마음의 반석 위에 날로날로 참된 빛을 발하게 하옵소서! 대원들의 진솔한 찬양을 흔쾌히 받아 주시옵소서.

거룩하신 하나님 아버지! 저희 교회를 사랑하여 주시는 가운데 성전 건축이 진행되고 있습니다. 저희 성가대원들과 함께 성도들의 찬송이 울려 퍼지기까지 갖가지 어려운 일이 있을 줄 압니다.

주님께서 보살펴 주셔서 성전 건축에 참여한 모든 이에게 뜻을 알고 정성을 다하게 하시어 한치의 어려운 일도 기쁨으로 승화시켜 어엿한 주님의 복음의 자리가 되게 하소서. 이 모든 말씀 주 예수님의 이름 받들어 기도드렸사옵나이다. 아멘.

1997년 3월 22일 • 종려주일

온갖 수난과 고통을 감당하며 고초를 당하셨던 주 예수님 그리고 끝내는 십자가에 달리셔야 하셨던 주님이시여! 오늘도 우리를 버리지 않으시고 이 영광된 자리에 불러 주셨사오니 진실로 감사를 드립니다.

거룩하신 하나님! 지난 주간도 모르고 무의식 중에 지은 죄보다 알면서 반복되는 죄를 느끼면서 행한 죄가 더 많은 한 주간이었습니다. 용서하여 주시옵소서.

같은 죄 범하며 반복되는 행동의 어리석음을 깨닫게 하시어 회개하며 거듭나는 오늘이 되게 하소서.

사랑의 하나님! 작금의 세태는 물질만능과 불신으로 가득 차 있습니다.

이웃을 위한다는 명분을 내세워 사리사욕과 지배욕으로 하여금 예전에 볼 수 없었던 혼란에 빠져 들었고 고통과 아픔을 감수하시며 우리를 구원하셨던 인류평화를 몇몇 위정자들의 아집과 사상으로 끝내는 인류의 대 파멸을 예고하고 있사오니 불쌍한 저희를 구원하여 주시옵소서.

주님이시여! 끼니가 간데없이 춥고 굶주림에 앙상한 뼈만 드러내놓고 있는 지역이 하나님을 멀리한 조상들의 후예임을 깨닫게 하고 있습니다.

부패와 사리사욕이 팽배한 자들에 의해 온갖 폭력과 범죄로 하여금 누구도 질서를 생각할 수 없는 무정부 가운데 방황하며 쓰러져 가는 이들에게는 주님의 사랑을 잊어버리게 한 이들의 말로였음을 보여 주시고 있습니다.

주님이시여! 이 모두를 2천년전 온갖 고난과 고통을 받으시며 인류를 구원하시던 주님의 참 아픔을 깨닫게 하시어 절대절명의 사랑의 뜻을 되새기게 하옵소서.

사랑의 하나님! 주님의 뜻을 기리고 구원과 사랑의 전당을 건축 중에 있습니다.

시작부터 끝날 때까지 주님께서 주관하셔서 일체의 상함없이 사랑과 기쁨과 희망이 어우러진 전당이 되게 하소서.

목사님으로 하여금 인도하시는 곳에 주저함이 없게 하시옵고 우리 가슴에 뜻이 와닿는 주님의 전당이 되게 하소서. 이 모든 말씀 주 예수님 이름 받들어 기도드렸사옵나이다. 아멘.

1997년 6월 1일 • 가정의 달을 보내고

갈구하는 어린 양들을 초장으로 인도하여 주시는 섭리를 찬송하오며 항상 불안한 저희들을 동행해 주시는 주님께 영광을 드립니다.

예기치 못한 갖가지 사건 사고 속에서도 저희를 사랑하셔서 수많은 사람 가운데 저희를 선택하시어 보호하여 주신 은혜 진실로 감사드립니다.

엊그제 5월은 푸르름이 더해 가는 싱그러운 가정의 달이었습니다. 자녀와 부모 그리고 사부간의 오고 가는 사랑을 되뇌이게 하신 뜻 깊은 날을 누렸음이 한낱 하루의 행사로서 끝났는지 반성케 하소서.

땅의 첫 계명이 부모를 공경하라 하신 주님의 선포가 있었음에도 작금 자식을 낳은 부모는 있어도 부모를 제대로 섬기는 자식은 몇이나 있는지 자신부터 가슴에 손을 얹고 깊은 사념에 머무르게 하소서.

그림자 마저 밟기를 금기로 배웠던 사도의 섬김과 존경이 직업상 대가로 느껴지거나 그렇게 환경을 주선한 우리가 아니었는지 그들 앞에서 옷깃을 여미고 존경에서 우러나오는 정중한 눈길로 돌리게 하소서.

사랑의 하나님! 주님의 사랑과 은혜를 사모하는 마음으로 여기 찾아온 연약한 저희들에게 자비를 베풀어 주시옵소서.

이 자리에 참석치 못한 성도들이 있습니다. 병마와 주야로 싸우는 이들에게 빠른 쾌유를 주시옵소서. 사탄의 유혹을 감내치 못하여 얽매인 이들에게 용기와 지혜를 주셔서 그 굴레에서 헤어나게 하소서. 경제적인 문제로 아픔을 겪고 있는 이들에게 해결할 수 있는 길을 열어 주시옵소서.!

전지전능하신 하나님 아버지! 평생에 기회가 있을까 하는 성전 건축의 사명을 주셔서 지금 진행 중에 있습니다. 지금까지 아무런 사고 없이 진행토록 하여 주신 은혜에 감사를 드립니다. 이제 남은 공사의 모두를 주관하셔서 목사님을 중심으로 참여한 모든 이에게 머리끝부터 발끝까지 어느 한 부분도 상함이 없이 순조로운 마무리가 되게 하소서.

주님이시여! 근래 나라는 몇몇의 부도덕한 사람과 권력의 편승된 이들로 하여금 어려움에 부딪히고 있습니다. 사상을 달리하고 주님을 멀리한 개인숭배로 하여금 백성이 굶어 죽는 사태가 끊임없이 전해지고 있습니다. 주여! 이들에게 회개하여 새롭고 참된 길을 찾을 수 있는 기회를 만들어 주소서.

하나님 아버지! 주님 앞에 세워 주신 목사님께 흠없는 주님의 말씀을 전하게 하시어 저희들 가슴에 닿게 하소서. 그의 가정과 가족에게 건강을 주셔서 목회하시는데 주저함이 없게 하소서. 이 모든 말씀 주 예수님 이름 받들어 기도드렸사옵나이다. 아멘.

1997년 9월 • 파놓은 함정

주 안에서 살게 하시는 하나님 아버지! 때와 장소를 가리지 않으시고 항상 사랑으로 감싸주시는 거룩하신 주님께 감사와 영광을 드립니다.

사랑의 하나님! 지난 주간에도 은혜의 감사를 잊어버리고 교만으로 가득찬 가운데 우리 나름대로 세상을 헤매다 이 자리에 모였습니다.

인생의 무상함을 느끼는 갖가지 사건이 목전에 전개되어도 잠시 후면 잊어버리고 다시 반복되는 재난의 답습을 깨닫지 못하는 어리석음을 용서하여 주시옵소서.

지금 저희 형제자매들이 엄청난 항공사고를 당하여 모든 국민이 애통해 하고 있습니다. 세상을 등진 이들께 편히 잠들게 하옵시고 그들 유족에게 위로의 손길을 보내주소서. 깊은 상처로 병상에 누운 이들께 치료의 은총을 내려주셔서 빠른 쾌유로 정상인 되게 하소서.

하나님 아버지! 어리석고 우매한 우리는 인간 스스로가 파놓은 함정에 끔찍한 사고 발생이 한두 번이 아니었습니다.

어설픈 교각과 철로공사의 부실로 숱한 인명이 희생됐습니다. 반석 위에 얹어 졌어야 했던 건물이 모래성 위에 누각으로 수백 명의 아까운 생명이 매몰되는 참상도 얼마 전에 있었습니다.

이 모두가 몇몇의 기본 양심이 이익에 급급했던 기만에서 오는 사건이었습니다. 아무리 첨단을 걷는 과학 문명이 발달됐어도 인간의 무기력한 능력의 한계를 느끼게 하는 아픔이었습니다. 회개합니다. 믿을 수밖에 없는 주님의 참뜻을 깨닫게 하옵시고 사랑의 품안에서 떠나지 못하는 우리 모두가 될 수 있도록 인간의 한계와 능력을 알게 하소서.

은총의 하나님! 주님의 영광을 드러내고자 살아 움직이는 믿음 가운데 우리 교회 목사님을 중심으로 성전 건축에 임하고 있습니다. 벽돌 한 장으로 시작해서 주님의 음성이 퍼져 나갈 종탑에 이르기까지 건축 마무리 단계까지 와 있습니다.

걱정과 근심이 우려되는 가운데 지금까지 참여자 모두에게 아무런 상함이 없이 진행케 하여주신 주님께 진실로 감사를 드립니다. 이제 남은 마무리 공사에 아무런 사고없이 주님이 함께 하시어 봉헌의 일정을 잡아 주시옵소서.

대성전 건축의 제일의 목표를 끝내게 하옵시고 국내선교와 오늘 드리는 우리의 찬송과 기도가 주님께 기쁨을 드리는 산제사가 되게 하옵시고 목사님을 통해서 뜨겁게 역사하시는 거룩한 순간들이 연결에 더함으로 이어지게 하옵소서. 이 모든 말씀 주 예수님 이름 받들어 기도드렸사옵나이다. 아멘.

1997년 11월 2일 • 성전건축의 축하, 그리고 우리의 자세

성전 건축의 목표를 달성케 하신 하나님 아버지! 지금 이곳에 앉아 있는 자리로 하여금 눈물겨운 감사와 찬송과 찬양을 드립니다.

사랑하시는 목사님을 정점으로 피와 땀이 어우러진 정성을 다하게 하셨고 분명 메마른 이 땅에 꽃을 피우게 하신 주님께 진실로 감사를 드립니다.

이제 주님께서 바라시는 결실을 거두기까지 우리 모두가 나름대로 걸맞는 역할을 감당케 하시어 새로운 역사를 장식케 하소서. 세워주신 종탑은 주님의 음성을 만인의 심금을 성령화시켜 주시옵고 우뚝 선 십자가를 보혈의 참 뜻을 되새기게 하시어 주님의 곁으로 더욱 가깝게 하소서.

이제 우리는 여느 때보다 서로의 돈독한 결속이 필요할 때 인 줄 믿습니다. 오늘에 있기까지 뜻이 하나가 되고 행동이 앞서 있었던가를 우리 스스로 가슴에 손을 얹고 자신에게 물어보게 하시옵고 앞으로 있을지 모르는 어려움과 힘든 일에 믿음으로 대처할 수 있는 기회가 되게 하소서.

천지 창조이래 과거에 숱한 사건들로 하여금 말씀 가운데 항상 우리 곁을 떠나지 않고 주님을 의식하며 살게 하셨습니다. 지난 주간도 저희는 과거를 만들면서 똑같은 과오를 주님의 말씀과 뜻에 제자리를 찾지 못했습니다.

불쌍한 중생은 고통과 기쁨을 세상에서 해결하려고 집념을 버리지 못했습니다. 주님이시어! 어리석고 유약한 저희를 사랑하시사 그 굴레에서 벗어나게 하옵시고 회개하며 거듭나게 하옵소서.

전지전능하신 하나님 아버지! 우리나라는 경제적으로 어려움을 겪고 있습니다. 자칭 나라 걱정하는 살림꾼들은 무분별한 경쟁에서 헤어나지 못하고 있습니다. 사상을 달리하는 이웃은 주님을 멀리한 경직된 사회에서 굶주림의 고통으로 어린 생명이 끊어지고 있습니다. 굽어 살피소서.

위기의 극복을 암울한 세상에서 찾게 마옵시고 하나님의 사랑과 믿음 가운데서 찾을 수 있도록 인도하여 주시옵고 이 땅의 평화를 내려 주소서.

  은혜가 충만하신 하나님 아버지! 지금까지 섭리해오신 주님께서 새 살림 참여자들에게 능력을 주셔서 더욱 부흥발전케 하옵시고 아동부에서 노년층에 이르기까지 주어진 달란트대로 활력을 넘치게 하옵시고 앞에서 주관하시는 모든 이에게 능력을 배가 시켜 주시옵소서.

  특별히 찬양에 부름 받은 이들에게 기능으로서 임하게 마옵시고 마음과 정성을 다하여 주님께 찬양을 드리게 도와주시옵소서.

  더욱이 이 자리에 참석치 못한 우리 이웃을 사랑하시사 갖가지 형태의 아픔과 상처를 통찰하셔서 함께 할 수 있는 기간과 장소를 이곳으로 모으게 하소서.

  오늘 이 시간 주님께서 사랑하시는 목사님으로 하여금 하나님의 충만한 은혜와 성령의 감동으로 우리 모두가 변화된 모습으로 바꿔 주시고 주님의 말씀 안에서 스스로 깨닫는 기회로 만들어 주소서. 이 모든 말씀 주 예수님 이름 받들어 기도드렸사옵나이다. 아멘.

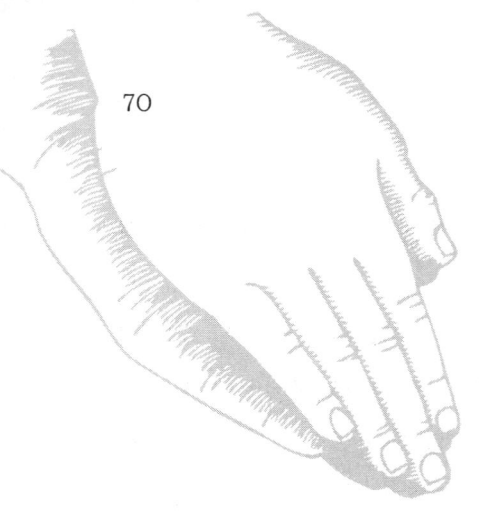

1998

1998년 1월 11일 • 권사 헌신예배

　하나님 아버지! 믿음으로 영접하오니 살아계신 하나님께 영광과 존귀와 찬양과 찬송을 드립니다.
　이 아름다운 성전에서 정성 드리는 예배이오니 은혜의 말씀으로 이 시간을 가득 채워 주시옵소서. 인도하심에 따라 지으신 이 성전은 참 평화와 기쁨이 충만하오니 진실로 감사를 드립니다.
　지금 밖에 세상에는 곳곳에 방종과 타락으로 얼룩진 이 땅에 허탈과 고통으로 이어지는 괴로운 나날들입니다. 한 때는 흥하는 기적을 낳게 하신 하나님 아버지! 지금은 망하는 이적을 우리 민족으로 하여금 세계만방에 경종을 울려 주시는 기회로 택하여 주신 줄 믿습니다.
　우리 기성세대는 전쟁의 참상으로 인한 끼니 걱정, 땔나무 걱정과 질병이 만연한 때를 생생히 기억합니다. 그래서 흥하는 기적을 만들게 하셨습니다. 우리는 넘치는 풍요를 오만과 자만으로 누렸습니다. 세상이 어리석은 인간 마음대로 되는 줄 알았습니다. 용서하옵소서!
　하나님! 주님 앞에 무릎을 꿇고 회개하오며 기도합니다.

"저희가 먹이운 대로 배부르며 배부름으로 마음이 교만하며 이로 인하여 나를 잊었느니라"(호 13:6)하신 말씀을 기억하겠습니다. 그들이 그 화려한 장식으로 인한 교만한 마음을 품었고 그것으로 가증한 우상과 미운 물건을 지었은즉 내가 그것으로 그들에게 예물이 되게 하며 외인의 손에 붙여 그들로 약탈하고 더럽히 하신다는 말씀을 피부로 느끼겠습니다.

사랑의 하나님! 오늘은 직분 자들의 헌신예배입니다. 받은 자들의 잘못 들어선 길이 얼마나 험난하고 고통스러운 결과를 가져오는가를 새삼 느끼고 있습니다.

저희는 사명감에 불타고 뜨거운 믿음으로 앞서서 나가는 우리가 되게 하소서.

목사님을 축으로 우리 성천의 구성원 모두가 주님의 말씀과 뜻이 모여서 기도에 힘쓰고 이웃 봉사에 힘쓰고 전도에 힘을 기울여 교회를 위하는 마음과 충성된 마음 하나님을 섬기는 신선한 전당을 더욱 높이게 하소서. 이 모든 말씀 주 예수님 이름 받들어 기도드렸사옵나이다. 아멘.

1998년 2월 20일 • 성가대 헌신예배

지극히 높으신 이의 이름을 송축하오며 영광을 드립니다. 특별히 오늘 성가대의 헌신예배 시간을 주신 하나님께 감사를 드립니다.

우리 모두가 주를 찬양합니다. 우리의 마음이 내 주를 기뻐하시게 하는 성가는 마음속 깊이 우러나오는 음성을 주셔서 주님의 말씀과 뜻을 주신 이를 따라 노래로서 하는 기도와 찬송이오니 기쁘게 받아 주시옵소서.

  사랑의 하나님! 비록 한 목소리로 노래하며 찬양할 지라도 탁음이 나올 수 있고 원치 않는 잡음도 있을 수 있으나 오직 주님의 참 뜻을 찬양하는 충정 어린 참여이오니 그 마음의 깊이를 우리의 마음으로 받아 주시옵소서.

  성대는 달라도 찬양과 찬송의 소리는 믿음 가운데 한 목소리오니 주님께서 택하신 바 주님의 깊은 뜻을 화음의 조화로 엮어 내도록 하시옵소서.!

  더욱이 한음의 흐름을 우리 성도 모두가 주님 행사에 빠짐없이 참여하여 믿음을 더하는데 화음의 조화처럼 없어서는 안 될 구성체가 되게 하소서.

  각개의 환경과 개성은 달라도 오직 주님에 대한 믿음을 산 사람의 음성이 하나된 것 같이 엮어 내도록 주님의 영광을 찬양케 하소서.

  날이 갈수록 전 성가대원들의 자리와 참 뜻을 깊이 깨닫게 하옵시고 더욱 세련되고 성숙된 조화를 이루어 어느 성가대보다 맡겨진 사명에 충실한 대원이 되게 하소서.

  지휘자의 손끝의 율동을 빠짐없이 주시하게 하시고 반주자의 음반을 응시하며 우렁차고 충만한 찬양의 은총을 주셔서 주님께 봉사하며 헌신하는데 부족함이 없는 직분을 감당케 하소서.

  주님이시여! 끊어지지 않는 찬송이 항상 살아 움직이는 성전의 모습을 만인에게 보여 주시옵고 찬송을 통하여 성도와 듣는 이에게 생활 속의 하나님에 대한 감사와 찬양으로 넘치게 하소서.

저희 교회를 지켜주시는 하나님 아버지! 오늘 드리는 이 헌신 예배가 저희들에게는 기쁨이 되게 하옵시고 하나님께 영광을 드리는 예배가 되게 하옵소서.

특별히 세우신 목사님으로 하여금 우리 교회의 영광을 더욱 드러나게 하옵시고 목마른 양들을 푸르고 잔잔한 물가로 인도하시는데 굽어 살피소서. 이 모든 말씀 주 예수님 이름 받들어 기도드렸사옵나이다. 아멘.

1998년 2월 22일 • 소망과 구원

택함을 입어 성스러운 이곳 성전에서 주님의 음성을 맞게 하시는 하나님께 감사와 영광을 올립니다. 동토에서 새싹을 움트게 하시는 조물주의 경이로움과 끝내는 탐스러운 과실을 기다리게 하시는 하나님! 황무지에 세우신 이 아름다운 성전에는 싱그러운 성령 충만과 기쁨 충만을 확실히 믿습니다. 갈한 자에게 물을 주시며 마른 땅에 시냇물이 흐르게 하신 이 땅은 저희 모두에게 복을 주셨고 우리 후대에게 축복을 흐르게 하시는 하나님인 줄 믿습니다.

사랑의 하나님! 선대들은 곳간 마루바닥 밑에서 나오는 찬바람과 먼지 속에서 주님을 바라보았습니다.

장마철 누수로 인한 끈적끈적한 지하에서 주님을 바라 본 지가 엊그제였습니다.

그리고 이제 꿈의 성전에서 주님을 바라보고 있는 우리는 지난날처럼 열악한 환경에서의 믿음보다 더 깊은가를 깨닫게 하소서.

갈급하며 무릎을 꿇고 주님께 매달리며 구원을 바라는 우리 죄인을 불쌍히 여기사 감사와 은혜의 예배를 드리게 하옵시고 인색한 예배드림을 벗어나게 하옵소서.

사랑의 하나님! 우리는 하나님의 구원의 역사를 옆에 끼고 있으면서도 스스로를 기만하고 자신의 유리한대로 환경을 유도하면서 이기적인 삶을 영위하고 있습니다. 멸망에서 구원하신 하나님 아버지였습니다. 죄와 사망에서도 구원하셨습니다.

이 새로운 성전에서 구원의 하나님이심을 다시금 깨닫게 하시어 모두를 진실로 바치며 주님의 영광을 존속시키는 하나가 되게 하소서.

진정 무릎을 꿇고 감사드리며 환희로 가득한 찬양을 드리게 하소서.

우리가 알지 못하는 것이 있으면 지금까지 그러하셨듯이 어떠한 경로를 통해서든 알게 하옵시고 새롭게 처음 있는 일이라면 우리의 둔한 지각을 일깨워 주셔서 좋은 것만으로만 받아드리는 주님의 자녀가 되게 하소서.

사랑의 하나님! 우리 민족을 사랑하시기에 무질서한 한파와 경제의 한파를 내리신 줄 압니다.

우리 국민 모두의 새로운 도약의 기회로서 받아들이게 하시어 자숙과 자책의 자세로서 다음을 준비하는 좋은 기회로서 받아들이게 하옵소서.

이 시간 주님의 말씀을 증거하실 목사님을 세워 주신 하나님 아버지! 그의 가정에 평화와 건강을 주셔서 교회 부흥발전과 어린양을 보살피기에 조금도 어려움이 없게 하소서.

이 영광의 성전을 위해 몸과 마음과 물질을 바친 아름다운 손길들을 기억하시사 그들의 가정마다 물질의 축복, 건강의 축복, 성령 충만의 가정으로 소망 있는 가정으로 만들어 주소서. 그리하여 주님 앞에 나오지 않는 이들의 본이 되게 하시어 무언의 전도가 될 수 있는 계기가 되게 하소서. 이 모든 말씀 주 예수님 이름 받들어 기도드렸사옵나이다. 아멘.

1998년 5월 3일 • 5월 가정의 달에서

내가 진실로 너에게 이르노니 누구든지 하나님 나라를 어린 아이같이 받들지 않는 자는 결단코 들어가지 못하리라. 인륜을 염려하시고 삶의 현실을 안타까워하시어 5월을 특별히 가정의 달로 정하게 하신 하나님 아버지께 감사를 드립니다.

지난 주간도 저희를 지켜주셔서 이렇게 안식일을 허락하신 하나님께 감사드립니다. 하오나 한 주간 우리의 생활은 하나님을 사랑한다고 말은 하고 주님의 은혜 속에 살아가겠다고 하면서 정작 살아가는 현실에서는 하나님을 멀리하고 아쉽고 필요 할 때만 찾아지는 존재로 여기고 지냈음을 용서하소서.

한 때의 풍요로움과 어리석은 자의 기준에 따라 물질만능 속에 개인이나 민족의 말로가 결코 순탄치 않았음을 인류역사의 장에는 숱하게 경고하였음에도 어리석게도 우리 민족이 그 대열에 잠시 머물렀다가 지금 깊은 상처를 받고 당황하고 있습니다.

더욱이 5월은 온가족 모두가 서로 사랑 이웃 사랑으로 가슴을 맞대고 밝은 웃음 속에 티없이 자라야 할 어린 싹들이 가장의 실직과 사업의 부도로 고통받는 가정의 달로 맞이하고 있는 안타까운 현실이오니 하루 속히 이 굴레에서 벗어나게 하소서.

  어려울 것이라고 한 지가 6개월 밖에 안 된 지금 일자리를 잃은 160만명의 우리 이웃이 거리를 헤매고 방황하고 있습니다.

  주님이시여! 자상하던 가부장이 무서운 사람으로 변하여 가정을 화풀이 폭력화로 아수라장이 되고 있습니다.

  단란한 가족들이 각기 살길을 찾아 따스한 보금자리를 떠나 자식들에게는 편부 편모의 가정이 집단으로 발생하고 있습니다. 평생을 같이 하여야 할 부부의 이혼율이 사상 유래 없는 숫자로 늘어나고 있습니다.

  30년 전 민족의 분단으로 하여금 이산가족의 아픔을 달래야 했던 남북대화의 길보다 지금의 현실의 해결이 더욱 긴박하게 갈망하고 있습니다.

  주여 보살펴 주소서.

  하루 속히 이 긴 암흑 속에서 벗어나게 하소서.

  꿈과 희망을 갖고 자라야 할 어린 새싹들의 용기를 줄 수 있는 환경으로 바꾸어 주셔서 장래 이 나라를 맡기는데 주저함이 없게 하소서.

  인간이 아무리 몸부림친다 해도 하나님의 지키심이 없이는 하나님의 사랑 없이는 헤어날 수 없음을 이곳에 모인 저희는 알고 있습니다. 불쌍히 여기소서.

  이 아픈 고통이 언제까지 일지는 모르나 지금의 기성세대는 여러가지 환난의 참상을 잘 알고 있습니다.

  주님은 전지전능하십니다. 이 고통에서 벗어나게 하심으로 부모의 허물을 자식에게 안기게 마옵시고 자식으로 하여금 부모가 헛된 인생을 살지 않도록 어리석은 당신의 자식들을 붙들어 주소서.

　유일한 인생의 위안이 될 이 아름다운 성전에 참석치 못한 이웃도 많이 있습니다. 병마의 고통에서 사탄의 유혹에서 피치 못할 사회적 여건에서 주님의 참 말씀을 멀리하였사오니 주여! 병마의 고통에서 시달리고 있는 이웃에게는 쾌유의 손길을 얹어 주시고 사탄의 유혹은 불같은 호령으로 물리쳐 주셔서 성도 모두가 찬양과 찬송으로 합창하게 하소서.

　장로님을 비롯한 여러 구성원 모두의 중지로 우리 성전의 경제적 어려움을 해결케 하옵시고 성가대원의 환희에 넘치는 찬송으로 주님을 기쁘게 하는 오늘의 잔치가 되게 하소서.

　지금 이 시간 주님이 사랑하시는 목사님으로 하여금 진리의 말씀을 들고 서셨습니다. 영육간의 신령함과 강건함으로 부족함이 없는 성령의 은총을 입게 하소서. 오늘 드리는 이 예배의 생사가 습관으로 드림이 아니고 감사와 찬양이 넘치는 예배가 되게 하소서. 지금 첫 시간이오니 마치는 시간까지 주님이 주장하시는 예배가 되게 하시옵소서. 이 모든 말씀 주 예수님 이름 받들어 기도드렸사옵나이다. 아멘.

1998년 7월 12일 • 지혜를 주소서!

　환난 날에 나를 부르라 내가 너를 건지리라 하신 하나님!
　오늘도 저희를 불러 주셔서 거룩하고 복된 이 자리를 지키게 하시며 예배를 올릴 수 있게 하시오니 감사합니다.

이 시간도 마음과 정성을 다해 진정으로 주님과의 관계를 더욱 가깝게 하시며 믿음을 견고케 하소서.

사랑과 은혜의 하나님!

지난 주간도 어지럽고 혼탁한 세상에서 찌든 몸과 마음은 지쳐 있습니다. 눈 앞에 보이는 유혹으로 주님의 말씀을 뒤로 할 수밖에 없었습니다. 주님의 거룩한 행적도 잠시 우리 마음에 지워 버렸습니다. 재물로 세상을 누린 자의 복과 평강이 자기 나름대로 된 양 교만의 굴레에서 벗어나지 못하고 스스로를 버림받게 한 주간이었습니다.

용서의 하나님! 무질서한 세대의 흐름 속에 현혹된 저희를 불쌍히 여기사 자기를 잊어버리기 보다는 자기를 찾는 지혜를 주시옵소서.

마땅히 생각할 그 이상의 생각을 품지 말고 오직 하나님께서 각 사람에게 나눠주신 믿음 분량대로 지혜롭게 생각케 하옵소서.

미련한 자 보다는 율법을 지키는 자와 가깝게 하시옵고, 속이는 이보다 율법을 지키는 자와 가깝게 하옵시고, 여호와를 경외하는 자와 영원한 벗이 되게 하소서. 우리 모두의 마음과 행동을 지혜롭게 하시어 주님의 마음을 즐겁게 하시옵고 저희로 하여금 구원을 얻게 하소서.

은혜의 하나님! 순리를 거역한 무리로 하여금 혹자는 도심거리에서 혹자는 황무지 들판에서 가정과 가족을 뒤로 한 채 방황하고 있습니다. 과학 문명에 매달려 무리한 환경조성으로 하여금 예기치 못한 천적을 만들고 있습니다. 하나님의 규례를 지키게 하옵시고 주님의 훈계를 들어서 깨달음의 지혜를 얻게 하소서.

사랑의 하나님! 여기에 참석지 못한 이웃이 있습니다. 병마의 고통에서 벗어나지 못한 이웃도 있습니다. 불쌍히 여기사 이유를 불문하고 주님의 손길이 임하시어 그 고통에서 벗어나게 하소서.

감사의 하나님! 특별히 저희 교회를 사랑하시어 가장 좋은 환경과 위치를 택하여 주신 하나님 아버지! 이제 거룩한 자리에서 해야 할 일이 많이 있는 줄 압니다.

주님의 복음을 전하는 일도, 사랑하는 이웃에게 주님의 말씀을 듣게 하는 일도, 스스로가 자제하여 거듭나는 일 모두가 주님의 영광을 드리는 일이온데 부족한 저희를 보살펴 주셔서 성도 모두가 하나가 된 믿음에서 오직 주님께 영광을 드리는 우리가 되게 하소서.

지워주신 직분을 감사하오며 다하게 하옵시고 스스로 찾아서 일하며 본분을 다하는 한 식구가 되게 하소서.

말씀을 증거하실 목사님께 성령으로 충만케 하셔서 말씀을 증거하실 때마다 주님의 은총의 역사가 일어나게 하옵소서. 이 모든 말씀 주 예수님 이름 받들어 기도드렸사옵나이다. 아멘.

1998년 9월 20일 • 감사하라!

저희를 모든 악에서 건져 내시고 천국에 들어가도록 구원하시는 주님께 감사와 찬양과 영광을 드립니다.(딤후 4:8)

사랑의 하나님! 시시때때로 인생들이 뿌려놓은 무지의 씨앗으로 하여금 예기치 못한 사건과 사고가 난무한 가운데 저희를 사랑하시사 하루하루 무사하게 보내게 하셨음을 생각할 때에 진실로 감사를 드립니다.

지난 주간에도 "너희 눈이 성하면 몸도 맑을 것"이란 가르침을 받앉으나 그렇지 못했습니다. 모든 중생은 깨닫지 못하고 일상 몸에 배어 있는 대로 불의와 타협하고 물질 만능의 위력에 굴복하고 자기의 죄를 합리화 하는 나약함으로 눈이 어두워진 가운데 무거운 몸을 이끌고 이곳에 왔사오니 용서하여 주시옵소서.

굳어진 몸과 마음을 새롭게 하시는 귀한 믿음을 오늘도 허락하여 주시옵소서.

은혜의 하나님! 항상 하나님께 감사하고 있는가? 우리 주위를 둘러보며 스스로 그 속에서 묵상케 하소서! 처처에 많은 병원에는 헤아릴 수 없는 많은 환자들 속에 내가 빠져 있음을 건강주신 하나님께 감사하게 하소서.

공원과 여러 교차 역에서 많은 무리의 실직으로 노숙하며 방황하는 가운데 없음을 감사하게 사소서! 수마가 할퀴고 간 아수라장에서 좌절과 실의에 빠져 암담한 장래를 염려하는 곳을 피하게 하신 하나님께 감사하게 하소서.

사랑의 하나님! 이렇게 이웃의 고통과 아픔 속에 우리가 피했다 해도 "이웃사랑"의 외면이 있다면 그 어려운 일들이 모두 내 처지임을 깨닫게 하소서. 자칫 방심과 무관심으로 이 불행한 이웃을 남의 일로만 생각하여 그냥 지나칠까 염려되오니 그 고통과 아픔을 함께 하는 사랑의 손길에 인색치 않도록 베푸는 마음을 낳게 하소서.

용서의 하나님! 인간본능의 욕망과 욕구를 벗어나서 주님의 말씀과 뜻에 구속함을 입어 만족의 도를 낮추게 하소서.

황무지의 꽃을 피우게 하신 하나님 아버지!

오늘도 찬양 예배를 드리며 은혜의 말씀을 받고자 이 성스러운 자리에 모였습니다. 기쁘게 받아 주시옵소서.

  기도의 응답을 들어 주시고 끊어지지 않는 찬양의 목소리가 성스러운 이곳을 항상 가득차게 하소서.

  주님의 평화와 진리로 가득 찬 교회 되게 하시옵고 이곳에 참석치 못한 이들께 복음의 성가와 말씀이 전달되어 그들의 마음이 이곳에 닿게 하소서.

  무거운 몸과 병든 이들을 보살피시사 주님의 음성으로 하여금 그들의 아픔과 고통에서 벗어나는 기적을 드러나게 하소서.

  모든 직분자들은 본분을 다하여 주님의 뜻이 담겨진 한 목소리의 운영을 도모하게 하옵시고 성가대의 찬양은 온 성도와 함께 하나님께 영광을 드리는 축가가 되게 하옵소서.

  어른은 성숙된 인격으로 청년은 패기에 찬 의욕으로 어린이는 순수하고 해맑은 마음의 바탕에서 하나님을 사모하며 예배드리는 오늘이 되게 하소서.

  물질에서 오는 성전의 어려움을 극복케 하옵시고 봉사하고 충성하는 정성으로 하나님의 영광을 드러내며 보이지 않는 물질의 손길을 허락하시옵소서.

  영의 양식과 함께 육의 양식도 언제나 차고 넘치게 하옵소서.

  오늘 귀히 쓰시는 목사님께 능력을 주시고 주님의 참뜻을 나타나게 하옵시고 성령으로 충만케 하시어 말씀을 증거하실 때마다 은총의 역사가 일어나게 하소서. 그의 가정 가족에게도 평안과 건강을 주셔서 목회하시는 목사님께 더욱 힘을 주시게 하옵소서. 아무 공로 없는 죄인이 예수님 이름 받들어 기도드렸사옵나이다. 아멘.

1998년 11월 29일 • 남은 30일

내 추함을 고귀한 보혈로 죄를 씻게 하신 하나님!

거룩하고 복된 이곳에서 주님의 음성을 듣게 하신 하나님께 감사와 영광과 찬송을 드립니다.

뿌린 씨앗으로 풍요를 거두어 드린 지난 주간에도 추수감사를 드렸습니다. 때로는 생각지도 못할 악조건에서도 우리 모두가 적응하며 살아가게 하신 하나님 아버지께 더욱 감사드립니다.

이제 98년도 30여일 밖에 안 남았습니다. 지금까지 우리는 주님의 말씀대로, 이웃 사랑으로, 충성과 봉사로 살고 지켰는가를 반성하고 정리하는 남은 날이 되게 하소서.

그동안 육체를 위해 먹고 마시며 일년을 보낼 수 있었습니다. 공익과 희생을 뒤로한 채 자기 허물을 가볍게 덮어버리고 스스로에게 관대함을 베풀며 살아 왔습니다.

"아무도 자기를 속이지 말라(고전 3:18)" 하신 충고를 잊은 채 세상을 기만하며 살아온 어리석음을 일깨워 주소서.

"네 눈 속에 있는 들보를 깨닫지 못하느냐(마7:3)" 하신 권면을 잊은 채 작은 실수에도 이웃을 너그럽게 용서 못하고 일방적 비판만 일삼아온 미련함을 회개하오니 용서하여 주시옵소서.

사랑의 하나님! 지금부터 일년전 중심을 잃은 나라의 경제로 방황하는 민심이 끝내는 가정 파탄과 파멸로 가슴에 맺힌 응어리는 끔찍한 범죄와 인륜의 도를 송두리째 앗아갔습니다. 하루 빨리 주님의 손길로 평온함을 찾게 하소서.

몇몇 정치인이 모여서 또는 유능한 지식인의 지혜로 해결될 문제가 아닌 줄 압니다. 오직 주님 앞에서 우리 모두가 무릎을 꿇고 지난날의 방만과 허욕을 질책하며 회개하고 자성하는 가운데 주님의 응답으로 해결될 줄 믿습니다.

전지전능 하나님 아버지! 이 자리를 지키지 못한 이웃이 있습니다. 이 자리를 미처 생각지 못한 이웃도 있습니다. 사탄의 올무에서 벗어나지 못하고 주님 곁을 멀리한 이웃도 있습니다.

주여 보살펴 주시사! 굳건한 믿음으로 이 자리를 지키게 하시옵고 주님의 음성으로 무리에서 벗어나게 하시고 병마에 고통받는 이웃에게는 주님의 치료의 손길이 임하소서.

사탄의 올무에서 벗어나지 못한 이웃에게는 하나님의 준엄한 음성으로 물리쳐 주셔서 그 올무를 벗어나게 하소서.

은혜로우신 하나님! 뜻이 계셔서 세워주신 우리 교회를 위해 기도합니다. 99년에는 수많은 입주자가 예상되는 가운데 저희들의 사명은 선교의 총력을 이루는데 중지를 모아야 할 시기인 줄 압니다. 준비된 이 아름다운 터전에서 목사님을 중심으로 모든 직분자들과 성도들이 "뿌려진 한 알의 작은 밀알이" 되게 하셔서 많은 열매를 맺게 하는데(요 12:24) 주저함이 없게 하옵소서.

어렵고 힘든 우리의 빈약한 구석을 뜨거운 성령으로 인도하시어 차고 넘치게 하소서. 지금 이 시간 주님의 고귀한 말씀을 증거하시고자 단에 서신 목사님께 놀라운 능력을 함께 하소서.

저희를 신령한 말씀으로 인도하시는데 부족함이 없게 하소서. 이 모든 말씀 주 예수님 이름 받들어 기도드렸사옵니다. 아멘.

1999

1999년 1월 3일 • 임원 헌신 예배

 지극히 자비로우시고 전능하신 하나님 아버지! 끝없는 주님의 사랑과 은혜를 찬양하옵니다. 미천하고 보잘 것 없는 저희들에게 구속의 사랑을 입게 하시고 당신을 위하여 봉사와 책임을 지워주시니 감사드립니다.

 은혜로우신 하나님 아버지! 그러나 저희들은 주님으로부터 받은 책임을 다하지 못했고 아버지 뜻대로 살지도 못했습니다. 또 게으르고 나태해서 충성치 못한 것이 너무 많이 있음을 솔직하게 고백하오니 저희의 부정한 범죄와 허물을 용서해 주시옵고 주님의 말씀으로 정결케 하옵소서.

 사랑하시는 하나님 아버지! 저희 재직들에게 강한 성령의 역사로 담대한 믿음을 주시사 몸된 교회를 위하여 충성을 다하게 하시며 교회 부흥과 발전에 크게 이바지할 수 있게 도와주시옵소서.

 또 저희들의 가정과 교회와 사회에서 생활할 때 성실한 보호자가 되어서 주님의 향기를 나타내어 이 지역을 복음화 할 수 있는 귀한 능력을 허락해 주시옵소서.

특별히 주신 직분자는 우리 교회의 기둥이오니 전 임원들이 교회를 받들어 섬기는 데 부족함이 없게 하시고 이들에게 축복하셔서 주님만을 위해서 유감없이 살게 하옵소서.

하나님 아버지! 전 임원들이 계획하고 있는 모든 사업을 위해 함께 하시고 주님의 사업을 위해 모두 한마음으로 통일되게 하시고 모이기에 힘쓰며 기도의 전력을 다하는 임원하게 하시옵소서.

저희들이 드리는 이 헌신 예배가 저희 삶 전체와 온 몸으로 드리는 예배가 되게 하옵시며 이 시간을 통하여 저희들의 심령과 육신을 다시한번 새롭게 결단하는 귀중한 시간으로 이끌어 주옵소서.

말씀을 전하실 귀한 목사님께도 함께 하셔서 힘 있고 능력 있는 말씀을 증거하게 도와주시며 그 말씀으로 새 힘을 얻을 수 있는 은혜의 시간이 되게 하시옵소서.

저희들이 정성을 모아 드리는 이 예배가 주님께 상달되는 산제사가 될 것을 믿사오며 충성할 수 있는 귀한 직분을 주신 예수님 이름으로 기도드립니다. 아멘.

1999년 2월 20일 • 영성의 밤 기도문

이 땅에 성령을 보내주신 하나님! 오늘밤 귀한 영성의 시간을 허락하셨음을 감사드립니다.

저희들 안에 계신 성령을 기쁘게 받아들이게 하옵소서.

거룩하고 온전한 뜻대로 주님만 바라보게 하시옵소서.

세상의 유혹과 시험을 이길 수 있는 힘을 심어 주시는 영성의 시간이 되게 하옵소서.
　보이지 않는 믿음을 성령의 결과로 나타내게 하시는 하나님! 주님의 기록된 말씀에서 숱한 증거를 일러 주셨습니다.
　기도하는 이들의 간증을 통해서 기적을 듣고 보았습니다.
　저희들의 일상생활에서도 많은 기적이 있었음을 시간이 지난 후에야 알 수 있었습니다.
　사랑의 하나님! 사사건건 주시는 기적을 하나님 사업과 지경을 넓히는데 쓰임 받고 힘이 되는 증거가 되게 하옵소서.
　한 달에 한번을 허락하신 영성의 시간에서 생활에 묶였던 일들이 풀어지게 하옵시고, 심령에 막혔던 것들이 형통케 하옵시고, 어두움에서 밝은 빛으로 옮겨지는 말씀의 시간이 되게 하소서.
　사랑의 하나님! 늦은 밤 이 성스러운 곳이 선택하여 주신 저희들만의 시간되지 않게 하옵소서! 참여치 못한 이웃이 모여지는 시간이 되게 하시옵소서.
　인간적인 위로와 소망이 꺼진 이들에게 위로가 되게 하시고, 상처와 소외된 이들에게 긍휼을 베풀어지는 시간이 되게 하소서.
　물댄 동산 같이 안락하고 풍요한 성천 교회에서 영육 간에 풍성한 은혜를 베풀어 주시는 영성의 기간이 되게 하소서.
　오늘도 말씀을 들고 서신 하나님의 사자 목사님을 기억하여 주셔서 항상 그의 영혼과 인생이 주님 사랑에 머물게 하시고 사랑의 힘으로 주님의 일을 성취케 하옵소서. 이 모든 말씀 주 예수님 이름 받들어 기도드렸사옵나이다. 아멘.

1999년 2월 7일 • 여호와께 감사하라!

　사랑과 은혜가 풍성하신 하나님 아버지! 오늘도 기쁨으로 예배를 드립니다. 세속에 찌든 불쌍한 몸들을 성스러운 이 자리로 인도하신 하나님께 감사와 영광을 드립니다.
　지난 주간에도 축복과 사랑으로 저희들을 보호하여 주셨습니다. 변화되는 환경에 마음과 행동이 바꾸어지도록 재촉하셨습니다. 굳어진 마음과 굴욕의 사슬에서 벗어나게 하옵소서.
　갈급한 목을 적셔 주시는 하나님 아버지! 물질과 욕심의 노예가 되지 않도록 하셔서 잠시라도 십자가를 멀리하는 어리석음을 범하지 않게 하소서.
　사랑의 하나님! 지금까지 저희들이 살아오는 동안 스스로가 만족스러운 마음이 한쪽 구석에 자리를 잡다가 상대적 빈곤감에서 오는 소유의 유혹 때문에 많은 죄악 굴레에서 벗어나지 못했습니다. 감사할 줄 모르고 살아 왔습니다.
　지극히 아무리 어려운 때라고 하오나 굶주리고 있는 뭇 백성들에 비해서 먹을 것이 넉넉히 있습니다. 남루하지 않게 철따라 입을 것이 있고 몸과 마음이 편히 쉴 곳과 가족과 함께 서로 의지할 수 있는 이들도 있습니다. 일할 수 있는 직장도 있습니다.
　주님이시여! 이러한 감사를 감사할 줄 모르는 저희들을 용서하여 주시옵소서.
　부정스러운 몸과 명예와 권세가 세상을 지배할 때 지배받는 자들에 위축과 부러움이 천년만년에 걸친 고통일 듯 하오나 그로 인한 세인들의 지탄과 비난으로 심판대에 오르는 참혹함을 오늘도 보고 있습니다.
 주님이시여! 지금의 나의 위치 나의 건강 그리고 주어진 환경 모두가 하나님께서 주시는 소중함과 아름다움과 만족함이며 영광된 축복임을 깨닫게 하소서.
 더욱이 감히 생각지도 못했던 이곳에 여느 때 목마른 자의 많은 무리가 먹고 마시기에 저장할 수 있는 큰 그릇을 준비케 하신 하나님 아버지 넘칠 때까지 준비에 부족함이 없게 하소서. 지역에 중심이기 보다는 주님의 산 역사와 믿음 소망 사랑의 중심으로서 이루어지는 주님의 품 안이 되게 하소서.
 병든 자, 실족한 자, 사탄에 얽매인 자, 모든 이들이 이곳에서 치유함을 받고 성령이 충만함을 입게 하소서.
 하나님이 택하신 종을 정점으로 장로님과 모든 직분자 그리고 성도들과 함께 어우러진 화음으로 질서 있고 아름답게 기쁨이 가득한 마음으로 이웃을 맞이하기에 부족함이 없게 하소서.
 하나님 아버지! 믿음으로 증거하실 귀한 목사님과 함께 하셔서 살아 있는 말씀으로 저희들을 감동케 하소서. 이 모든 말씀을 주 예수님 이름 받들어 기도드렸사옵니다. 아멘.

1999년 • 졸업예배 기도

 사랑과 은혜가 충만하신 하나님 아버지!
 오늘은 주님의 은총과 축복 속에 어린이로부터 성년에 이르는 자녀 17명의 졸업을 축하하는 예배이오니 이들에게 더욱 더 큰 사랑을 베풀어 주시옵소서.

  한정된 틀에서 배움과 마침에서 다시 사랑으로 청소년과 공부를 마치고 세상일에 시작되는 이들에게 주님의 특별하신 사랑과 보호하심으로 오직 발전하며 자신의 목적을 달성할 수 있는 인내와 노력의 부족함이 없고 성실한 인격으로 만들어 주시옵소서.

  부모 품에서 걸음마를 거쳐 스스로의 이성판단이 있기까지 사회 환경의 배려로 스스로 성장했다는 착각에 빠지지 않도록 부모님의 사랑과 은총을 깨닫게 하시옵소서.

  시절을 따라 풍성한 열매를 맺는 과실나무는 부지런한 농부의 손길과 하나님의 보살핌이 없이는 맛있고 큰 열매를 거둘 수 없듯이 아낌없는 부모의 사랑과 주님 앞에 무릎을 꿇고 기도하는 가운데 오늘 졸업의 열매가 있었음을 다시한번 깨닫게 하소서.

  이제 이들에게는 바른 길로만 갈 수 있도록 인도해 주시고 배워서 얻은 학문과 지식으로 사회에 한쪽을 담당할 수 있는 능력과 지혜를 주셔서 하나님께 영광을 돌릴 수 있는 인품이 되게 하소서.

  이들 모두가 각기 맡겨진 대로 준비하고 계획하고 모든 일에 주님의 섭리로 하여금 어렵고 힘든 일에 도전하며 능히 해낼 수 있는 담력과 능력을 주셔서 믿음 가운데 성취하고 커가는 인격으로 만들어 주시옵소서.

  이들 가정에 축복을 주시고 자녀를 위해 헌신하며 교회를 위해 봉사하신 부모님들을 함께 하셔서 믿음과 사랑으로 성장하며 풍성한 양식을 허락하시옵소서.

  그리하여 그들 생활이 늘 윤택하며 감사의 조건이 늘어가고 가정에 헌신하며 봉사하는 하나님의 생활이 되게 하소서. 이 모든 말씀 주 예수님 이름 받들어 기도드렸사옵나이다. 아멘.

1999년 • 성가대 헌신예배 (부활절 저녁)

　사랑과 은혜의 하나님! 저희들에게 부활의 증거를 스스로 보이신 주님이시여! 우리 모두 주님의 사랑을 찬양하오며 경배를 드립니다.
　거룩한 성전에 드리는 찬양과 함께 귀중한 부활절 저녁 성가대원들이 헌신예배를 드릴 수 있게 허락하신 하나님께 진심으로 감사드립니다.
　찬양의 대열에 세워주시고 화음에 목소리를 주신 가운데 마음과 정성을 다해 기쁨으로 영접할 수 있는 직분을 소중히 생각하게 하옵시고 부족한 저희를 도와 주시옵소서.
　저희를 구원하시고자 고난을 당하신 주님이시여.
　부활하시기까지 어리석은 자들의 조롱과 육체의 찢겨진 아픔을 감내할 수 없는 저희들이오니 사랑하시사 부활의 의미를 깊이 깨닫게 하소서.
　가장 믿었던 제자에게 배신을 받으심은 인간들의 속성인 줄 압니다. 비열한 빌라도의 판결이 가시면류관을 씌워 성자의 무릎을 꿇게 하여 침 뱉으며 조롱하는 인간의 무지와 질시에 표상인 줄 압니다.
　어떻게 우리가 용서받고 그 가운데 부활하신 주님께 참 의미를 깨달아야 하겠습니까?
　기도합니다. 죄 많은 인간들의 기준이 얼마나 무모한가를 일깨워 주시고 한낱 썩어질 인간의 육체와 고통의 아픔도 함께 오직 주님의 뜻을 헤아리게 하소서.

　살아가며 죄악에 찌든 인간의 상처를 치유하시고 부활하신 주님을 항상 찬미케 하소서. 구속을 감사하오며 무릎을 꿇고 회개하고 오늘의 성가대 찬양의 화음을 받아 주시옵소서.

　지난날의 욕된 생각 가식의 믿음 부질없는 인간의 아집에서 벗어나게 하옵시고 부활의 확신과 구원의 감동으로 날마다 주님을 증거하며 생활하는 길로 인도하소서. 시기와 질투하고 일그러진 모습에서 서로 용서하고 사랑하는 아름다운 모습으로 바꾸어 주소서.

　변화된 바탕 위에 마음 속 깊이 우러나오는 기쁨의 성가를 받아주시고 연약하고 방황하는 영혼들이 주님만을 의지하며 감동할 수 있는 놀라운 환희에 저녁예배를 드리게 하소서. 맡겨진 대로의 재능과 지혜와 능력을 다해 주 예수님의 이름으로 기도드렸습니다. 아멘.

1999년 4월 18일 • 참신선언

　부활하심으로 어두움에 문혀 저희들에게 밝은 빛으로 인도하신 하나님 아버지께 찬송과 경배를 드립니다.

　천지 창달 이래 오직 유일하신 구세주임을 만천하에 증거하였음은 결코 변할 수 없는 진리 가운데 지금도 빛으로도 영원불면에 진리임을 굳게 믿으오며 다시한번 찬양과 경배를 드립니다.

　진정한 마음으로 섬기고 믿으며 관용으로 충성을 다하게 하소서.

　하오나 우리의 믿음과 행동은 그렇지 못했습니다. 입술로 섬기고 입술로 충성하고 입술로 봉사하고 위선과 교만과 가식이 지배한 가운데 살아 왔습니다.
 남의 눈에 티만 보고 살아왔습니다.
 스스로에게는 관대한 용서를 하며 살아왔습니다.
 구원의 손길을 알면서도 나약하고 불쌍한 몸과 마음을 굳게 보이고 세상일에만 현혹되어 죄악에 물든 빈 그릇이 되었습니다.
 주님이시여, 들어 주소서! 빈 그릇을 채우려고 합니다.
 우리의 주님이시여, 채워 주시옵소서. 우리의 믿음이 낙원입니다.
 우리를 강하게 하소서. 사랑 가운데 냉담할 수 있게 하소서.
 우리를 따뜻하게 하시고 우리가 이 세상에 나갈 수 있도록 우리의 사랑을 간절하게 인도하여 주소서. 우리를 강하고 담대하게 인도하여 주소서. 우리는 강하고 깊은 신앙심이 있습니다. 번번히 우리를 불신하고 주님과 함께하는 믿음을 이룰 수가 없나이다.
 주님이시여 도우소서. 주님께 두는 우리의 믿음과 신뢰를 강하게 하옵소서. 우리는 미천합니다. 당신은 풍요하시며, 가난한 자에게 행운을 주시옵소서.
 우리는 죄인입니다. 주님은 용서하십니다. 우리는 죄가 많사옵니다. 주님의 정의가 가득하실 뿐입니다. 그리하여 우리는 은혜 받을 수 있는 주님의 품에 남아 있사옵니다. 주여 우리를 버리지 마시옵소서. 오직 주와 함께 있게 하옵소서 라고 우리는 기도했습니다.
 주님이시여! 어느 인생이든 한 세대를 머무는 동안 이렇게 아름다운 성전을 황무지에 세우시게 하시면서까지 부름을 몸소 간구하며 기도하게 하심은 그렇게 흔치 않은 줄 믿습니다.
 특별히 사랑하시는 당신의 종 저희들을 선택하시어 이렇게 엄청난 축복을 주셨음은 우리 후손들에게까지 약속된 가나안의 지름길을 인도하신 줄 믿습니다.

  몸과 마음으로 섬기고 충성하며 봉사하는 나눔을 갖게 하옵소서.

  강건하고 확실한 신앙으로 주님께 신뢰 받는 우리가 되게 하소서.

  주어진 직분대로 맡겨진 분량대로 자기 자리를 지키게 하옵소서.

  사랑하는 주님의 종 목사님으로 하여금 우리의 심령을 깨우치시기에 부족함이 없는 예배를 드리게 하소서. 받아 주시옵소서. 이 모든 마음 주 예수 이름으로 기도드렸사옵나이다. 아멘.

1999년 • 인내의 기도

  사랑과 은혜가 풍성하신 하나님 아버지! 이렇게 영원한 안식처인 이곳으로 인도해 주신 주님께 감사드립니다.

  지난 주간에 예기치 못한 환난 가운데 생활했던 저희들입니다. 삶의 경쟁 가운데 메마른 영과 죄악에 오염된 몸을 이끌고 주님 품 안에 왔습니다. 특별히 저희를 사랑하시사 보살펴 주신 가운데 거룩한 안식일에 주님 앞에 나와 경배를 드리오며 사랑과 은혜의 말씀으로 추억을 지키게 하시는 하나님께 다시 한 번 감사드립니다.

  저희는 비천하고 무지합니다. 나약한 믿음으로 하여금 걱정과 근심의 올무에 얽히어 화를 자초하는 어리석고 불쌍한 저희들입니다. 숨 쉬며 살아 움직이는 것만으로 감사하온데 흔들리는 믿음으로 지나친 분수와 욕심으로 주님의 뜻과 관계없이 자기중심일 때가 너무나 많습니다.

용서하소서! 나약하고 흔들리는 믿음을 일깨워 주소서.

분명 주님의 선택함을 입은 지금의 우리는 주님의 말씀을 듣고 지키는 인내와 보지 못하고 바라는 간구는 참으로 기다리는 인내로서 화가 복이 되게 하시는 하나님이신 줄을 지내온 오랜 내 생활 속에서 찾게 하소서.

아무리 고통스럽고 힘이 들었어도 지나고 보면 걱정과 근심이 부질없었음을 느끼게 하셨습니다.

주님이시여! 우리 모두가 전지전능하신 하나님을 깨닫게 하시어 어떤 상황과 환난이든 오직 주님 앞에 무릎을 꿇고 감사와 간구의 기도로서 생활의 시작과 끝을 주님께 맡기게 하소서.

사랑의 하나님! 이곳에 함께 하지 못한 심령이 많이 있습니다. 병사에 중한 고통으로 참석치 못한 이웃에게는 쾌유에 손길을 얹어주시고, 무리와 사탄에 유혹으로 인한 이웃에게는 지혜의 영안을 주시어 주님 말씀에 귀를 기울이게 하소서. 또한 이곳에 함께 하여나가는 심령이 많이 모여 들고 있습니다.

일찍이 선교의 사명을 주시고 감당케 하신 하나님 아버지.

뜻이 있어서 많은 안식처를 예비하신 줄 믿습니다. 이제 성도 한 사람 한 사람이 주님의 뜻을 받들어 발바닥으로 선교에 임하게 하소서.

기다림으로 목마른 자에게 더욱 목마르게 하옵시고 몸과 마음으로 부딪치며 주님의 생명 속에서 그들의 목을 적시게 하시어 이 자리에 함께 하게 하소서.

주님의 큰일을 감당하는 일꾼들에게 부족함이 없고 지혜와 능력을 주시옵고, 성가대의 찬양이 봉사와 헌신 가운데 마음 깊은 곳에 우러나오는 참된 찬양이 되게 하시옵고 그 찬양을 받아 주시옵소서.

특별히 택하신 목사님께 축복을 주셔서 말씀을 증거하실 때마다 생명력이 넘치는 말씀으로 저희들이 감당케 하소서. 이 모든 마음 주의 이름 받들어 기도드렸사옵니다. 아멘.

1999년 9월 4일 • 지혜의 기도

너희 죄가 주홍 같을지라도 눈과 같이 희어질 것이다. 진홍같이 붉을지라도 양털같이 되리라.(사 1:18) 하신 하나님 아버지!

정리되지 못한 몸과 마음의 불충한 죄인을 주님의 자녀로 불러주신 은혜 감사합니다. 더욱이 주님의 사랑 가운데 안식일을 지키게 하신 하나님께 찬양과 찬송을 드립니다.

오늘도 주님의 말씀대로 살고자 하는 저희를 지켜 주시사 죄의 굴레에서 벗어나게 하옵시고 영육간의 고통과 아픔이 있는 이에게 치유케 하시옵소서.

어수선한 8月은 지나갔습니다. 정경유착으로 인한 국가적 위기에도 지도급의 비리로 하여금 순수한 서민의 가슴을 아프게 했습니다.

감내하기 힘든 수재민의 상처는 아직도 아물지 못하고 있습니다.

상상도 못할 이웃들의 참상은 인명과 재산을 무참히 앗아가 버린 세상을 종말로 착각하는 정도로 놀라고 있습니다. 인류에 경종을 울리고 주님의 준엄한 계시로 받아들이게 하시옵소서.

태초에 보시기에 좋았던 땅은 무분별한 인간의 발아래 병들고 신음하는 가운데 예기치 못한 자연 재해를 부르고 있습니다.

하나님의 형상대로 지으신 인간은 유혹과 욕심으로 "에덴동산"에서 추방된 이래 끝없는 죄에서 죄의 연계로 가혹한 살상과 파괴로 인간들로 치유될 수 없는 상처와 파멸을 자초하고 있습니다.

은혜가 풍성하신 하나님 아버지! 이 모두가 인간의 교만과 무지에서 오는 참혹한 재앙과 고통임을 깨닫게 하시옵소서. 사랑하는 하나님 뜻대로 행하며 하나님 말씀에 순종하여 생명과 복을 선택하는 지혜를 주시옵소서.!

아버지의 뜻을 밝히는 지혜를 주시옵소서. 선과 악을 분별할 줄 아는 지혜를 주시옵소서. 참과 거짓을 구별할 줄 아는 지혜를 주시옵소서.

전지전능하신 하나님 아버지! 때때로 비를 내리시어 금년에도 풍성을 약속하신 줄 믿습니다.

새천년의 준비와 함께 세기말의 마무리에 소홀함이 없게 하셔서 믿음의 열매와 함께 풍요를 안겨 주시옵소서.

주님께서 특별히 우리 성천교회를 사랑하시사 새천년을 위해 복음 전파로 올바른 성장을 기약하실 줄 믿습니다. 주님의 복음을 전하고 살아움직이는 교회가 되게 하소서.

주님께서 맡기고 주 안에서 받은 직분을 잘 감내할 수 있도록 믿음과 열심과 인도한 사랑을 풍성히 내려 주시옵소서.

성도 모두가 함께 하시옵고, 성도 모두를 지켜 주시옵고, 성도 모두의 참길로 인도하소서. 특별히 택하신 목사님께 축복을 주셔서 우리의 신령을 깨우치시기에 부족함이 있는 예배를 드리게 하소서. 이 모든 말씀 예수님의 이름으로 기도드렸습니다. 아멘.

1999년 11월 21일 • 회개

하늘과 땅과 세상 모두를 주관하시는 살아계신 하나님 아버지!

영광과 존귀와 찬송을 드립니다. 부족하고 비천한 저희를 사랑하셔서 거룩한 안식일을 지키게 하시니 감사합니다.

세상의 몸과 마음을 비우고 순수하고 참된 마음으로 주님 앞에서 경건한 예배를 드리게 하소서. 지금까지 그리하셨던 것처럼 항상 저희 곁에 계셨음을 믿습니다. 그리고 지켜 주신 것도 믿습니다. 믿는 이들을 위해 항상 갈 길을 예비하신 줄 믿습니다. 감사합니다.

뜻이 계셔서 이곳에 환경 변화를 주신 하나님 가을 풍요와 함께 저희 몸된 교회를 예비하도록 하신 하나님께 다시 한 번 감사드립니다.

여기 모인 이들로 하여금 능력과 지혜를 주시어 방황하고 많은 심령들에게 구원의 손길이 닿을 수 있도록 사명과 역할을 주시니 감당하고 부흥할 수 있도록 도와주소서.

이제 금년도 40여일 밖에 안 남았습니다. 지난날의 우리로 주님의 뜻 가운데 살고자 하였음에도 놀라움과 실망 가운데 아픔과 고통 속에서 헤어나지 못했습니다.

위정자와 지도자는 신의를 위한 대변과 봉사를 뒤로 한 채 만연한 부패로 우리의 자식들을 불에 던졌고 끔찍한 살인강도가 난무하는 일면목을 보아왔습니다.

지식층은 영특하게 살기위한 평생의 연구가 인간과 자연을 인위적 복제 시도를 불치의 질병과 듣도 보도 못했던 끔찍한 재난의 원인을 제공하고 있습니다.

각계의 지도자들은 사명의 본분을 잊은 채 구태의연한 신분으로 직업난과 자리 지키기에 연연하며 길 잃은 어린 양들을 찾아 나서지 못하고 있습니다. 인생들아 어느 때까지 나의 영광을 변하여 욕되게 하며 허사를 좋아하고 궤휼을 구하겠는가(시 4:2)라고 탄식하시던 한숨이 이 순간에 들리는 듯합니다. 용서하소서!

그림자처럼 따라다니는 사탄을 교묘하게 우리의 생활 속에 이상한 길로 우리를 손짓하고 있사오니 주님이시여 이를 물리쳐 주소서.

자기중심을 버리고 생각을 바꾸어 주님께 부당한 모두를 던지게 하시어 하나님의 가르침을 따르게 하소서.

은밀한 곳에 감추신 하나님의 진리를 발견케 하시어 인생의 변화를 시키시고 하나님의 영광을 환하게 하소서.

성령으로 저희와 함께 하시는 하나님 아버지! 이 자리에 함께 하지 못한 성도가 있습니다. 육신의 병과 고충을 당하고 있는 이웃에게로 빠른 쾌유로 치료케 하옵시고 믿음이 부족한 이웃에게는 담대한 믿음을 주시고 문제와 사정이 있는 이웃에게도 주님께 의지하며 은혜를 나눌 수 있는 시간을 갖게 하소서.

하나님 아버지! 주님께서 주신 직분자들과 손길 위에 함께 하시고 반주자와 함께 성가대원의 마음 속 깊이 우러나오고 음성의 화음을 흠향 하시옵소서.

저희 목사님과 함께 하셔서 흠없는 주님의 제단 앞에 서시기에 합당케 하시고 진리의 말씀을 베풀기에 부족함이 없게 하소서.

이 예배를 주님께서 받아주시고 저희들에게 한량없는 은혜를 베풀어 주옵소서. 아무 공로 없는 죄인이 예수님 이름 받들어 기도드렸사옵나이다. 아멘.

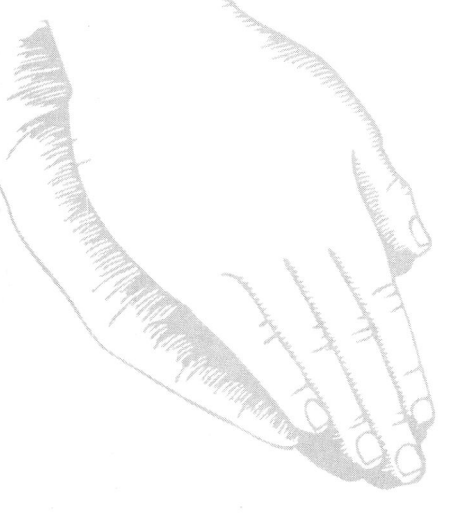

2000

2000년 3월 5일 • 옛 사람을 벗어 버려라

　사랑과 은혜가 풍성하신 하나님 아버지! 우리와 우리의 이웃을 항상 사랑하시는 하나님이신 줄 믿습니다. 오늘도 비천한 저희를 주님의 품 안으로 인도해 주신 하나님께 찬양과 찬송을 드립니다.

　계절 따라 만물을 새롭게 하시는 하나님 아버지! 지난 세기엔 인간의 힘으로 이기기 어려웠던 고난과 고통 가운데에도 주님께서 함께 하시고 지켜주신 가운데 오늘도 은혜의 길로 인도 하시는 하나님께 감사드립니다.

　파괴되고 무너진 인간의 불행을 치유키 위한 오직 한 가지 희망을 교회에서만 찾을 수밖에 없게 하시고 주님 믿는 가운데 참 삶의 이치를 깨닫게 하시는 하나님께 다시 한 번 감사드립니다.

　"너희는 유혹의 욕심을 따라 썩어져가는 구습을 좇는 옛 사람을 벗어버리고 오직 심령으로 새롭게 되라"(엡 4:22~23) 하신 하나님 아버지!

　이 말씀이 숱한 세월의 불멸의 진리임에도 거듭나기 인색한 저희는 깨닫지 못하고 새사람 되기에 주저하며 살아 왔습니다.

자기중심이 우선이었기에 남을 내 입에 오르내려야 했고 속성에 굳어진 편향적 생각은 자기 허물을 뒤로 한 채 남에게 손가락질 하며 살아 왔습니다. 위장된 이기심과 더러운 욕망은 진실을 외면한 채 이웃을 비하시키고 자기를 앞세우며 그릇된 욕심을 채워 왔습니다.

살아가면서 느낄 수밖에 없는 인간의 한계와 무력함을 아시는 하나님 아버지! 지난날에 저질렀던 수많은 교류와 아픔을 교훈으로서 삶의 바탕을 삼게 하시고 옛 사람에서 벗어나게 하소서.

47년전 3월 처녀 성전이 토담허실 간이었던 이 지역에 오늘 하나님 보시기에 좋은 성전으로 이렇게 바꾸었습니다. 하오나 빈약했었던 시절의 교회를 지킬 수 있었던 몇 사람의 성도들의 믿음과 감당할 수 있었던 직분을 지금의 우리와 비교될 수 있는지 창립주일을 기하여 되새기게 하소서.

"게으르고 무익한 종을 바깥 어두운 데로 내어 쫓으라" 하신 하나님의 말씀이 방관과 무관심도 그 범주를 벗어나지 못한 줄 압니다. 허락하신 자기 직분을 기쁜 마음으로 최선을 다하고 두려운 마음으로 감당하게 하소서.

사랑의 하나님! 지금 이 자리에는 주님을 영접 못하는 믿음이 약한 이웃과 세상 늪에 만족하는 자와 질병의 고통에서 벗어나지 못한 사람과 가정이 있습니다.

이들의 형편과 처지를 주님의 뜻대로 치유하셔서 모두 함께 하는 찬양과 찬송으로 사랑이 충만한 형제가 되게 하소서.

하나님 아버지! 오늘 드리는 저희들의 이 예배가 생각과 마음 문을 활짝 열어놓고 주님께 드리는 산제사가 되게 하시고 빈손으로 돌아가는 세상 사람이 아니되게 하소서.

저희 목사님과 함께 하시는 하나님 아버지! 흠 없는 주님 제단 앞에 서시기에 합당케 하시고 진리의 말씀을 베풀어 주시기에 부족함이 없는 능력을 허락하여 주시옵소서. 처음과 끝을 주님께서 주장하소서. 이 모든 말씀을 주 예수님 이름 받들어 기도드렸사옵니다. 아멘.

2000년 4월 30일 • 부활의 감사함을 잊지 말라

지극히 높으시고 참되신 하나님 아버지!

세상에 모든 유혹과 온갖 고뇌로부터 저희를 위로하시고 죄악으로부터 건져내 주시사 참 진리의 길로 인도하여 주신 하나님께 감사와 찬송을 드립니다.

인간 세상 율법에 순수히 응하셨지만 빈 무덤으로 사망을 이기셨음을 증명하셨고 사흘만에 영광과 소망을 안겨주신 하나님 아버지! 참 아름답습니다. 십자가에 빛난 영광이 더욱 찬란합니다.

한량없는 주님의 사랑은 비천한 저희 가슴에 참된 평화를 심어 주셨습니다. 오직 한 분만이 그렇게 하실 수 있음을 믿사오며 다시 한 번 감사드립니다.

하나님 아버지! 세태의 흐름은 인간 생활에 흑암을 더해가고 낙망과 절망이 엄습해와도 여기 무릎을 꿇고 주님의 참 사랑있는 이들만이 기쁨과 행복을 찾을 수 있음을 믿습니다.

먹이기에 앞서 배고프게 만드시고, 옷을 입히기 전에 헐벗게 하시며, 눕기 전에 황량한 벌판에 서게 하시는 하나님 아버지!

볼 수 없는 것을 보게 하시며, 말할 수 없는 것을 듣게 하시며, 대단한 사람으로 만들기 전에 아무 것도 아닌 자신을 깨닫게 하시는 주님이신 줄 믿습니다.

눈을 들어 저희들이 지금 어디에 거하고 있는가를 깨닫게 하소서.

희귀한 병마와 사투를 벌이며 울부짖는 지옥 중에 속해 있지 않고 병원을 멀리하고 있음을 주님께 감사하게 생각하게 하소서.

처처에 굶주림에 신음하다 쓰러져 가는 자식과 버리고 가는 부모의 비정함과 약탈로 목숨을 연명하는 아수라장 가운데 있지 아니하고 이 땅 위에 가을마다 풍성함을 거두게 하시는 하나님께 감사함을 알게 하소서. 세상에 눈은 명예 척도를 가늠할 수 없습니다.

사람의 마음은 재물 앞에 스스로 다스릴 수 없는 현실 앞에 저희들을 그곳에 있게 아니 하시고 분수에 맞는 능력을 주신 하나님께 감사함을 잊지 않게 하소서.

내 적은 일에서 기쁨을 함께 하시고, 내 적은 소득에서도 십일조와 나눔을 잊지 않게 하시고 내 이웃의 아픔을 내 아픔으로 기억하는 변화를 하소서.

"네가 네 손이 수고한대로 먹을 것이라 네가 복되고 형통하리라"(시 128:2) 하신 말씀대로 이루어지게 하소서.

거룩하신 하나님 아버지! 한국 정치는 민의를 따르지 못했습니다. 4/13 총선에서 선출된 나라 살림꾼들에게 지혜를 주소서.

주님 말씀을 두려운 줄 알게 하시옵고 불의에 굴하지 않고 부정에 흔들리지 않는 마음으로 국정에 임하게 하시옵고 그 바탕 위에서 남북 화합의 길을 열게 하소서.

사랑의 주님! 저희 교회를 늘 새롭게 하시고 성령이 늘 살아 움직이는 교회가 되게 하시고 끊기지 않은 모든 성도의 기도로 믿음, 사랑, 소망이 넘치는 전당이 되게 하소서.

주님의 몸된 교회를 위하여 수고하시는 목사님께 흠 없는 제단 앞에 서시기에 합당케 하시고 진리의 말씀을 베푸시게 부족함이 없는 능력을 채워 주시옵소서. 이 모든 말씀 주 예수님의 이름 받들어 기도드렸사옵나이다. 아멘.

2000년 5월 9일 • 자연 보호기도

사랑의 하나님! 이 땅을 사랑하시고 보호를 위해 특별한 모임을 주신 주님의 크신 사랑과 은혜에 감사를 올립니다.

오늘 모임이 헛되지 않게 하시고 전시적인 행위로 비쳐지지 않게 하옵시고 진실로 우리가 해야 될 사명감으로 깨닫게 하옵소서.

하나님이 보시기에 좋았던 이 땅은 인류에 무분별한 개발과 그 부산물로 썩어가고 죽어가고 있습니다.

종래는 상상도 못할 재앙을 자초하고 있는 현실을 직접 보고 느끼고 있습니다.

먹고 마실 물은 오염으로 인한 질병을 안겨주고 있으며 값없이 주신 공기의 혼탁함은 서서히 병든 몸을 만들고 있습니다. 부주의와 실수에 화재로 인한 자연의 소실은 홍수의 피해로 연결될 수밖에 없는 현실이 눈앞에 전개되고 있습니다.

사랑의 하나님! 이 모든 일에 인류 스스로 자성하고 회개하여 전부가 동참해서 지금 우리 시흥 남지방 성도들이 하는 이 작은 일이 미력하나마 모든 이에 큰 아픔을 사전에 막을 수 있는 계기가 되게 하시옵소서.

목사님과 장로님들 그리고 각 직분으로 동참한 이들의 이 자리로 하여금 여기 동참 못한 모든 이들이 "나도 함께" 하고 자연보호 운동이 되게 하소서. 이 모든 말씀 주 예수님 이름 받들어 기도드렸사옵나이다. 아멘.

2000년 6월 18일 • 회개의 기도

사랑과 은혜가 풍성하신 하나님 아버지! 낳으면서 지금까지 함께 하심으로 저희들로 하여금 이 자리를 지키게 하신 주님께 감사와 영광을 드립니다.

어디서나 어느 때든가 믿는 자에게 주님의 사랑이 헛되지 않음을 깨닫게 하옵시고 회개하며 간구하는 자에게 거듭나는 삶을 터득하게 하소서.

세상에만 의존하여 물든 몸과 마음은 이 자리를 비켜섰을 때마다 인간중심의 생활로 하나님 보시기에 결코 좋을 수 없는 일이 허다하며 속될 수밖에 없는 줄 압니다.

어느 한 날도 "너희가 듣기는 들어도 도무지 깨닫지 못하며 보기는 보아도 도무지 알지 못하는도다"(행 28:26) 하는 저희들이었습니다.

"마음이 완악하여져서 그 귀로는 둔하게 듣고 그 눈을 감았어도 이는 눈으로 보고 귀로 듣고 마음으로 깨달아 돌아와 나의 고침을 받을까 함이라"(행 8:27) 그렇지 못하고 구원을 뒤로 해야 했습니다. 용서하시옵소서.

어느 곳이든 한 눈에 띄는 어린이와 노령이 함께 한 그림을 보면 하루살이 미물의 범주를 벗어나지 못하는 인생이온데 천년만년의 꿈을 먹으며 불의와 추악함과 질시와 시기로 죄 가운데 자기 몸을 불태우고 있음이 얼마나 많은 환난과 곤고가 따르는가를 깨닫게 하소서.

인간의 "고집과 회개치 아니한 마음을 따라 진노의 날 곧 하나님의 의로우신 판단이 나타나는 그 날에 임할 진노를"(롬 2:5) 자신에게 쌓지 않도록 무릎을 꿇고 회개하며 간구하는 기도로 주님의 말씀과 뜻을 항상 묵상하며 우리에게서 떠나지 않게 하소서.

사랑의 하나님! 어떠한 형태로든 몸과 마음을 의지할 이웃이 어렵고 고통스러운 일로 이 자리에 참석치 못했습니다.

병마에 시달려서, 주님 말씀을 외면해서, 사탄과 악마에 사슬에 얽매여서 등등 이러 저러한 어려운 가운데 있는 이들을 치유케 하옵시고 주님의 방법으로 깨닫게 하옵시고 주님의 강한 손길로 사슬을 끊어 주시옵소서.

하나님 아버지! 이 나라는 암울했던 55년간의 분단의 담이 허물어지고 있습니다. 냉담과 반복되는 전쟁의 위협으로부터 온 국민이 불안으로 지새웠던 반세기도 주님의 역사로 그 벽이 무너지게 하신 줄 믿습니다.

인류의 걸어온 길이 그러 했듯이 몇몇의 강퍅한 위정자들로 하여금 죄 없는 백성들은 어렵고 고된 길을 걸어야만 했습니다.

주님이시여! 이 나라에게 특별히 주어진 이 기회에 이해와 포옹으로 이 세상 마지막 분단의 아픔을 치유케 하시옵소서.

이 예배를 진정으로 드리오니 주의 영으로 임재하여 주셔서 이끌어 주시고 받아 주시옵시며 이 시간에도 말씀에 충만한 은혜를 부어 주시옵소서.

주님의 사자 목사님으로 하여금 하늘의 비밀을 저희로 깨우쳐 일러 주시기에 부족함이 없는 신령한 목자로 세워주시옵소서. 예배의 시종을 주님께 부탁드리오며 우리 구주 예수님의 이름으로 기도드렸사옵나이다. 아멘.

2000년 8월 6일 • 회개의 기도

하나님 뜻 안에서 살고 말씀 가운데 행하기를 원하시는 주님이시여! 지극히 작은 자 가운데서 더욱 작은 우리를 사랑하시어 거룩하고 성스러운 주님 앞에 무릎을 꿇게 하시는 하나님께 진실로 감사드립니다.

지난 주간도 저희는 죄의 길에서 과감히 돌이킬 용기가 부족했었습니다.

명백한 죄상을 뉘우칠 기력도 마음도 없어 어리석은 자 가운데 자리를 같이 하며 세상일에 미련을 버리지 못했습니다. 거듭나야 될 몸을 구습에 쫓아 살아야 했고 진리의 말씀대로 살아야 했으나 그렇지 아니하고 죄인된 몸과 마음으로 이 자리를 채웠사오니 용서하여 주시옵소서.

이곳을 사랑하시사 단비로 메마른 땅에 해갈시켜 주실 주님! 나라에 오래된 숙원도 주님께서 역사하시므로 분단된 우리를 통일의 길로 서서히 열어 주시는 줄 믿습니다. 답답하고 먼 길도 주님께서 역사하시므로 때를 따라 알게 하시고 인내 가운데 기다림으로 반가움을 터득케 하시는 주님이시여! 진실로 감사합니다.

나약한 인간의 중심을 항상 주 안에서 몸과 마음이 떠나지 않게 하시어 내적으로나 외적으로도 진실되고 하나된 마음으로 오직 주님이 우리의 모두인 것을 깨닫게 하소서! 육체의 질고로 함께 하지 못한 형제가 있습니다. 본의 아니게 사탄에 두 발이 묶이어 주님을 멀리 했어야 하는 이방인도 있습니다.

하나님 아버지! 피묻은 손으로 이웃 형제의 육체에 질고를 거두게 하시고 여기에 모인 저희들로 하여금 길을 찾지 못한 이웃에게 안내자가 되게 하소서!

사탄에 의한 묶인 자의 옥쇄를 주님의 불같은 호령으로 풀어나게 하셔서 함께 하지 못한 모두가 찬양과 감동으로 주님께 영광을 돌리는 역사를 이루게 하소서!

사랑과 은혜의 하나님! 이 자리에 사랑하시는 목사님을 세워 주셨습니다. 평생을 중생을 위한 봉사로 시간과 물림과 온 몸을 바쳐서 불쌍하고 연약한 저희들에 심령을 일깨워 주시고자 단 앞에 세워 주신 줄 믿습니다.

주님에 은총 가운데 우리를 푸른 초장에 누이시며 쉴만한 물가로 인도하셔서 우리의 영혼을 소생시키시는 진정한 목자가 되게 하소서. 이 모든 말씀 주 예수님 이름 받들어 기도드렸사옵나이다. 아멘.

2000년 9월 28일 • 중부연회 찬양제 기도 - 강희춘 장로

　모든 인류에 빛이시며 믿는 이들의 생명이신 하나님 아버지! 존귀와 영광을 받으시기에 합당하심을 찬양합니다.
　사랑과 은혜 가운데 특별히 여기 모여 우리 모두를 지금까지 지켜주시고 보호하심으로 주님의 거룩한 백성으로 삼아 주심을 진심으로 감사드립니다.
　세찬 비바람과 가뭄이 교차 됐어도 가을의 풍요를 안겨 주시는 하나님 아버지!
　세상 삶이 고달프고 어려워도 주님이 함께 하시는 우리에게는 믿는 마음의 풍요와 믿는 생활에 풍성함을 약속하시는 줄 믿습니다.
　하나님 아버지! 하오나 주님의 사랑과 은혜를 깨닫지 못하고 명하심을 순종으로 받아들이지 못하고 불충으로 살아왔습니다.
　주님의 영광을 드러내기 보다는 허상과 욕심으로 보잘 것 없는 "나"를 앞세워 왔습니다. 말씀대로 생활하기보다는 인간 중심과 내 마음을 앞세워 입으로만 살아온 저희를 용서하시어 어리석은 마음에서 깨어나게 하시고 씻어 주시옵소서.
　사랑과 은혜의 하나님! 일찍이 뜻이 있으셔서 세상 곳곳에 주님의 몸된 교회를 세우게 하신 하나님 아버지!
　성도가 부르심을 받은 자들과 그리스도의 이름을 부르는 자들이 함께 모이게 하셔서 주님 영광스러운 교회를 세우시고 티나 주름 잡힌 것이나 이런 것들이 없이 거룩하고 흠이 없게 하려 하심인 줄 믿습니다.
　미련한 자들로 하여금 잠자게 마옵시고 깨어 있어 하나님의 이름으로 중생을 구하는 지혜를 허락하시옵소서.

전능하신 하나님 아버지! 이 땅에 50년의 분단에 깊은 상처가 새 세기에 들어서면서 하나님의 섭리로 치유가 시작되는 줄 압니다. 하오나 암울했던 과거를 의미없이 묻어버리게 마옵시고 순국과 이산의 아픔과 고통을 되새기게 하셔서 결코 몇몇 위정자들의 제물의 대상으로 경솔하고 쉽게 치부되지 않도록 막아 주시옵소서.

우리 여선교회의 100년의 역사는 선교와 봉사로 시작되어 마음 밭을 개간하고 씨뿌림으로 시작되는 사명으로 불을 지펴 왔습니다. 꺼질 줄 모르고 활활 타오르는 여선교회 가슴에 하나님의 섭리로 하여금 국경을 넘어서 땅 끝까지 뻗어가며 지칠 줄 모르는 여선교회가 정의로운 세상, 평화의 시대를 이끌어 가는 사명을 감당케 하시옵소서.

오늘 예배가 감사와 찬양이 넘치게 하시옵고 주께서 친히 주장하신 가운데 영광을 드러나게 하시옵소서. 이 모든 말씀 주 예수 이름 받들어 기도 드렸사옵니다. 아멘.

2000년 12월 24일 • 성탄절

전 인류의 빛이시며 믿는 자들의 생명이신 하나님 아버지!

영광의 자리를 마다하시고 가장 가난한 인간의 몸으로 태어나시어 구원자로 오신 주 예수님께 경배를 드립니다.

특별히 이 자리에 모인 저희를 택하시어 주 예수님의 탄생을 기쁨과 찬양으로 영접하게 하신 사랑과 은총에 진실로 감사드립니다.

거룩하신 하나님 아버지! 독생자를 보내시어 말씀과 사역의 교훈과 수난과 수모의 희생을 감수하시고 부활로 중생을 구원코자 증거하셨음이 2000년이 지난 지금도 주님의 탄생을 경축하며 기쁨으로 맞이할 수밖에 없는 섭리에 다시 한 번 감사를 드립니다.

병든 자, 사망 자, 귀신 들린 자들에게 깨끗함을 입게 하셨음은 오직 믿는 자에게만 주어졌던 특혜는 오랜 세월이 지났어도 항상 저희 곁에 계시며 역사와 확신을 주시는 줄 믿습니다.

믿었던 제자가 은 30냥으로 무죄한 피를 판 것도 닭이 두 번 울기 전에 주님을 세 번 부인한 것도 긴 세월에도 퇴색됨이 없이 우리의 내면과 실상을 토로 하신 줄 믿습니다.

사랑의 하나님! 오늘 날에도 인간중심에 생활은 비리와 탐욕, 그리고 생명 경시의 풍조로 차마 헤아릴 수 없는 아픔을 안겨 주고 있습니다.

각계의 지도자와 교계의 지도자까지도 물욕과 탐욕으로 얼룩져 가는 금세기 세태는 표현조차 감당키 어려운 안타까움으로 말세를 확연히 예고하고 있는 듯하오니 주님이시여! 하루 속히 그 함정에서 벗어나게 하시어 회개로서 주님께 죄를 씻게 하시옵소서.

사랑과 은혜의 하나님! 특별히 오늘과 내일은 세계 곳곳에서 주님의 탄생을 축하 하며 예배를 드리고 있는 줄 압니다. 하오나 주님의 탄생을 깨닫지 못하고 방황하며 죄를 범하고 있는 이웃도 있습니다.

사탄의 꾀임에서 오는 배척, 병마의 고통에서 주님을 영접치 못하거나 하고 싶어도 불가피하게 찬양에 동참치 못하는 이들께 어린 아기 예수에게 다가 서게 하시어 평화와 사랑 가운데 기쁨의 대열에 서게 하시옵소서.

사랑의 하나님! 찬양으로 예배를 준비한 성가대로 하여금 주님께 영광과 찬양으로 흠향케 하시어 한 마음 같은 뜻이 어우러진 고귀한 은혜로 놀라운 기쁨을 느낄 수 있도록 도와주소서.

금년에도 저희들의 가정과 교회를 지켜주신 하나님 아버지! 감사합니다. 그러나 2001년에는 나태하고 부정적이었던 우리의 심경을 회개합니다.

직분을 감당치 못했던 지난날을 벗어 버리게 하시고, 지혜와 능력을 입혀 주셔서 규모 있는 계획에 긍정적이고 적극적인 2001년을 대비케 하소서. 환란과 걱정이 없는 한 해가 되게 하소서.

특히 제단에 세우신 목사님을 함께 하셔서 깊이 있는 말씀 폭 넓은 지혜로 주님의 말씀을 증거하실 때마다 모두가 "아멘"으로 화답하게 하소서. 이 모든 말씀 주 예수님 이름 받들어 기도드렸사옵나이다. 아멘.

2001

2001년 1월 11일 • 가을이 주는 교훈

 창세로부터 그의 보이지 아니하는 것들 곧 그의 영원하신 능력과 신성이 그가 만드신 만물에 분명히 보며 알게 하신(롬 1:20) 하나님 아버지! 지으신 대지 위에 철따라 값없이 열매를 허락하신 주님께 감사와 영광을 드립니다.
 특별히 가을은 "적게 심은 자에게 적게 거두고 많이 심은 자에게 많이 거두는(고후 9:6)" 노력과 수확에 원리를 가르쳐 주셨습니다.
 뿌린 종류에 따라 무엇으로 심든지 그대로 거두는(갈 6:8) 진실과 정직의 결과를 일러 주셨습니다.
 알곡을 모아 곡간에 들이고 쭉정이는 꺼지지 않는 불에 태우시는(마 3:12) 최종 심판이 기다리고 있음을 알게 하셨습니다.
 특별히 가을은 그 넓이와 길이와 높이와 깊이가 어떠함을 깨달아(엡 3:19) 온갖 풍상을 다 겪은 인생에 황혼을 곱게 물들여 스러져가는 단풍 닮기를 원하시는 주님이신 줄 믿습니다.
 "너의 삶을 계산하여 보고 그 손익을 따져 봐야 하는 흑자 인생의

전환시킴이 배려하는 마음을 지니며 감사하는 계절이기를 깨닫게 하소서!"(김남식의 가을은 깊어만 가고)

　사랑의 하나님! 지난 주간에도 우리 스스로를 죄 가운데 묻어놓고 생활한 줄 압니다. 어리석고 불쌍한 심령들을 하나님의 성령의 교제로서 사랑과 은혜의 말씀 가운데 그 허물을 용서 받고 거듭나게 하소서.

　오늘도 참석치 못한 이웃도 많이 있습니다. 마음이 병든 이웃, 육체의 고통 받는 이웃, 그리고 세상 유혹과 무지에서 헤매이는 이웃에게 걱정과 근심, 슬픔과 탄식에서 벗어나게 하게 하시어 우리와 함께 하는 이웃이 되게 하소서.

　사랑의 하나님! 어제는 풍성한 은혜 가운데 학생부 문학의 밤을 성대히 가졌습니다. 그들의 밤은 순수했고, 춤과 노래는 꾸밈도 억지도 없었습니다.

　세속의 탐욕도 탈선도 존재할 수 없었습니다. 오직 주만 바라보고 하나님께 더 가까이 다가가는 그들을 위해 기성세대들은 옛 틀에서 벗어나 그들과 함께 호흡하면서 그들만의 환경과 처지를 주님의 믿음과 사랑 가운데 마음껏 펼칠 수 있는 진정한 울타리가 되도록 깨우치게 하소서.

2001년 1월 27일 • 가정의 달에 드리는 기도

　능력과 자비가 충만하신 하나님 아버지! 찬양과 감사와 영광을 드립니다. 거룩한 주일을 허락하셔서 주님 곁에 나오게 하신 하나님 아버지!
　저희들이 걸어온 자국마다 주님 앞에 나설 수 없는 죄인이오나 그리스도 사죄의 은총에 힘입고 나왔사오니 큰 축복과 사랑으로 함께 하여 주시옵소서.

 5月은 가정의 달로 지키게 하였습니다.

 저희 자녀들로 하여금 양육을, 부모와 스승으로 하여금 효와 은혜를, 청년들에게는 장래에 희망을 심게 하셔서 늘 주님의 가르침으로 꿈을 심게 하신 은혜 감사드립니다.

 "네 자녀에게 부지런히 가르치며"(신 6:7) "마땅히 행할 길을 아이에게 가르치라"(잠 22:6) 하셨습니다. 하오나 굶주리고 허기진 가운데 인생의 시작부터 범죄 속으로 잘못 들어선 아이들은 어른과 부모들의 허술한 관심과 행동이 노출된 사회구조 가운데 무엇을 가르치고 배우게 했는가를 깊이 깨닫고 다시 한 번 마음을 짚어 보게 하소서.

 버려진 부모는 자식의 신분이 노출될까 염려하며 자신의 처지를 말 못하고 양로원과 노상에서 속으로 울고 있습니다. 부모를 버린 자는 자기가 버려질 것을 상상도 못하며 내가 낳은 자식과 영원한 행복의 꿈을 먹으며 살고 있습니다.

 "네 부모를 즐겁게 하며 너 낳은 어미를 기쁘게 하라"(잠 23:25) 하신 하나님 아버지! 인류이 흐트러진 우리를 불쌍히 여기사 오직 주님의 가르침으로 어리석음을 피하게 하소서.

 "아이를 훈계하지 아니치 말라. 채찍으로 그를 때릴지라도 죽지 아니하리라"(잠 23:13) 하신 하나님 아버지! 하오나 올바른 채찍을 법에 고소로 무력화 시키고 훈계를 불필요한 잔소리로 받아들여져 성년에 입문하는 인간에게 가르침이 허사일 뿐 의연한 사람 만들기에 한계가 있음을 통탄합니다.

전능하신 하나님 아버지! 이를 불쌍히 여기시어 주님의 가르침으로 이 고통에서 벗어나게 하시옵고, 주 안에 삶이 오직 해결의 방법임을 깨닫게 하소서.

세상에 빛과 소금이 되라 하신 하나님 아버지! 이곳에 모인 저희들로 하여금 어둡고 그늘진 곳을 찾아 밝게 할 수 있는 지혜와 더렵혀진 음지를 찾아 깨끗케 함으로 변화케 하시옵소서.

세상에 덕을 끼치며 살아가는 주님의 종된 우리만이라도 주님을 믿지 아니하고 주저하고 이들이 무릎을 꿇고 주님 앞에 나올 수 있는 선교의 힘이 되는 모습으로 비추이게 하소서.

단 위에 세워주신 목사님을 사랑하시는 줄 압니다. 평생을 제단에 바치신 목사님께 오랜 경험과 능력과 지혜를 충동원에 하시어 이 자리를 주관케 하옵소서. 주시는 하나님의 말씀마다 모든 이의 마음 속 깊이 깨닫게 하시옵고 묵상하며 믿음과 사랑 속에 충성하는 성도가 되게 합소서.

이름도 없이 말도 없이 충성하는 모든 성도들에게 축복 주시옵소서. 거룩한 이 곳의 주인되시는 예수님 이름 받들어 기도드렸사옵나이다. 아멘.

2001년 2월 11일 • 새롭게 하소서

하나님 보시기에 좋았던 이 땅을 딛고 독생자 예수를 믿음으로써 영생과 구원을 얻게 하시는 하나님께 찬양과 찬송을 올립니다.

저희를 사랑하시어 구시대의 생활을 벗어버리게 하시고 영육 간에 풍요와 강건함을 주시는 주님께 감사를 드립니다.

사랑과 용서의 하나님! 오늘도 갈급한 심령을 가지고 여기에 왔습니다. 주홍빛 죄를 범하고도 주님 앞에 섰습니다.

그물을 찢어지도록 차고 넘치는 축복을 조건없이 바라고 왔습니다.

그래도 받아주시는 하나님 아버지! 주님의 제자로 삼으시어 영적 교제를 원하시는 하나님 아버지께 다시 한 번 감사드립니다.

무엇을 바라고 원하기 전에 어떻게 주님을 영화롭게 하며 죄악의 사슬에서 벗어날 것인가를 먼저 생각하게 하옵시고 속된 야망과 어두운 탐욕의 뿌리를 뽑아버리게 하시어 스스로 회개하는 삶을 주소서.

진실로 주님을 믿음으로서 의롭다 함을 입게 하소서.

사랑의 하나님! 지금 우리가 사는 이 땅에도 몇 사람의 위정자로 하여금 하나님의 섭리를 역행하고 있습니다. 나라의 존폐를 의식치 못하고 스스로의 권익 보호에 취하여 민생을 도외시하고 있습니다.

하나님의 신비만을 벗길 수밖에 없는 과학은 상상을 뛰어넘는 어리석음으로 창조주께 도전하는 우를 범하고 있음을 심히 개탄합니다.

이제 그 후유증은 우리와 우리 후손에게 지진의 공포와 굶주림, 불치의 질병과 탐욕에서 오는 무질서로 자기 파괴와 함께 인류의 종말로 치닫고 있습니다.

전지전능하신 하나님 아버지! 피조물일 수밖에 없는 인간의 한계를 스스로 인지케 하시어 어리석음에서 벗어나게 하소서. 주님의 말씀대로 살아가는 지혜와 용서를 주시옵소서.

이 제단에 참여한 사랑하는 성도를 위해 기도합니다.

주님의 영광을 앞세우는 믿음으로 걱정과 근심에서 벗어나게 하소서. 병마로 인한 고통, 무지에서 오는 거부감, 사탄의 모임에 주님을 영접치 못하거나 하고 싶어도 불가피하게 동참치 못하는 이들께 십자가에 더 가깝게 하시어 주님의 사랑 가운데 희망과 기쁨의 대열에 서게 하시옵소서.

사랑의 하나님! 부족한 저희들을 택하시어 맡겨진 직분을 감당케 하시는 줄 믿습니다. 강한 성령으로 믿음을 주시사 몸된 교회를 위하여 충성과 봉사로 교회의 부흥을 도모케 하소서.

은혜가 충만한 교회, 선교의 사명을 감당하는 전당이 되게 하소서.

지역의 중심뿐만 아니라 믿음, 소망, 사랑의 중심이 되는 하나님의 처소가 되게 하소서.

주어진 직분에 감사하며 봉사자로서 모이기에 힘쓰고 몸과 뜻도 마음도 다하는 기도에 힘쓰게 하소서.

특별히 저희를 사랑하시어 귀한 목사님을 단 위에 세워주신 줄 믿습니다. 평생을 바쳐온 목사님을 통해서 하나님의 말씀으로 하여금 은혜 가운데 성령의 감동을 받아 어둡던 심령의 변화를 새롭게 하시어 주님이 주시는 참된 행복과 평화만을 사랑하는 서로의 이웃으로 삶을 영위케 하소서. 이 모든 말씀 우리 주 예수님 이름 받들어 간구하며 기도드렸사옵나이다. 아멘.

2001년 4월 8일 • 고난 주간에 드리는 기도

말구유에서 태어나시어 십자가에서 돌아가신 주님!
우리의 영혼을 주님께 맡길 수 있게 하신 진리의 사망이셨기에 하나님께 찬양과 영광을 드립니다.

　인간으로 오신 주님을 잃었어야 하는 진리는 속세에서 자기를 포기하고 자신이 죽는 길만이 사는 길이요, 참된 길임을 알 수 있게 하신 하나님께 다시 한 번 감사드립니다.

　용서의 하나님! "깨어 있으라" 절규하셨지만 눈으로 보아도 알지 못하는 어리석음이 저희였고 귀로 들어도 깨닫지 못하는 우매함도 우리였습니다. 완악한 마음으로 현실에 안주하였고 주님께 안타까운 절규를 외면해야 했습니다.

　인내의 하나님! "랍비여!" 하고 입맞춤으로 주님을 결박당하시게 한 가증함이 우리의 자화상이기에 진실로 회개합니다.

　고난을 당하신 주님! 지난 2001년 동안 우리는 주님의 온갖 수난과 고통을 같이 하겠다고 했습니다. 어깨 메였던 십자가에 못 박히신 그 고귀한 뜻의 희생으로 실천하겠노라고 했습니다.

　그러나 지금은 지면에 쓸어버리실 한탄이 깊어만 가시는 줄 압니다.(창 6:7) 옹기정 같은 연기처럼 치밀어 오르는 광경이 재연될 직전까지 온 때가 어리석은 저희마저도 피부로 느끼고 있습니다.

　민족과 민족을, 나라가 나라를 대적하며 일어나겠고 처처에 지진이 있으며(마 13:8) 기근이 있으리니 이는 재난의 시작이라 하셨음을 지금을 두고 하신 말씀인 줄 압니다. 범죄와 질병은 상상을 초월하는 수법과 난해함으로 인류에 절망은 날이 갈수록 더해가고 있습니다.

　고난을 친히 당하신 주님! 험한 세상에서 어두운 권세와 싸우며 고통 당하는 심령들을 위로하여 주시고 살아있는 믿음을 허락하셔서 생명있는 승리하는 믿음을 주소서.

이 시간에 드리는 저희들의 이 예배를 기쁘게 받아주시고 은혜를 베풀어 주시사 예수 그리스도를 위하여 오직 참된 평화의 걸음만을 걷게 인도하소서.

저희들의 교회도 지켜 주시옵소서. 특별히 단에 세워주신 목사님의 말씀을 통해서 낟알이 되는 시간이 되게 하소서. 저희를 위하여 고난을 받으신 예수님의 이름으로 기도드렸사옵나이다. 아멘.

2001년 7월 • 여름성경학교

가뭄과 홍수로 하여금 인간의 한계를 깨닫게 하신 하나님 아버지!
주님의 섭리로 하여금 의지하고 믿을 수밖에 없음을 가르쳐 주신 하나님께 감사드립니다. 사람의 힘으로 감당치 못했을 때 하나님께서 감당하여 주시는 줄 믿습니다.

사랑의 하나님! 오늘도 이 시간을 통해서 겸손히 머리 숙여 감사와 간구와 회개의 시간을 허락하신 하나님께 경배를 드립니다.

지난 주간에도 수고하고 짐진 자(마 11:28~29) 저희를 초청하셨습니다. 하오나 몸과 마음을 사람 중심에 실리어 세상에 자족과 탐욕에 무게를 두었은즉(롬 3:16), 파멸과 고생이 그 길에 있어 평강의 길을 알지 못하였고 저희 눈앞에 하나님을 두려워함이 없는 어리석음을 범하고 살았습니다.

이 세상에 근심된 일 곤고한 일 죄악된 일이 많아 참 평화를 모르고 쉴 날이 없고 참 죽을 일만 쌓였음을 오랜 가르침 속에서 살면서도 망각하고 살았습니다. 용서하소서!

함께 하시는 하나님 아버지! 세상에 소망을 두었다가 갈급한 심령으로 이 자리에 모였습니다.
　죄악과 모욕에 상처가 클지라도 절망에 두지 마시옵고 자비로운 위로로 우리의 기도를 기울이시사 하나님께 인정받아 복의 근원이 되게 하시고 돈과 재물 때문에 죄 짓거나 탐욕이나 불순케 하지 않도록 하게 하옵소서.
　이 자리에 참석치 못한 이웃도 많이 있습니다.
　마음의 병, 육체의 병으로부터 영육간의 건강을 주옵시고 세상 유혹의 손짓이라면 회유되지 않게 하시옵소서. 이들의 슬픔과 걱정과 탄식이 변하여 우리와 함께 찬송과 기도로 치유케 하소서! 교회를 기둥으로 삼으시는 하나님 아버지.
　직분자들로 하여금 자리를 지키게 하옵시고, 겸손과 도량으로 헌신하는 마음이 앞서게 하시며 열심히 수고하며 주님 섬기는 일에 인색함이 없도록 하여 주소서. 주님의 이름과 영광을 노래하며 특별한 은사를 주신 성가대를 사랑하시는 줄 믿습니다.
　성가대장을 비롯한 지휘자와 반주자 대원들과 함께 하셔서 듣는 이들에게 영혼을 감동시키는 은혜를 받게 하시고 놀라운 기쁨으로 충만케 하시옵소서.
　특별히 이번 주일에는 저희 제단에 큰 행사가 준비되어 있습니다.
　여름성경학교에서는 더불어 사는 삶의 지혜를 모으려고 합니다.
　중고등부 학생은 먼 길을 떠나서 몸과 마음을 수련코자 합니다.
　이들의 알찬 교육과 의미 있는 수련으로 주님의 은총과 사랑 가운데 성대한 잔치가 되게 하시옵고 오고가는 여행에 아무런 연고없이 진행

되도록 도와주시옵소서. 인도하시는 선생님들의 마음의 뜻이 봉사와 헌신의 열매를 맺게 하시옵고 성도 모두의 마음도 함께 하여 동행하는 천국 잔치가 되게 하소서.

저희 목사님과 함께 하시는 주님! 영육간에 신령함과 강건함을 주시고 살아있는 말씀으로 저희들을 깨우치게 하시옵소서. 이 모든 말씀 주 예수님 이름 받들어 기도드립니다. 아멘.

2001년 9월 16일 • 보응

"보응에 하나님" 온 인류에 역사를 주관 하시며 감찰하시는 하나님 아버지!

"심장을 살피며 폐부를 시험하고 각각 그 행위와 그 행실대로 보응 하시는 하나님인 줄 믿습니다.(예레미아 17:10)

지난 주간도 저희들을 사랑하시어 흘린 땀에 보응하시려고 풍족과 소유를 걷어드리는 계절을 주신 하나님께 감사와 영광을 드립니다.

오늘도 보잘 것 없는 저희들을 사랑하시사 주님 앞에 안식일을 지키게 하신 하나님께 감사를 드립니다. 가장 낮은 마음으로 겸손히 무릎을 꿇게 하시고, 죄악에 부끄러운 마음으로 눈물을 적시게 하시고, 무력한 나를 찾게 하시어 오직 주님만 바라보며 살아갈 수 밖에 없음을 깨닫게 하소서.

사랑과 보응에 하나님! 선택된 선민도 죄 지으면 죄 지은대로 심판을 받는 줄 압니다. 교회에 나와서 구하는 축복도 무조건 주신다는 위험한 생각을 버리게 하시고 행동한 대로 보응 하시사 불신과 불순종

자에게는 축복을 안 주신다는 사실도 깨닫게 하소서.

인류를 감찰하시는 하나님 아버지!

인간이 일궈낸 자랑스러운 문명 가운데 사는 우리들은 그 올가미에 씌워 불안과 위험의 재앙 가운데 울고 있습니다.

나라에 형편을 살피건데 살인은 9시간에 1건씩 일어나고 강도강간은 1시간에 각각 1건씩 저질러지고 있습니다. 절도는 3분에 재산 분쟁은 2분에 1건씩 범죄의 속도는 점점 빠르게 하고 있습니다. 세계가 경악한 뉴욕의 참사도 엊그제 있었습니다.

"무정하며 원통함을 풀지 아니하며 참소하며 절제하지 못하며 사나우며 선한 것을 좋아하지 아니하는(딤후 3:3) 현실 가운데 한순간이라도 주님 앞에 기도하지 않고는 살 수 없음을 느끼게 하소서.

지금 여기서 주님께 찬송을 올리며 주님 말씀 듣고자 모인 우리가 얼마나 다행이고 감사한지 그 인도하심에 찬양을 드립니다.

"민족이 민족을 나라가 나라를 대적하며 일어나겠고 처처에 기근과 지진이 있으리라"(마 24:7) 하신 하나님 아버지! 그 재난이 시작이라 하더라도 전지전능하신 하나님의 섭리로 다시 한 번 보살펴 주시사. "참고 선을 행하며 영광과 존귀와 썩지 아니함을 구하게 하소서"(롬 2:16)

사랑의 하나님! 오늘도 이 자리에 소외된 이웃도 있습니다.

육체 고통과 아픔으로 사탄과 악마에 상하고 찢겨진 이웃도 무지에서 멀리한 이웃들입니다. 치유의 손길로 고통에서 벗어나게 하시고 말씀으로 사탄과 악마를 물리쳐 주시고 무지의 마음을 무너지게 하시어 모두가 주님 앞에 하나가 되게 하소서.

은혜의 하나님! 직분자는 정성과 마음을 다해 자리를 지키게 하옵시고 성도 모두가 형식이나 습관대로 드리게 마옵시고 굳게 닫힌 마음 문을 활짝 열어 놓고 주님께 영광을 드리는 참 예배가 되게 하시옵소서.

이 시간 말씀을 증거하실 목사님께도 놀라운 능력으로 함께 하셔서 저희들을 신령한 말씀으로 인도하시는데 조금도 부족됨이 없는 능력 있는 종이 되게 하소서. 이 예배를 주님께서 홀로 받아 주시고 저희들에게 한량없는 은혜를 베풀어 주소서. 아무 공로 없는 죄인이 예수님 이름 받들어 기도드렸사옵나이다. 아멘.

2001년 12월 30일 • 송구영신 예배 기도

"저희가 광야 사막 길에서 방황하며 거할 성을 찾지 못하고 주리고 목마름으로 그 영혼이 속에서 피곤하였도다.

이에 저희가 그 근심 중에 여호와께 부르짖으매 그 고통에서 건지시고 또 바른 길로 인도하사 거할 성에 이르게 하셨도다.

여호와의 인자하심과 인생에게 행하신 기이한 일을 인하여 그를 찬송할지로다. 아멘!(시 107:4~8)

참 고마우신 하나님 아버지! 한 해의 시작부터 다음 해의 시각이 몇 시간 남지 않은 가운데 가고 오는 날의 문턱에서 주님께 예배를 드리게 하셨음을 진실로 감사드립니다.

사람들의 가슴마다 사랑이 식어 개인도 사회도 죽어가고 있는 가운데 유독 주님의 사랑 안에서 살게 하신 지난날이었음을 감사드립니다.

우리의 상한 심령도 아픈 상처도 그리고 피곤함도 내게 보이신 이웃의 그것보다 작은 시험이 있었음을 감사하는 마음으로 보내는 한 해가 되게 하소서.

진실과 거짓이 공존하고 선과 악의 선을 긋지 못하는 행위를 세태의 흐름으로 받아들이는 이 땅에서 몸부림치며 벗어나게 하시려고 하늘에 소망을 두게 하신 하나님께 감사드립니다.

용서의 하나님! 주님 역사에 동참을 허락하신 가운데 맡겨주신 직분에 충성이 부족했었습니다. 작은 일에도 충성을 소홀히 하였습니다. 이웃의 덕을 세우는 일도 못한 줄 압니다. 무엇보다도 하나님의 일이 더 크고 귀중할 진대 세상 일에 비중을 크게 두고 살았음을 용서하여 주시옵소서.

지금까지 잘못됐던 일 부끄러운 일들을 묻어 버리기 보다는 잘못됐던 일은 삶의 거울로 부끄러웠던 일은 두 번 다시 오류를 범하지 않는 마음의 무장을 도와주소서.

구원의 하나님! 이 자리에 참석하지 못한 이웃이 많이 있습니다. 육체의 질고로, 삶에 찢겨진 심령 때문에, 우상 앞에 묶여진 손발 때문인 줄 압니다. 말씀으로 육체의 질고를 치유케 하옵시고 상한 심령을 위로 하시고 말씀으로 우상 앞에 묶여진 손발을 풀어 주시옵소서.

사랑의 하나님! 지금 나라와 사회의 지도자들이 우려됩니다.

교계에 일부 지도자까지도 우둔하고 선량한 성도를 미혹하며 독선과 아집으로 정죄하고 심판하는 오만을 깨닫지 못하고 있습니다.

나라의 지도자들은 교묘한 수단을 동원하여 국민을 우롱하고 경시하며 혼탁한 사회로 전락시키고 있습니다.

주님이시여! 이 일들은 오직 주님만이 책망하고 해결하실 줄 믿습니다.

교계의 세속화와 타락에서 벗어나게 하시고 새 시대의 요청의 진리를 파수하는 일꾼을 세워 주소서.

인간들의 깊숙한 곳까지 강하게 역사하시어 전 세계 복음화로 파멸의 길을 거두어 주시옵소서.

되돌아 본 한해의 감사와 간구를 기쁨으로 흠향하시고 크신 사랑과 용서 앞에 새해를 맞이하며 새롭게 정진할 수 있는 용기를 북돋아 주옵소서.

은혜의 하나님! 선한 사업을 위해 보내주신 목사님께 성도 모두가 존중하며 협력케 하옵시고 저희가 필요한 영의 양식을 은혜롭게 선포하실 수 있도록 목사님을 붙들어 주시옵소서. 이 예배의 시작과 끝을 온전히 주님께 맡기오며 모든 말씀을 예수님 이름 받들어 기도드렸습니다. 아멘.

2002

2002년 1월 5일 • 신년 기도

 인류의 모든 역사를 주관 하시는 하나님 아버지! 존귀와 영광을 드립니다. 새로운 시대를 통해서 축복을 예비하신 가운데 새해 첫 안식일을 허락하신 하나님께 감사와 찬양을 올립니다.

 지난해에도 사랑과 진리의 말씀에 거하게 하시고 여리고 부족한 저희들을 붙들어 주셔서 잘한 것과 잘못한 것, 잘된 것과 잘못된 것도 함께하신 은혜 가운데 살게 하셔서 오늘도 주님 곁에 모이게 하시어 주님 음성을 듣게 하셨음을 감사드립니다.

 한해의 삶을 더듬어 보면 밝은 날 보다는 어두운 종살이의 멍에를 지고 헤매었던 시간이 많았던 한해였습니다. 죄악의 노예, 교만의 노예, 질병의 노예, 그리고 크고 작은 우상의 노예에서 벗어나지 못한 줄 압니다.

 화목과 화합의 홈을 이루는 이웃과의 사랑은 주님 중심의 생활인 줄 알면서도 반목과 질시의 생활로 서로의 사랑을 뒤로한 흑암의 그늘에서 거닐 수밖에 없었던 한 해였습니다.

물질도 마음도 용서도 내가 이웃에게 먼저 베풀기보다는 이웃이 나에게 먼저 해주기를 바라는 이기심이 앞섰던 저희들이었습니다. 그래서 주 안에 있는 자나 밖에 있는 자나 마음도 행동도 구별되지 못하고 세속의 무리 속에 있어 이웃과 주님과 멀리하게 한 저희들의 실상을 용서 하여 주시옵소서.

사랑의 하나님! 지난해 연초에 저희들은 충성과 봉사, 그리고 감사 생활에 익숙하기를 들어내지 않는 속마음으로 주님과 대화했었습니다. 지극히 작은 일에도 충성하기를 바라시는 주님이시기에 충성을 약속했었습니다.(마 25:21)

자신의 피를 흘려서라도 믿음의 재물과 봉사 위에 나를 관제로 드릴 찌라도 나는 기뻐하고 너희 무리와 기뻐하리라 한 사도 바울의 믿음을 거울삼아(빌 2:17) 봉사를 다짐했었습니다.

범사에 감사하라.(살전 5:18) 하신 하나님 아버지!

새벽에 깨어 있어 살아 있다고 하는 것도, 온 식구가 먹고 마시기 위해 탁상에 둘러 앉아 있는 것도, 일주일간 일하고 이웃과 더불어 주님 앞에 무릎을 꿇게 하심도, 지금 나의 육신의 아픔과 마음의 고통도 남 그 이상의 아픔과 고통이 아닌 것을, 그리고 이 넓은 땅 위에 이곳에 살게 하심도 모두가 감사할 뿐이온데 감사를 감사히 못하고 살아온 저희들을 용서하여 주시옵소서.

깨닫지 못하는 감사를 깨닫게 하시옵시고 잃어버린 감사를 찾게 하는 지혜를 주시옵소서! 금년 한해에는 거듭나는 삶으로 못다한 약속과 다짐을 지킬 줄 알고 변화의 모습을 보이게 하소서.

수난이 많았던 이민족에게 지난해 8월의 월드컵(Worldcup) 행사는 우리 민족의 저력을 세계 속에 심어놓게 하셨습니다. 아시안 게임 (Asian game)도 작은 나라 한국의 능력을 보이게 하셨습니다.

무기력과 부정부패가 만연했던 이 백성에게 하나님을 아는 자, 교만을 버리고 겸손한 자, 백성의 아픔을 느끼는 자를 나라의 통치자로 선택케 하신 줄 믿습니다.

사랑의 하나님! 하나님을 무서워하는 자, 명령을 지킬 줄 아는 통치자 아니고는 나라의 평화도 이웃나라에게 꾸어줄 수 있는 뛰어난 민족이 될 수 없는 줄 압니다. 짧은 안목과 검은 감정이 지배치 않게 하옵시고 권력의 세습 부의 불균형 자기 아집의 성을 허물게 하시옵소서. 오늘도 주님의 음성을 듣지 못한 이들이 많이 있습니다.

나름대로 사정이 있는 줄 압니다. 육체의 질고라면 그 고통을 씻어주옵시고, 시험 든 자에게는 그 올무에서 벗어나게 하옵시고, 무지한 자에게는 먼저 부름받은 저희들에게 성령이 임하시어 전도의 사명으로 주님의 음성을 듣게 하시옵소서.

평생을 주님 사업의 도구로 쓰임 받은 목사님을 사랑하시는 하나님! 그의 건강을 지켜주시고 흠이 없는 말씀을 그의 음성을 통해서 찔리는 말씀으로 우리의 마음을 변화되게 하시옵고, 눈물의 말씀으로 우리의 마음을 회개케 하시옵고, 축복의 말씀으로 우리의 마음을 소망과 희망이 솟구치는 새해 벽두에 음성을 듣게 하시옵소서. 이 모든 말씀 주 예수 이름으로 받들어 기도드렸사옵나이다. 아멘.

2002년 1월 6~10일 • 부흥성회 박철환 목사

　사랑과 은혜가 풍성하신 하나님 아버지!
　깨달음의 시간을 주시고 거듭나기를 바라시기에 연초부터 성회를 허락하신 줄 믿습니다. 특별히 이 자리를 지키시는 종으로 하여금 직접 주관케 하시므로 스스로 발견케 하시고 믿음의 깊이를 더하게 하시고 몸과 마음을 구태에서 벗어나게 하신 주님께 감사드립니다.
　인간 지으심이 보기에 좋으셨던 기쁨과 위안에 시작에서 금기를 깸으로써 고뇌 끝에 심판으로 다시 시작케 하신 줄 믿습니다. 그래서 아담의 가정으로부터 시작해서 의로운 노아, 아브라함의 믿음, 그리고 독생자 예수님에 이르기까지 받음으로서만이 보호받을 수 있고, 순종함으로서만이 인정받을 수 있으며, 사랑으로서 만이 모든 난관을 극복할 수 있음을 우리에게 조명케 하신 하나님께 다시 한 번 감사드립니다.
　사랑의 하나님! 임기 말의 목자의 사명을 남김없이 태워 버리는 촛불처럼 어두움의 양들을 위해 밝히게 하시는 줄 믿습니다. 노령의 위안을 무거운 짐진 자들의 고통을 함께 하시며 주님의 영광을 드러내시기에 주저함이 없게 하신 하나님께 감사드립니다.
　40년간의 성스러운 길에서 그의 결집된 경험과 지혜를 헛되게 마옵시고 그의 인생철학이 주님의 뜻이 어긋남이 없는 삶이었음을 칭찬받는 음성이 그의 곁에서 떠나지 않게 하소서.
　오늘의 행사로 베푸시는 이 성회가 일년의 처음부터 준비의 자세와 새로운 각오로 주님께 영광을 나타나게 하소서.

선한 사업을 위해 애쓰시는 목사님께 성도 모두가 존중하며 협력케 하옵시고 저희가 필요한 영의 양식을 은혜롭게 선포하실 수 있도록 목사님을 붙들어 주시옵소서. 오늘 성회의 시작과 끝을 온전히 주님께 맡기오며 이 모든 말씀을 예수님 이름 받들어 기도드렸사옵나이다. 아멘.

2002년 2월 24일 • 설을 지내면서

너희는 이 시대를 본받지 말고 오직 마음을 새롭게 함으로 변화를 받아 하나님의 선하시고 기뻐하시고 온전하신 뜻이 무엇인지 "사도 바울"을 통해서 분별을 강요하신 하나님 아버지!(롬 12:2) 오늘도 악인의 꾀를 좇지 아니하고 죄인의 길에 서 있지 않게 분별을 심어주시려고(시 1:1) 복된 이 자리에 모이게 하신 줄 믿습니다.

더욱이 민족의 명절로 하여금 온 가족과 이웃이 축복의 달로 허락하신 하나님께 감사드립니다.

환경의 변화와 문화의 척도가 급변하는 것과는 관계없이 주님의 말씀과 뜻이 불멸의 진리이며 참길 임을 알게 하신 하나님 아버지!

그래서 허락되는 시간마다 주님의 말씀을 듣게 하셨고 평생의 생활이 주님의 뜻 가운데 살게 하신 줄 믿습니다. 하오나 우리는 하나님 앞에 서 있을 때만 선하고 착하고 천사 같은 마음으로 주여! 주여! 부르짖다가도 바뀌어지는 자리에서는 몸과 마음이 세상 중에 묻혀 버리는 생활에 익숙해 있음을 회개합니다.

나의 작은 노여움으로 이웃에 상처를 줄 수도 있었습니다.

나의 적은 인색한 마음이 이웃에게 아픔과 고통을 안기었습니다.

나의 현명치 못한 행위가 이웃에 덕을 세우지 못함으로 주님을 멀리하게 하였습니다.

그들에게 입힌 상처는 하루아침에 씻어질 수 없는 줄 압니다. 그들의 고통도 한순간 치유될 수 없는 줄 압니다.

용서의 하나님! "저지른 자" 저희로 하여금 그들의 아픔을 내 아픔으로 받아들이게 하시어 그 아픔과 고통을 씻을 수 있게 하소서.

숨기고 싶은 고통으로 그들에게 용서를 빌게 하소서.

감추고 싶은 부끄러움으로 그들을 위해 주님의 말씀을 되뇌이게 하시며 저희 고통과 함께 씻어 주시옵소서.

사랑의 하나님! 오늘도 이 자리에 참석치 못한 이웃이 많이 있습니다. 병마로 물질의 시험에서 정신적 빈곤에서의 사슬에서 헤어나질 못하는 줄 압니다.

전능하신 하나님의 말씀으로 그 사슬에서 벗어나게 하시옵소서.

주님께서 주신 직분자를 위해 기도합니다. 주어진 직분을 감당케 하셔서 그들로 하여금 복음의 흐름을 막지 않게 하시옵고 주님 찬양의 음성을 드높게 하시옵소서.

모이면 덕을 세우고 나가도 덕을 세우는 지혜로 믿음의 본, 삶의 본, 사랑의 본을 일구어 내는 일군이 되게 하소서.

하나님과 함께 하는 향내가 묻어나는 직분이 되게 하시옵고, 믿음이 묻어나는 직분자가 되게 하시고, 사랑의 내음이 흠신 풍기는 이웃이 되게 하소서.

은혜의 하나님! 오늘 드리는 저희들의 예배가 주님께서 기뻐 받으시고 산제사가 되게 하시고 말씀을 증거하실 목사님에게 함께 하셔서 생명력이 넘치고 살아있는 말씀으로 저희들을 깨우쳐 주옵소서.

지금은 처음 시간이오니 마치는 시간까지 주님께서 주관하셔서 빈손 들고 나온 모든 성도들에게 한량없는 은혜를 내려 주옵소서. 예수님 이름 받들어 기도드렸사옵니다. 아멘.

2002년 4월 21일 • 기성세대를 일깨워 주소서

오늘도 하나님을 잊지 않고 순종과 선민의 대열에 서게 하신 하나님! 천국 소유에 특권을 주신 가운데 믿음의 선택 사랑에 자유로 증거된 구원의 섭리에 문을 활짝 열어 놓으시고 기다리신 줄 믿습니다.

영접하는 자, 곧 그 이름을 믿는 자들에게는 하나님의 자녀가 될 권세를 주셨음으로(요 1:12) 주님의 몸된 교회로 발걸음을 재촉하게 하신 하나님께 감사드립니다.

이 성스러운 곳에 있게 하시고 지키게 하시는 하나님 아버지!

멀리서 감히 눈을 들어 하늘을 우러러 보지 못하고 다만 가슴을 치며 가로되 하나님이여! 불쌍히 여기소서. 나는 죄인이로소이다.(눅 18:13) 하는 겸손과 두려움과 죄인된 세리의 얼굴이 나였음에 부족함을 느끼지 못하는 자만과 스스로를 의인으로 생각함으로 의인으로 인정받을 수 없는 바리새인처럼 참여하였을까 두렵습니다.

지난 주간도 낡은 지식과 잘못된 습관 가운데 아집에서 나를 세우고, 탐심에서 나를 지키며, 전능자의 말씀을 가벼이 하여 생활하였음을 용서하시옵소서.

특별히 천국과 지옥을 마음대로 만들 줄 아는 기성세대를 보살펴 주소서.

자녀는 부모를 흉내 내며 커가고 청소년은 가르치는 자, 이끌어가는 이들의 바탕 위에 형성되어 가는 인격이 모두일진데 작금의 세태는 그렇지 못하고 육욕과 물질의 노예된 몸으로 일시적인 것과 헛된 것만을 짚어가는 지도자들 앞에서 청소년 그들의 장래가 걱정되지 않을 수 없습니다.

특별히 가정의 달을 앞둔 이 시점에서 기성세대의 지도자들의 잘못된 행위와 행태를 회개케 하소서.

사랑의 하나님! 오늘도 이 자리에 참석치 못한 이웃이 많이 있습니다. 병들고 고통 받는 자, 정신적 빈곤에서 고민하고, 물질의 유혹에 빠진 자들의 탄식소리와 상한 영들의 아픔에서 비롯된 줄 압니다. 주님 말씀만으로 치유하시어 함께 천국잔치에 동참할 수 있도록 인도하여 주시옵소서.

너희는 땅 끝까지 이르러 내 증인이 되라! 하신 명령을 감당하는 직분자가 되게 하소서.

모이기에 힘쓰고 기도하는 교인이 되게 하시옵고, 주님의 일을 자신의 일보다 앞서서 생각하고 봉사하는 직분자가 되게 하소서.

오늘 이 예배를 온전히 주님께서 주장하셔서 마치는 시간까지 인도하여 주시옵소서.

말씀을 증거하실 목사님과 함께 하셔서 살아있는 말씀으로 저희를 깨우쳐 주시옵소서. 모든 말씀 예수님 이름 받들어 기도드렸사옵니다. 아멘.

2002년 6월 16일 • 감사의 기도

경배와 찬양을 받으시기에 합당하신 하나님 아버지!

진리의 터로 모이게 하신 주님께 감사와 영광을 드립니다.

지난 주간의 고달팠던 육신을 뒤로 하시고 영원을 소생시키시어 은총을 입게 하신 하나님 아버지! 우리 모두가 새 힘을 얻고 전심으로 주님께 영광을 드릴 수 있는 시간을 주신 하나님께 다시 한 번 감사드립니다.

"범사에 감사하라" 하신 하나님 아버지! 상황과 조건에 따라 편견된 감사를 배제하시고 작은 것부터 감사하며 말씀에 의지하고 뜻에 살기를 원하시는 줄 믿습니다.

작금의 우리는 자기를 위한 간구는 많으나 정작 감사의 기도는 적고 또한 잊은 일도 허다하게 많은 줄 압니다.

"깨끗함을 받은 열 명 중 한 명의 문둥병 환자만이 주님 앞에 돌아와 무릎을 꿇고 감사를 잊지 않았기에 병에서 고침을 받았을 뿐만 아니라, 죄의 용서함을 받았으며, 영혼도 구원함을 받았음을 가르쳐 주셨습니다.

가정도 이웃도 함께하는 사죄도 물질 만록에는 한도, 끝도 없는 탐욕을 가져오는가 하면, 정신적 감사도 마음으로만 느낄 수 있을 뿐 한계에 부딪힘으로 공허함을 맞게 되는 줄 압니다.

오직 감사할 줄 아는 영적인 만족만이 하나님께 기쁨과 영광을 드릴 뿐 아니라, 보람 있는 인생으로 살 수 있음을 깨닫게 하시옵소서.

사랑의 하나님! 작은 감사가 무너짐으로서 가정이 무너지고 파탄으로 치닫는 지금의 현실은 예수님과 함께 한 부모와 자녀들 서로가 감사할 줄 아는 가정만이 참 평화가 있음을 말씀에서 찾게 하시고 인색한 대가를 바라며 공론하는 이웃과 사회라면 "서로 종이 되고 네 몸과 같이 사랑하라!" 하신 주님 가르침에 먼저 실천할 줄 아는 이 자리의 몸들이 되게 하소서.

"감사의 하나님!" 특별히 우리 민족을 사랑하시어 월드컵(Worldcup) 잔치를 치르게 하신 하나님 아버지! 지금 세계의 눈은 우리 민족에게 초점이 맞추어져 있습니다.

88올림픽이 대립된 세계의 구도를 허물었듯이 이번 행사로 세계 단 한곳의 분단의 벽을 허물게 하시고 뻗어가는 민족의 웅지가 세계를 품어 안을 수 있는 선교의 장이 되게 하소서.

우리의 역사가 안으로나 밖으로나 온갖 대립 가운데 숨 가쁘게 몰아쳤던 수난과 고통을 잊게 하시고 자랑스럽고 희망이 있는 나라, 진정 하나님이 선택하신 민족임을 6.13 선거의 결과와 함께 우리만이 거둘 수 있는 아름다운 열매를 맺게 하시옵소서.

치료의 하나님! 오늘도 이 자리를 지키지 못한 이웃이 많이 있습니다. 마음은 있으되 육체의 질고로 참석치 못했습니다.

살면서 찢겨진 상한 심령 때문에 참석치 못했습니다.

흐려진 이성 때문에 우상 앞에 묶여서 손발을 풀지 못했습니다.

주님! 이들을 불쌍히 여기시어 병을 낫게 하시고, 상한 심령을 위로하시고, 우상 앞에 묶여진 손발을 풀어 주소서.

교회를 받들어 섬기는 충성된 모든 성도와 더불어 마음을 다하고, 뜻을 다하고 정성을 다하며 모이기에 힘쓰는 직분자가 되게 하시고,

특별한 은사를 받은 성가 대원들 마음 깊은 곳에서 맑고 아름다운 찬송으로 하여금 듣는 이들의 심령이 영혼을 감동시키는 놀라운 기쁨이 되게 하시옵소서.

주님! 갈급한 심령으로 이 자리에 모였습니다. 말씀을 전하시는 목사님께 능력을 허락하시고 그 말씀을 통해서 저희들 모두가 변화된 시간이 되게 하소서. 감사드리오며 저희를 구원하신 예수님 이름으로 기도드렸사옵나이다. 아멘.

2002년 8월 25일 • 사랑의 기도

만민의 빛이 되시고 생명이 되시는 영원한 주님! 십자가 보혈로 주님의 거룩한 백성으로 삼아주실 하나님께 감사와 영광을 드립니다.

더욱이 오늘 안식일을 허락하셔서 새벽부터 저녁 이 시간까지 은혜의 말씀으로 거듭나게 하시는 하나님께 다시 한 번 감사드립니다.

주님의 긍휼로 죄를 용서하시고 사랑으로 감싸주시는 하나님! 항상 지켜보시는 가운데도 은혜를 깨닫지 못하고 주님 말씀대로 살지 못하는 줄 압니다. 충성과 봉사도 다하지 못함은 믿음이 약한데 있는 줄 압니다. 용서하여 주시옵소서.

하나님 아버지! 항상 주님 품안에서 소망을 갖게 하옵시고 선하신 가운데 힘을 얻고 살아가게 인도 하여 주시옵소서.

이 자리에 참석치 못한 이웃도 많이 있습니다. 나름대로 사정과 형편 있는 줄 압니다. 육체의 질고와 시험든 그들도 사랑하시사 어느 곳에 있든지 성령이 임하셔서 비록 몸은 멀리 있으나 마음만은 이곳에 머무르게 하시옵소서.

 온유하고 진실한 가운데 받는 사랑보다 주는 사랑을 강조하신 하나님! 우리는 사랑한다고 하면서도 열심이 없습니다. 우리는 사랑한다고 하면서도 남의 죄를 용서하지 못하고 있습니다.

 우리는 사랑한다고 하면서도 남의 허물만 끄집어내고 있습니다. 사랑은 허다한 죄를 덮으리라(벧 4:8) 하신 것처럼 진정한 사랑의 용서가 있음을 깨닫게 하시옵소서.

 진정한 사랑의 화해가 있음을 스스로 체험케 하시옵소서. 수해자의 고통과 상처를 덮어줄 수 있는 국민 모두의 온정의 사랑을 모으게 하시옵고 나라 살림꾼들의 강팍한 마음을 화해의 장으로 이끌어 주시옵소서.

 구원과 전도에 힘쓰기를 원하시는 하나님.

 복음 전파의 명령을 따르게 하시옵고, 땅 끝까지 증인이 되라 하신 유언을 받들게 하옵시고, 책임 있는 전도에 총력을 기울이게 하소서.

 평생을 주님 사업에 바치신 목사님의 건강을 지켜주시고 흠 없는 진리의 말씀으로 우리의 마음을 찔리게 하옵시고 우리의 가슴에 눈물을 우리의 마음 속 깊이 기쁨의 찬양이 우러나오게 하시옵소서. 이 모든 말씀을 주 예수 이름 받들어 기도드립니다. 아멘.

2002년 10월 6일 • 새로운 마음

 마음이 정결한 자에게 선을 행하시고(시 73:1) 정직한 자를 구원하시는 하나님! 지난 주간도 사랑과 은혜 가운데 살게 하신 하나님께 찬양과 찬송을 드립니다.

  오늘도 주님께 향한 저희들의 마음을 헤아리셔서 거룩한 성일을 허락하신 하나님께 감사드립니다. 특별히 저희들을 부르심은 깨닫지 못하는 삶을 주님의 반복되는 말씀에 귀를 기울이게 하시어 예수님이 내 마음을 지배함으로 새 사람으로 만들기 위해서 인줄 믿습니다.

  저녁이 되며 아침이 되게 하사(창 1:19) 나약한 인류에게 날이면 날마다 새날을 허락하시사 몸도 마음도 같이 새롭게 되기를 원하시는 하나님! 하오나 지금은 마음에 근심하시던 노아시대(창 6:6) 못지않게 무질서와 타락이 팽배하고 있습니다.

  같은 물이라도 양이 마시어 유익한 젖을 주기보다는 뱀이 마시고 독이 되어 우리에게 접근하는 무리가 득세하고 있습니다.

  썩은 부위를 도려내야 하는 칼이 의사에게 맡겨져야 하나, 강도의 손에 들어가 있어 사람을 죽이고 상하게 하는 무서운 때가 지금인 줄 압니다. 마음을 다하고 성품을 다하여 여호와를 찾아서 순종케 하옵시고(왕하 23:3, 신 4:29), 자신의 명철을 의지 않도록 하시어(잠 3:5), 주님 말씀을 마음에 두는 일이(롬 9:2) 떠나지 않게 하시옵소서.

  풍성의 계절을 맞이하게 하신 하나님!

  거둬드릴 곡식을 앞에 놓고 먹고 마시기에 충족한 것으로 마음을 두기에 앞서 적게 심은 자와 많이 심은 자에게(고후 8:6) 노력과 수고의 원리를 깨닫게 하옵시고, 무엇으로 심던지 심은 대로 거두는(갈 6:7, 8:7) 진실과 정직의 결과를 깨닫게 하는 감사의 계절임을 새로운 마음으로 받아들이게 하소서.

  아시아 축제를 주관하신 하나님! 기간 중 아무런 연고 없이 우리 민족의 정성이 담긴 잔치가 되게 하소서. 이를 통하여 분단의 사슬이 끊어질 수 있는 기회로 만들어 주시옵소서.

때때로 불어 닥친 태풍도 바닷속의 생물들에 활성을 주고 육지의 공기도 정화시키며 비를 주심으로 유익한 시련임을 깨닫게 하시는 하나님인 줄 믿습니다.

특별히 우리나라를 사랑하시어 분단으로 인한 환난과 고통은 장차 우리에게 나타날 영광과 족히 비교할 수 없음을(롬 8:18) 인내하며 기다리는 아픔으로 받아들이게 하시어 유익한 시련으로 감내하게 하시옵소서.

각기 다른 은사로 은혜를 받고 선한 청지기가 되기를 원하시는 하나님! 맡겨주신 재능과 지식 그리고 재물의 주인이신 하나님께서 하나님의 뜻대로 사용하여 은사를 바르게 쓰게 하시옵고 각기 소임에 충성을 다하게 하시옵소서.

재물은 도적이 구멍을 뚫지 못하는 하늘에 쌓게 하옵소서.

이 자리에 참석치 못한 이웃을 기억하시사 병든 자, 시험든 자, 실패한 자 모두에게 말씀으로 치유케 하시어 육신은 비록 멀리 떨어져 있으나 그들의 심령은 주 안에 항상 머무르게 하시옵소서.

많은 사람 가운데 부르시고 택하신 귀한 종에게 성령이 늘 임재하신 가운데 오늘도 길 잃은 한 마리의 양을 찾아 나섰습니다.

병든 자, 실패한 자, 어두움에서 헤매는 성도의 처지를 그들과 똑같은 처지에서 울며 기도하시고 있습니다.

지치고 낙심될 때 주님의 강한 팔로 붙잡아 주시옵고 외롭지 않게 하소서.

교회의 화평을 도모케 하시고 발전과 부흥을 위해 지혜를 주시옵소서. 이 모든 말씀 주 예수님 이름 받들어 기도드렸사옵나이다. 아멘.

2002년 10월 6일 • 신앙 고백

전형적인 농촌 환경에서 넉넉지 못한 가정과 유교사상에 깊이 젖은 곳에서 어릴 때 모친을 잃고 자랐습니다.

9살 때 사촌형님 따라 미산교회를 다니기도 했고 초창기 성천교회(당시 간촌교회)에 철부지로서 다니기도 했습니다.

특히 중학교부터 대학 1학년 때가지 완고한 부친으로 하여금 교회에 발을 들여 놓을 수 없었으나, 숨어서 한 기도로 생각지도 못한 새로운 길이 열렸음은 당시는 물론 지금까지도 하나님께서 역사하신 것으로 믿습니다.

군 제대 후 사망하신 부친께서 병환으로 인한 빚과 계모 슬하에 4남매와 함께 살아가야 하는 막막한 가운데 세상의 온갖 귀신을 끌어들이는 복잡한 구성원으로 하여금 가정은 아수라장이었습니다.

이 어려운 가운데 강희춘 권사(현재)와 결혼 후 그의 결심으로 인가기도 되었고 그 후에도 3년간은 계모의 질병과 사망, 막내 동생의 질병과 사망으로 하여금 충격적인 고통에 상처가 깊었습니다.

그 후 30년간 믿음 가운데 살아온 우리는 계속됐던 우환과 고통이 없어졌고, 순조로운 직장과 가정생활의 화목, 십일조 및 하나님께 드렸던 재물의 보상은 엄청나게 주시고, 그 외 크고 작은 하나님의 역사는 표현키 어려운 정도이고 고비 고비 때마다 인간으로서 감히 생각지도 못한 은혜를 부어 주셨습니다.

이제는 부족한 저에게 장로의 직분을 추천해 주셨습니다.

이 새로운 길은 부끄럽던 그간의 신앙생활을 다시 시작하는 자세로 임하겠습니다. 매사를 긍정적이고 합리적인 사고로 교회 살림에 임하겠습니다.

목회자를 중심으로 교우 관계를 폭넓게, 도리와 도덕상 부패를 멀리 하는 장로직을 수행할 것을 신앙 고백합니다.

2002년 12월 1일 • 정리의 기도

사랑과 은혜가 풍성하신 하나님 아버지! 금년에도 사랑과 진리의 말씀 안에 거하게 하시고 여리고 부족한 저희들을 붙들어 주셔서 마음과 육신의 강건함을 주신 하나님 아버지께 감사와 영광을 드립니다.

자녀로 택하여 주셔서 죄의 용서함을 입게 하신 하나님 아버지!

걱정과 근심의 무거운 짐을 주님 앞에 내려놓기를 기쁘게 받아들이시고 슬프고 외로울 때 힘과 위로를 주시는 하나님인 줄 믿습니다.

보기에 좋으셨던 이 땅 위에 모두를 지배하며 먹고 마시기에 부족함이 없게 하신 주님!

인류의 무절제한 생활을 가벼이 여겼음에 온갖 재난과 재앙이 곳곳에 스며들었어도 특별히 이곳을 그것에서 피하게 하신 하나님께 다시 한 번 감사드립니다.

연초 저희들은 분명 충성과 봉사, 이웃사랑과 감사 생활의 익숙하기를 들어내지 않은 속마음으로 주님께 다짐했었습니다. 자기만을 아는 은밀한 말씀으로 주님 앞에 약속했었습니다.

"네 주인의 즐거움에 참여시키기 위해 네가 지극히 적은 일에 충성하기를 바라시는 주님이시기에 충성을 약속했습니다."(마 25:21)

자신의 피를 흘려서라도 믿음의 재물과 봉사를 위해서라면 나는 기뻐하고 너희 무리와 함께 기뻐하리라(빌 2:21) 한 "바울"의 믿음을 거울삼아 봉사를 다짐했습니다.

이웃의 아픔과 고통이 나의 형편과 처지 일 수밖에 없음을 깨닫게 하시는 하나님! 자기중심의 편협된 생활에서 유발되는 반목과 질시의 길목에서 붙잡힌바 되어 걷잡을 수 없는 사건사고의 끝없는 계속됨은 "이웃 사랑하기를 네 몸 같이 하라"(레 19:18) 하신 말씀을 가벼이 흘려보낸 데서 기인된 줄 압니다.

범사에 감사하라.(살전 5:18) 하신 하나님 아버지!

새벽에 깨어 있어 살아 있다고 하는 것도, 온 식구가 모여 먹고 마시기에 앞서 탁상 앞에 머리를 조아림도, 일자리가 있어 일주간 일하고 이웃과 함께 주님 앞에서 교류를 함께 하심도, 지금의 나의 육신과 마음의 고통이 남 그 이상의 고통이 아니었음을 그 많은 나라 가운데 이 나라에 태어나게 하신 것도 모두 감사한 것 뿐이온데 감사를 감사치 못하고 한 해를 다 보내게 된 줄 압니다.

용서의 하나님! 약속드린 충성도, 다짐한 봉사도 무관심했던 이웃사랑도 감사생활에 익숙지 못한 죄인을 용서하여 주시옵소서!

이제 한 해를 마무리 하며 정리해 볼 수 있는 날짜도 며칠 안 남았습니다.

그간의 모습과 행적을 회개하는 마음으로 드려다 보게 하시고 다가 오는 새해에는 거듭나는 삶을 찾을 수 있는 준비에 임하게 하시옵소서.

감사의 하나님! 월드컵(Worldcup) 행사로 우리 민족의 저력을 세계에 심어 놓으시고 아시아 체육행사로 작은 나라 한국의 능력을 보이게 하셨습니다. 수난만 겪어야 했던 이 민족에게 기쁨의 자긍심을 주신 것처럼 해방 후 내치에서 무기력과 부정부패를 이제는 이 땅 위에서 청산할 때 인 줄 압니다.

이 나라 통치권자의 선택을 눈앞에 두고 있습니다.

하나님 말에 겸손한 자 교만을 버린 자 소명의식을 갖고 기도하는 자를 선택하게 국민의 마음을 움직이게 하시옵소서.

더욱이 이 나라 여타 지도자와 교계 지도자를 사랑하시사 짧은 안목과 감정으로 행동치 않게 하옵시고 권력의 세습, 부의 세습, 자기중심의 세습을 버리게 하시어 죄악의 올무에서 벗어나게 하는 지혜를 찾게 하시고 주님의 칭찬 받는 지도자가 되게 하시옵소서.

하나님 아버지! 귀한 직분을 감당케 하시어 충성과 봉사로 몸된 교회를 부흥 발전케 하옵시고, 자기의 고집과 사견에 치우침을 버리게 하시고 공의로 감당할 수 있는 직분자가 되게 하소서.

사랑의 하나님! 오늘도 이 성스러운 곳에 참석치 못한 이웃이 많이 있습니다.

나름대로 사정과 형편이 있는 줄 압니다. 육체의 질고와 시험든 자 모두를 사랑하셔서 어느 곳에 있던지 성령이 임하셔서 비록 몸은 멀리 있으나 마음만은 이곳에 머물게 하시어 주님의 음성을 듣게 하시옵소서.

평생을 주님 사업에 도구로 쓰이심 받는 목사님의 건강을 지켜 주시고, 흠이 없는 진리의 말씀으로 우리의 마음을 감동케 하시고, 우리의 가슴에 눈물을 적시게 하시고, 우리의 모두를 기쁨의 찬양과 찬송이 우러나오게 하시옵소서.

이 모든 말씀 주 예수 이름으로 받들어 기도드렸사옵나이다. 아멘.

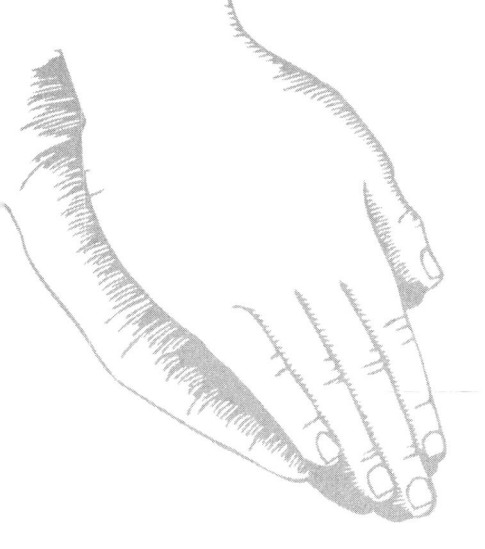

2003

2003년 1월 12일 • 임원 헌신예배

　사랑과 은혜가 풍성하신 하나님 아버지!
　특별히 저희들을 사랑하셔서 금년 한 해에 주님 몸된 교회를 위하여 임원들의 헌신 예배를 허락하신 주님께 감사와 영광을 올립니다.
　지난날을 놓고 보면 주님 기뻐하시는 일을 제대로 감당치 못하여 맡겨주신 일에 충성치 못한 일이 많이 있었습니다.
　세상일에 치우쳐 소홀히 한 것도 한 두 번이 아닌 줄 압니다. 더욱이 입으로 응하고 행동이 뒤따르지 못한 일도 많이 있었던 줄 압니다. 주님 용서하여 주시옵소서.
　오늘 이 헌신 예배를 통해서 새 힘을 얻어 충성과 봉사를 할 수 있는 임원이 될 수 있도록 은혜를 베풀어 주시옵소서.
　사랑의 하나님! 저희들은 가진 것도 지식도 능력도 부족합니다. 다만 주님 믿음 가운데 성령의 역사하심을 의지할 뿐입니다. 역사하여 주시옵소서.
　추수할 일꾼으로 선택하심도 직분을 맡기심도 칭찬받을 일꾼으로 삼으시려는 기회를 주신 줄 믿습니다. 강한 성령의 역사로 더욱 담대케 하여 주시사 주님의 뜻을 감사한 마음과 겸허한 마음으로 받아들이게 하시어 열심을 다하게 하시옵소서.

임원 한 사람 한 사람에게 지혜를 주시사 같이 하는 모든 이에게 믿음 충만한 사람, 성령 충만한 사람, 지혜 충만한 사람으로 주님께 인정받게 하시어 부흥되는 교회의 중심에 서게 하시고 칭찬 받은 교회로 거듭나게 하시옵소서.

주님의 사랑하시는 종 목사님으로 하여금 충성된 종의 깊은 의미를 깨닫게 하시어 모두가 그 말씀에 은혜를 받게 하시옵소서. 이 모든 말씀 주 예수님 이름 받들어 기도드렸사옵니다. 아멘.

2003년 2월 16일 • 통일기원 기도

야곱의 집이여! 이스라엘 집에 남은 자여! 들을지어다. 배에서 남으로부터 내게 안기었고 태에서 남으로부터 내게 품기운 너희여! 너희가 노년에 이르기까지 내가 그리하겠고 백발이 되기까지 내가 너희를 품을 것이라. 내가 지었은즉 안을 것이요, 품을 것이요, 구하여 내리라 하신 사랑과 은총의 하나님! 오늘도 이 성스러운 자리를 허락하신 하나님께 감사와 영광을 올립니다.

이 땅에 태어나서 성인이 되기까지 자연 순리 가운데 한 과정으로 생각했기에 믿음도 경건함도 윤리도 모두를 소홀히 한 채 자신의 편리한 대로 살아온 삶이었고 살아가는 인생인 줄로 착각하고 있음을 불쌍히 여기시옵소서.

때로는 거역하는 종으로 때로는 불순종의 깊은 늪에서 살기를 마다 않고 자기만족에만 삶의 의미를 두고 살았습니다.

우리는 말씀 가운데 서 있었다고 하오나 믿음을 살아가는 인생의 처세술로 여기거나 때로는 이권의 방편으로 살았음에도 한 두 번이 아닌 줄 압니다.

우리가 환란과 슬픔을 만났을 때에는 주여! 주여! 부르짖다가도 건져주시면 인간중심의 생활로 되돌리는 이기적인 생각과 함께 주님 품을 멀리하여 다시금 환란과 슬픔에 부딪침을 개의치 않고 구태의연하게 살아가는 줄 압니다.

사랑의 하나님! 모세는 우리의 짧은 인생을 이렇게 하나님 앞에 기도했습니다.

주여! 주는 대대에 우리의 거처가 되셨나이다. 산이 생기기 전 땅과 세계도 주께서 조성하시기 전 곧 영원부터 영원까지 주는 하나님이시나이다.

주께서 사람을 티끌로 돌아가라 하셨사오니 주의 목전에는 천년이 지나간 어제 같으며 밤의 경점 같을 뿐이나이다.

주께서 저희를 홍수처럼 쓸어 가시나이다.

저희는 잠깐 자는 것 같으며 아침에 돋는 풀 같으나이다.

풀은 아침에 꽃이 피어 자라다가 저녁에 벤 바 되어 마르나이다.

우리는 주의 노에 소멸되며 주의 분 내심에 놀라나이다.

주께서 우리의 죄악을 주의 앞에 놓으시며, 우리의 은밀한 죄를 주의 얼굴 빛 가운데 두셨사오니, 우리의 모든 날이 주의 분노 중에 지나가며 우리의 평생이 일식간에 다 하였나이다.

우리의 연수가 칠십이요, 강건하면 팔십이라도 그 연수의 자랑은 수고와 슬픔 뿐이요 신속히 가니 우리가 날아가나이다.

누가 주의 노의 능력을 알며 누가 주를 두려워하여야 할대로 주의 진노를 알리까?(시 90:1~11)

이렇듯 일순간에 지나가는 인생이온데 순간적 욕망과 욕심에 초점을 두고 허상을 좇다가 주님께서 맡기신 시간과 맡기신 능력과 맡기신 영역들은 내 것인 양 낭비하고 남용하며 짧은 생을 마감하는 불쌍한 중생들을 어리석음에서 깨우치게 하시옵소서.

사랑의 하나님! 우리 교회를 사랑하시사 예배 참석한 이웃이 많이 있습니다. 각기의 사정을 두루 살피시사 비록 몸은 멀리 있으나 그들의 마음 가운데 주님의 음성이 떠나지 않게 보호하여 주시옵고 지켜 주시옵소서.

전능하신 하나님 아버지! 아직도 이산가족의 아픔과 고통이 남아있는 세계 유일의 분단국 이 나라에 전운이 감돌고 있는 가운데 인류 멸망의 핵문제로 위협을 받고 있습니다.

이 문제를 평화적으로 해결케 하시어 이 나라와 세계의 지도자들이 중지를 모아 전쟁이 없는 나라로 이끌어 주시옵소서.

평생을 주님 사업에 도구로 쓰이심 받은 목사님을 사랑하시사 시흥남지방 교역자 부부 성지순례에 참여하시는 가운데 아무런 연고없이 방문케 하시어 넓히신 견문으로 새로운 말씀의 증거가 되게 하시옵고, 주님의 역사를 새로운 측면에서 깨닫게 하시어 어린 양의 길을 밝히시는 힘이 되게 하시옵소서.

오늘도 흠 없는 진리의 말씀으로 우리의 마음을 감동케 하시옵고,

우리의 가슴을 적시게 하시옵고, "모두를 기쁨과 찬양과 찬송이 우러나오게 하시옵소서" 이 모든 말씀 주 예수님 이름 받들어 기도드렸사옵나이다. 아멘.

2003년 3월 30일 • 고난 주간

　사랑과 은혜가 풍성하신 하나님! 저희들을 죄와 사망 가운데서 구하시려고 독생자 예수까지 내어주신 주님께 감사드립니다.
　고난 시기를 맞이하여 저희들 모두가 거룩한 주님 앞에 나와 고난당하신 그 때의 모습과 의미를 생각하며 찬송과 영광을 올립니다.
　자비로우신 주님!
　저희들은 주님을 십자에 못 박으라고 아우성치던 군중을 향하여 욕할 줄 알면서도 정작 자신은 주님과는 관계없이 안일하며 평안만을 추구하면서 아직도 주님을 십자가 위에 그대로 버려두고 있음을 깨닫지 못하는 어리석은 죄인입니다.
　주님께서 고난당하신 근본적인 이유가 무엇인지도 모른 채 자신의 구원과 행복만을 위해 살아가는 저희들의 불쌍한 모습을 용서하여 주시옵소서.
　평안과 안일의 유혹에 주저앉게 마옵시고 고난의 아픔과 감사할 줄 아는 성숙한 믿음을 우리에게 허락하여 주시옵소서.
　어리석은 저희들 죄 때문에 고난당하신 주님!
　주님의 고난을 무책임하게 바라만 보다가 그 결과로 베풀어지는 축복에만 참여할 것이 아니라 주님의 상처를 아파하고 주님의 돌아가심을 안타까워하며 저희들의 죄악을 진정으로 괴로워하면서 주님의 십자가의 고난을 바라보게 하시옵소서.

우리의 욕심과 허영, 교만과 죄악의 이기심을 모두 십자가에 쏟으신 그리스도의 피로서 씻어지게 하시고 십자가를 기쁘게 짊어지고 주님의 길을 따르는 제자의 삶을 살게 하시옵소서.

우리나라를 사랑하시는 하나님!

세계 유일의 분단된 이 나라는 같은 민족의 대결 양상이 아랍 전쟁과 함께 다시금 전쟁의 회오리 속에 말려들까 두렵습니다. 수많은 젊은 생명의 희생에 흔적과 아직도 많은 이산가족의 가슴 아픈 상처와 고통이 아물지 않고 눈물을 머금은 불쌍한 민족입니다.

전능하신 하나님 아버지!

언제까지 이 백성이 참혹한 전쟁의 위험 속에서 떨며 두려워하고 형제간의 생사를 모른 채 다시금 지난날의 고통이 재연될 것을 두려워해야 합니까?

이 백성에게 내리셨던 분노를 거두시고 방황하는 이 백성을 주님의 사랑으로 감싸주시고 주님의 고난을 생각하며 화목하고 한 마음 한 뜻이 되어 주님의 품 안에 안길 수 있는 기회로 붙들어 주시옵소서.

더욱이 몇몇의 위정자들이 자신들의 이념과 정권 유지를 위해 죄없는 백성들을 전쟁의 제물로 희생시키지 않게 하옵시고 주님의 십자가 보혈을 외면하려는 속된 심령을 성령의 능력으로 변화시키사 죄에서 해방되지 못한 나라와 백성을 피 묻은 손으로 건져 주시옵소서. 십자가의 능력을 체험케 하시옵소서.

오늘도 이 자리에 참석치 못한 이웃이 많이 있습니다.

환난과 사악한 세상 가운데 육신의 고통과 마음이 세상 유혹에 사로잡힌바 되어 주님을 멀리할 수밖에 없는 불쌍한 이웃을 사랑하시사 육신의 병을 치유케 하시옵고 상한 심령을 담대한 믿음과 진솔한 믿음이 그들에게서 떠나지 않게 하시고 비록 몸은 멀리 있으나 주님의 음성이 항상 귓전을 떠나지 않게 하시옵소서.

오늘도 거룩한 성일에 주님의 사랑하시는 목사님을 세우셔서 "흠없는 말씀"을 준비하게 하신 하나님께 감사드립니다.

성령의 말씀으로 우리의 가장 둔한 양심을 깨우치게 하시고 우리의 가장 완악한 마음을 녹이시고 우리의 부정한 심령을 깨끗케 하시며 멀리 있는 자와 화목시키고 서로 갈라놓았던 장벽을 십자가 앞에서 부서지는 역사가 일어나게 하시옵소서. 이 모든 말씀 주 예수님 이름 받들어 기도드렸사옵나이다. 아멘.

2003년 4월 6일 • 남선교회 찬양예배

사랑과 은혜가 풍성하신 하나님!

이 시간 부족한 저희 남선교회를 사랑하시사 거룩한 곳으로 모여 찬양예배를 드릴 수 있게 허락하시오니 감사합니다.

원하옵기는 주님께서 저희 예배를 받으시고 기쁘게 열납하시옵소서.

하나님 아버지! 지금까지 저희들은 주님의 명령과 말씀대로 살지 못하고 아직도 주님의 온전하신 선과 관용의 사랑으로 불태워지지 못하여 세상 중심의 마음을 가지고 주님 앞에 섰사오니 저희들을 용서하여 주시옵소서.

저희들 모든 심령이 주님을 갈망하며 사모하게 하시고 모든 생애가 주님께 인정받는 삶이 되게 하시옵소서.

하나님 아버지! 저희 남선교회를 사랑하시사 주님의 참 길에 부족함이 없는 동행자가 되게 이끌어 주시옵소서.

주님의 원하시는 일과 명령을 마음 속 깊이 간직하고 사명감에 불타는 믿음을 허락하시옵소서.

지금까지 주님의 은총이 얼마나 큰지를 생각하게 하시고 주님으로부터 받은 사명이 무엇인지를 늘 생각하여 깨어 일어나서 교회를 위하여 일하고 주님의 소식을 전할 수 있게 주님의 일을 자신의 일보다 소중하게 생각하고 우선적인 것으로 여길 수 있도록 귀한 믿음을 주시옵소서.

남선교회를 발전시키는데 앞장서게 하시고 회원의 가정과 개인 생활 위에도 축복 하셔서 모든 사정과 조건들이 주님을 섬기고 부족함이 없게 하시옵소서.

우리 성도들을 사랑하시사 각 직분대로 맡은 일에 충성을 다하게 하시옵고 전도에 힘쓰며 모이기에 힘쓰게 하시고 봉사에 앞장서는 교인이 되게 하소서.

오늘도 이 자리에 참석치 못한 사랑하는 이웃이 많이 있습니다. 이들의 사정과 형편을 두루 살피시사 비록 몸은 멀리 있으나 그들의 마음 가운데 주님의 음성이 떠나지 않게 보호하여 주시고 지켜 주시옵소서.

사랑의 하나님! 지금 세상 한 곳에서도 참혹한 전쟁의 고통을 눈으로 보고 듣고 있습니다. 더욱이 분단의 대립으로 지난 과거의 전쟁이 재발될까 두렵사오니 주님의 피묻은 손으로 평화 가운데 살게 하시고 위정자들을 사랑하시사 그들 몇 사람의 의중대로 어두운 곳으로 발걸음을 옮기지 않도록 하여 주시옵소서.

은혜의 하나님!

오늘도 새벽부터 주님의 흠 없는 말씀을 준비하시고 말씀의 가르침을 예비하실 목사님을 사랑하시사 성령의 말씀으로 우리의 가장 둔한 양심을 깨우치게 하시고 우리들의 가장 완악한 마음을 녹이시고 우리들의 부정한 심경을 깨우게 하시어 은혜 가운데 빈손으로 돌아가는 일 없도록 하시옵소서. 이 모든 말씀 주 예수님 이름 받들어 기도드렸사옵나이다. 아멘.

2003년 5월 11일 • 가정의 달

자비로우시며 은혜가 풍성한 하나님!

5월을 가정의 달로 허락하신 하나님께 감사와 영광을 드립니다.

주님을 가장 소중하게 모시는 가정을 원하시는 하나님! 보이는 물질에 풍요만을 탐닉하는 가정이 되지 않게 하시고 주님의 말씀과 영의 양식이 풍성한 가정이 되게 하시옵소서.

더욱이 각 가정마다 귀한 자녀를 주신 하나님 아버지! 주님 말씀 안에서 진리로 양육하고 주님 말씀에서 우러나오는 지혜로 교육하고 있는지 어른들의 관심과 가치관을 관찰하고 계시는 줄 믿습니다.

사랑의 하나님!

지금은 많은 청소년들의 문제가 심각한 사회문제로 야기되고 있습니다.

어른들의 이기심과 무관심 속에 오늘의 80%가 다른 나라에서 살고 싶다고 했습니다. 심지어 그들의 70%가 자기 부모를 닮고 싶지 않다는 설문조사에 응답했습니다.

이러한 현실이 어른들의 의도와 다른 세계로 향하고 있음을 자녀들과의 벽이 높아져가고 있음을 보여주는 심히 안타깝고 불행한 일이 아닐 수 없습니다.

부모들의 마음은 예나 지금이나 그들에게 쏟아 붓는 정성은 변함없는 줄 압니다. 하오나 그들과의 삶 가운데 하나님 말씀을 통해서 진리와 지혜로 양육시키지 못하고 물질 만능 가운데 어른들의 잘못된 바람에서 그들과의 생활과 생각이 다른 길로 가게 한 줄 압니다. 용서하여 주시옵소서.

"너의 자녀를 노엽게 하지 말고 교양과 훈계로 양육하라." 하심은 그 결과가 부모를 즐겁게 하며 저를 낳은 어머니를 기쁘게 할 수 있는 유익한 진리의 말씀이고 교육이며 부모나 어른들을 진실되게 모실 수 있는 최선의 길임을 가르치신 줄 믿습니다.

하나님을 순종하는 부모의 모습 이웃과 사랑을 나누는 부모의 생활과 뜻이 자녀들에 보이게 하시고 하나님이 원하시는 부모상이 그들 마음에 비추이는 일상생활의 거울이 되게 하시옵소서.

저희들의 구원이신 하나님! 전쟁의 후유증이 행복했던 가정에 얼마나 큰 고통이고 아픔인가를 풍요 속에 살아온 세대들에게 일깨워 주시옵소서.

근래 이라크 전에서 죄없는 백성들의 가정과 자녀들의 처절했던 모습과 무너진 행복의 영상을 흘러간 단면으로 감상치 않게 하시옵소서.

　이미 이 민족이 50년 전 있었던 전란을 되돌아보고 그 아픔과 고통이 피부에 닿을 수 있는 감정을 되살아나게 하소서.

　세계 유일의 분단된 국가, 이산가족의 눈물과 전쟁 당시에 젊은 부상자가 아직까지 병상에 누워 백발의 노인이 된 선조들의 참상을 바라보고 아직까지 한 세대에 공존하고 있음을 헛되이 보이지 않게 하시고 더욱이 전란의 당사자들이 인류 멸망에 가공할 무기를 제조하여 위협하고 있음은 주님의 심판을 자초하고 있는 줄 아오니 진정 이 나라에 평화의 길로 인도하여 주시옵소서.

　오늘도 참석치 못한 이웃이 많이 있습니다. 나름대로 사정과 형편이 있는 줄 압니다. 육체의 질고와 시험든 자 불쌍한 이들을 사랑하시사 어느 곳에 있던지 그들 마음 가운데 성령이 임하시어 주님 몸된 교회에 그들 마음이 머무르게 하시옵소서.

　거룩한 성일에 주님이 사랑하시는 목사님을 세우셔서 "흠없는 말씀"을 준비하게 하신 하나님께 감사드립니다.

　성령의 말씀을 통해서 우리의 가장 둔한 양심을 깨우치게 하시고 우리의 가장 완악한 마음을 녹이시고 우리의 부정된 심령을 깨끗하게 하시며 멀리 있는 자와 화목시키고 서로 갈라놓았던 장벽을 십자가 앞에서 무너지는 역사가 일어나게 하시옵소서. 이 모든 말씀 주 예수님 이름 받들어 기도드렸사옵나이다. 아멘.

2003년 6월 22일 • 변화를 갖게 하소서

사랑과 은혜가 풍성하신 하나님 아버지! 오늘도 주님의 자녀로 선택하셔서 이 자리를 허락하신 하나님께 감사와 영광을 드립니다.

2003년도 반년이 지났습니다. 동토와 함께 메마르고 볼품없었던 들과 산을 푸르고 무성하게 변화시켜 주셨습니다. 시시때때로 이른 비와 늦은 비를 뿌리시어 살아있는 변화로 삶의 풍요와 아름다움으로 저희를 사랑하시는 하나님께 다시 한 번 감사와 영광을 올립니다.

주님 진리 가운데 삶의 변화를 원하시는 하나님!

어리석고 유약한 저희들은 오늘도 새롭고 살아있는 변화를 받아들이지 못하고 있는 줄 압니다. 기도하며 주님 섬기는 일에 태만함을 용서하여 주시옵소서.

세상의 빛과 소금이 되라(마 5:15) 하신 하나님! 주님 앞에 나와서 교훈함을 받으면서도 순종에서 벗어나고 공의를 지키지 못함으로 희미한 빛과 맛 잃은 소금되어 사람들 발에 밟힐 위기에 있지나 않은가를 깨닫게 하시어 진정 주님이 원하시는 빛과 소금 역할을 할 수 있는 지혜를 허락하시어 새로운 변화를 갖게 하시옵소서.

네 이웃을 네 몸 같이 사랑하라 하신 주님! 우리는 과연 이웃 형제를 주님 말씀대로 사랑을 나누며 살고 있는지 아니면 멀리하며 멸시와 시기로 상처를 입히고 있는 일상생활이 아닌지 기억케 하시고 잘못된 생활과 틀에서 벗어나게 하시어 주님이 원하시는 변화를 갖게 하시옵소서.

사랑의 하나님! 세상에서는 나에게만 있을 법한 기쁨을 찾아 헤매지만 참된 기쁨을 찾을 수 없음을 주님 말씀과 은혜 가운데서 확인할 수 있었습니다. 사람 중심의 사랑을 갈망하지만 진정 나를 품을 참된 사랑도 세상 어디서나 찾을 수 없음도 귀가 닳도록 듣고 수시로 음성을 들으면서도 하나님 중심이 아니고 사람 중심으로 살아가는 저희들을 용서하여 주시옵소서.

사랑과 은혜의 하나님!

내가 먼저 변하고 이웃이 변하고 모두가 변화를 추구해야만 주님 몸 된 교회가 세상의 빛이 될 수 있음을 깨닫게 하시옵소서.

변화가 없이는 자칫 교회가 교회 밖을 걱정하지 못하고 교회 밖이 교회를 걱정할까 두렵습니다. 변치 않는 믿음과 순종으로 저희들을 변화시켜 주셔서 거듭난 가운데 주님의 내음이 물씬 풍기는 내가 되고 이웃이 되게 하시옵소서.

사랑의 하나님! 특별히 6월은 나라의 비극을 회고하며 주님 도우심을 간절히 간구합니다. 겉으로는 평화를 내세우면서도 안으로는 인류 말살의 무기로 제2의 6.25를 꿈꾸는 위정자들을 보살피시사 다시는 이 땅 위에 불행한 민족이 되지 않도록 역사하여 주시옵소서.

세상의 평화와 나라의 흥망은 하나님만이 역사하실 큰 몫인 줄 압니다. 나라의 지도자들도 보살피시어 만연된 부정과 부패에서 벗어나게 하시어 오직 선한 청지기 같이 서로 봉사하고 희생할 줄 아는 변화를 주시옵소서.

저희 교회를 사랑하시는 하나님!

우리 교회가 주님의 큰일을 감당할 수 있는 교회가 되게 하시고 각 기관도 더욱 큰 축복을 주셔서 하나님의 영광을 드러내는 기관으로 세워 주시옵소서.

 이 시간 말씀을 증거하실 목사님께 주님의 놀라운 능력으로 함께 하셔서 조금도 부족함이 없는 능력 있는 종이 되게 하시옵소서.

 이 예배를 주님 홀로 받아주시고 저희들에게 한량없는 은혜를 베풀어 주시옵소서. 아무 공로 없는 죄인이 예수님 이름 받들어 기도드립니다. 아멘.

2003년 8월 3일 • 지혜의 선택

 여호와를 경외하는 것이 지혜의 근본이요, 거룩한 자를 아는 것이 명철이라(잠 9:11)하심을 일깨워 주신 하나님 아버지! 오늘도 저희들을 사랑하셔서 주님 섬김을 선택케 하신 하나님께 감사와 영광을 드립니다.

 지난 주간도 저희들은 세상 중심의 삶을 벗어나지 못하고 물질 만능에 힘을 실었으나 크고 작은 아픔과 마음의 상처만을 입은 채 진정한 만족을 찾지 못하는 저희들이었습니다.

 항상 우리 마음속에 남아있는 죄성과 육신의 연약함으로 하나님께서 베풀어 주신 삶의 원리를 충실치 못하고 우리의 짧은 지혜와 계산을 의지하는 어리석음을 고백합니다.

 우리의 삶 속에서 만나는 모든 이웃에게 베풀어야 할 사랑도 멀리 했었습니다. 세상의 흐름을 핑계 삼아 남을 원망하고 비판하며 자신을 정당화했었던 태도도 주님 앞에서 숨길 수 없는 모습 이대로 나왔으니 우리를 받아주시고 긍휼히 여겨 주시옵소서. 순간순간을 주님과 멀리하고 말씀을 경히 여기며 순종을 거부하였음을 용서하여 주시옵소서.

"훈계를 들어서 지혜를 얻으라"(잠 8:33)고 잠언 기자를 통해서 일러주신 하나님! 마음과 생각과 행위의 선택을 지혜롭게 함으로써 주님 마음을 즐겁게 해 드릴 수 있는 줄 압니다.

우리의 생각이 마땅히 생각할 그 이상의 생각을 품지 않고 오직 하나님께서 감사함에 나눠주신 분량대로 지혜롭게 생각함이 자기의 분복에서 만족을 얻게 하시는 줄 믿습니다. 우리의 행위가 미련한 자기를 믿지 않게 하시고 지혜롭게 행하므로 구원을 얻는 기쁨을 누리게 하시는 줄 믿습니다.

사랑의 하나님! 지혜의 부족으로 평생의 아픔을 갖지 않게 하시고 오직 주님 말씀과 뜻에 따라 살아가는 지혜의 선택으로 주님께 영광을 드리는 삶이 되게 하소서.

우리의 힘이 되시는 하나님! 8월은 광복의 달입니다. 이 민족은 광복의 축복을 누리기 전에 나라의 분단으로 지금까지 세계에서 전쟁의 위험이 가장 높은 국가로 주목받고 있습니다. 위정자들은 부패와 전쟁으로 얼룩져 있고 백성은 암울한 삶의 어려움 가운데 신음하고 있으며 이 나라를 이끌어가야 할 청소년들의 윤리 문제가 장래를 어둡게 하고 있습니다.

사랑의 하나님! 참담하게 전개되는 이 나라를 보살피시사 이기적인 인간들의 생각으로는 영과 화해의 영으로 역사하시는 길만이 해결할 수 있는 유일한 길인줄 압니다. 다시 한 번 이 나라를 하나님의 주권적 역사로 변화되게 하소서.

은혜가 풍성하신 하나님! 오늘도 이 성스러운 곳에 참석치 못한 이웃이 많이 있습니다. 육체의 질고와 시험든 자와 나름대로 사정과 형편의 어려운 이웃을 사랑하시사 말씀으로 치유케 하시옵고 그들의 육신은 비록 멀리 떨어져 있어도 그들의 심령이 이곳을 떠나지 않고 참여케 하시옵소서.

오늘도 우리 목사님을 강단에 세우신 하나님!

평생을 주님 사업만을 맡기신 목사님의 건강을 허락하셔서 남은 여생을 주님의 영광을 나타내시는 지혜를 허락하시옵소서.

목사님을 통해서 흠 없고 능력 있는 말씀으로 우리의 마음을 감동케 하시사 기쁨과 찬양과 찬송이 우러나옴으로 은혜의 시간을 허락하시옵소서. 이 예배의 시작과 끝을 주님께 맡기오며 모든 말씀을 주 예수님 이름 받들어 기도드렸사옵니다. 아멘.

2003년 9월 14일 • 추석(秋夕) 예배

의로우면서도 십자가에 달리셨던 주님! 저희들을 사랑하시는 선한 목적과 섭리 가운데 오늘도 이 성스러운 전당으로 인도하여 주신 주님께 감사와 영광을 드립니다.

오늘도 주님의 음성을 듣고자 귀한 자리에 모였습니다.

삭개오와 같이 사모하는 마음으로 주님을 뵙고자 왔습니다.

세상에서 입은 상처와 아픔을 내려놓고자 성전에 모였습니다. 주님의 음성을 깊은 감사로 받아들이게 하시고 은혜의 말씀 가운데 거하게 하시고 주님의 거룩하신 말씀에 성령 충만케 하시옵소서.

물욕에 따라 흔들리는 마음을 버리지 하시고 온갖 죄악의 그늘에서 떠나게 하시어 저희들을 괴롭히는 근심과 걱정의 굴레에서 벗어나게 하시옵소서.

항상 마음문을 열어놓고 세상 중심의 틀에서 벗어나 감사하는 마음, 기쁘고 선한 마음으로 주님을 영접케 하시옵소서.

지난 주간은 우리 민족을 특별히 사랑하시어 추석 명절을 허락하신 즐거운 날이었습니다. 흩어졌던 가족과 이웃이 고향 품에서 주님을 모신 가운데 조상을 기리며 풍성한 은혜를 허락하셨으나 작금의 세태가 주님의 뜻을 저버린 채 도덕과 윤리가 무너지고 가정이 파괴되고 사회의 불안한 환경이 팽배하고 있음을 심히 안타깝게 생각합니다.

사랑의 하나님! 우리는 지난 명절에 이웃의 어려움과 고통을 외면한 채 내 중심의 생활이 그들에게 상처가 되지 않았는가를 깨닫게 하시고 가족 간의 작은 감정과 물욕으로 사랑이 멀어지지나 않았는지를 되짚어 보게 하시옵소서.

특별히 우린 모두가 즐거워할 때 고향을 찾을 수 없는 실향민과 태풍으로 인해 가족과 그들의 터전을 잃은 이웃을 기억하시옵소서.

주님께서 그들을 위로하시사 통일의 날을 허락하시고 재해로 하여금 슬픔과 고통이 있는 그들을 사랑하셔서 고난과 고통이 많았던 날 수대로 그들의 아픔을 위로하시고 기쁨을 몇 배로 안겨 주시옵소서.

이 나라 지도자들을 깨우쳐 주시옵소서.

부정과 부패를 멀리하고 하나님을 두려워하는 이들을 불러 모으셔서 나라와 민족을 위해 봉사와 헌신으로 희망과 소망이 있는 나라를 만들게 하시옵소서.

또 그들에게 지혜를 주셔서 얽혀진 국제 정세를 밝게 대처할 수 있는 능력을 감당케 하시옵소서.

저희 교회를 위해 기도합니다. 진리와 생명으로 가득 채워 주시고 모이기에 힘쓰고 전도에 힘쓰며 하나님과의 대화가 끊기지 않는 교회가 되게 하시고 남에게 대접받고자 하는 대로 이웃을 대접할 줄 아는 성천 교인이 되게 하시옵소서.

저희 가정들에게도 복과 은총을 주셔서 영적으로 부요케 하시며 주님을 의지하는 마음이 떠나지 않게 하시옵소서.

하나님의 명령을 지켜 순종하므로 사랑과 은혜가 넘치는 생활 가운데 우리의 가정이 작은 천국이 되게 하시고 사악한 세상에서 사랑의 피난처가 되게 하시옵소서.

오늘도 강단에 세워주신 목사님을 성령께서 붙들어 주시옵소서. 목사님에 말씀의 은사를 더하게 주시고 주님 말씀의 비밀을 선포하실 때 하늘의 지혜를 더하셔서 그 모든 비밀을 잘 해석하실 수 있게 하시며 저희들의 필요한 양식을 은혜롭게 말씀을 전하실 수 있도록 하나님께서 목사님을 붙들어 주시옵소서. 이 모든 말씀 주 예수님 이름 받들어 기도드렸사옵나이다. 아멘.

2003년 10월 5일 • 남선교회 회원 예배

사랑과 은혜가 풍성하신 하나님 아버지! 오늘도 주님의 음성을 듣게 하신 하나님께 감사와 영광을 드립니다. 특별히 저희 남선교회 회원을 지켜주시고 하나님께 경배할 수 있도록 특권과 기쁨을 주신 것을 감사하오며 모든 영광과 찬양을 받아 주시옵소서.

사랑의 하나님! 저희 남선교회 회원들에게 많은 재능과 능력을 허락하여 주셨으나 주님의 명령과 말씀대로 살지 못하고 우리의 의지대로만 살고 세상 중심의 마음을 갖고 살아 왔음을 회개합니다.

저희들의 부족함과 믿음을 용서하여 주시고 주님의 영광을 드러내는 귀한 삶을 영위할 수 있도록 은혜와 능력을 허락하시옵소서.

지금까지 주님의 은총으로 살아왔음을 깊이 깨닫게 하시고 주님으로부터 받은 사명이 무엇인지를 생각하며 깨어 일어나 교회를 위해 헌신하고 주님이 주신 소명을 잘 감당케 하시옵소서.

주님의 일을 자신의 일보다 소중하게 하시고 모든 행위의 우선으로 주님만을 앞세울 수 있는 믿음도 허락하시옵소서.

특별히 헌신의 다짐을 하기 위해 이 자리를 지킨 회원들과 비록 사정이 있어 참석치 못한 회원들도 각 분야에서 자신의 주어진 일을 담당하고 있습니다.

사회 각 분야에서 자기에게 주어진 일마다 친히 찾아 주셔서 모든 일에 형통케 하시옵소서.

그리스도인의 참된 모습이 비추이게 하시옵소서.

이제 이 시간 특별히 하나님 말씀을 대언하실 목사님을 주님께 친히 인도하여 주시고 은혜롭고 생명력 있는 말씀을 전하여 주실 때 우리의 심령들을 뜨거워지며 새롭게 되는 역사를 주시옵소서.

사랑의 하나님! 주님이 사랑하시는 이 교회가 남선교회 회원의 힘 있는 섬김과 봉사를 통해서 더욱 부흥하고 성숙되기를 원합니다.

비록 부족한 시간이지만 저희 주님의 교회와 하나님 나라를 향해 헌신의 결의와 섬김을 통해 부흥의 기쁨을 허락하여 주시옵소서.
　이 모든 말씀 거룩하신 주님의 이름으로 받들어 기도드렸사옵나이다. 아멘.

2003년 10월 19일 • 나라의 장래를 걱정하며

　제가 사모하는 영혼을 만족케 하시며 주린 영혼에게 좋은 것으로 채워주시는 하나님! 오늘도 주님을 섬기며 사모하는 마음을 헤아려 주셔서 주님 전에 모이게 하셨음을 감사합니다.
　지난 주간도 험난하고 사악한 세상에서 근심과 걱정 가운데 살다가 무거운 마음을 벗어버리지 못하고 이곳에 왔습니다.
　넉넉한 마음도 후덕한 생활도 사랑하는 가운데 있어야 할 좋은 미덕이고 삶의 우선인 것을 알면서도 베풀지 못하고 인색한 마음으로 이 자리에 왔습니다. 용서하여 주시옵소서.
　지금 우리가 살고 있는 작금의 현실이 감당키 어려운 시련들이 곳곳에 도사리고 있음에 자력으로 물리칠 수도 이겨낼 수도 없는 험난한 세상에서 살고 있는 저희들입니다. 나약하고 부족한 저희들을 보살펴 주시옵소서.
　"저희 속사람을 강건케 하옵시며 믿음으로 말미암아 그리스도께서 저희들 마음에 계시게 하옵시고 사랑 가운데 뿌리가 박히고 터가 굳어지게 하여 주시옵소서.(엡 3:16~17)
　은혜와 자비가 풍성하신 하나님 아버지! 특별히 지난여름 태풍이 쓸고 간 아픔을 기억케 하시옵소서.

가족과 집을 잃었던 이웃의 참담한 고통을 내 고통으로 생각하게 하시옵소서.

춥기 전에 그들의 더 큰 상처가 안 되게 하시고 진정한 이웃 사랑으로 그들에게 큰 위안이 되도록 역사하여 주시옵소서.

구원의 하나님! 나라의 안녕과 번영을 저해하는 악의 요소를 소멸되게 하시옵소서.

지금 이 나라의 지도자들은 방향조차 설정치 못하고 방황하는 가운데 부정과 부패가 연일 이어지고 기강이 흐트러져 나라의 장래가 걱정되고 있습니다. 부정한 자들의 설 곳을 잃게 하시고 뇌물이 사라지는 사회가 되게 하셔서 온 국민이 밝고 건전한 사회 가운데 살 수 있도록 역사하여 주시옵소서.

더욱이 세계 유일의 분단국으로 온갖 전쟁의 불씨 가운데 겉으로 화평을 내세우고 있으나 내 몸으로는 여러 형태의 참혹한 전쟁의 기류가 있음을 숨길 수 없는 현실인 줄 압니다. 동맹국들의 움직임도 자국의 이익을 앞세워 진정한 우리 민족의 아픔과 고통을 외면하고 있는 줄 압니다.

사랑의 하나님! 이 아픔과 고통의 치유와 분단의 해결은 오직 주님만이 하실 수 있는 줄 압니다. 암울한 곳에서 위정자와 헐벗고 굶주린 동포에게 복음이 전파되게 하시고 찬양과 찬송과 기도 소리가 그들 사회에 구원의 수단이 되고 용기의 근원이 되게 하시옵소서.

사랑의 하나님! 오늘도 육체의 질고로 함께 하지 못한 형제가 있습니다. 부족한 저희들의 전도 부재에 길을 찾지 못한 이웃도 있습니다. 사탄과 악마의 유혹을 벗어나지 못한 심령도 함께 하지 못했습니다. 이들을 사랑하시사 육체의 고통을 거두게 하시고 사탄과 악마의 유혹은 말씀으로 물리치게 하시옵고 이곳에 참석한 저희들로 하여금 길을 찾지 못한 이웃에게 전도의 힘을 주시옵소서.

은혜의 하나님! 저희들의 주신 직분을 마음과 정성과 뜻을 다해 충성케 하옵시고 성령의 충만한 가운데 주님 섬기기에 부족함이 없게 하여 주시옵소서.

감사의 하나님! 오늘도 이 전당에 사랑하시는 목사님을 만민을 위한 봉사자로 세우셨음을 감사드립니다. 시간과 물질과 온 몸을 바치셔서 나약한 저희들의 심령을 일깨워 주시기 위해 단 앞에 세우신 줄 압니다.

흠 없는 말씀과 능력 있는 말씀으로 하나님의 음성을 전하실 때에 성령이 임하시어 저희들에게 주신 큰 은혜와 축복을 베풀어 주시옵소서! 마음의 평안을 내려 주시옵소서. 이 모든 말씀 주 예수 이름 받들어 기도드렸사옵나이다. 아멘.

2003년 12월 7일 • 한 해를 정리하면서

인간을 창조하셔서 늘 바른 길로 인도하시는 하나님 아버지!

"내가 길이요 진리와 생명이라" 하신 말씀을 기억합니다. 그래서 주님을 믿음으로 저희들이 보호받고 지켜주시는 하나님인 줄 믿습니다. 우리 모두 항상 마음을 다하고 뜻과 정성을 다하여 주님 섬기는 일에 부족함이 없는 자녀가 되게 하시옵소서.

지난 주간도 험난하고 어지러운 세상 가운데서 깨끗함을 입지 못하고 주님 앞에 나왔습니다. 마음의 평화 마음의 감사 그리고 삶의 기쁨을 찾고 얻고자 이렇게 주님 앞에 나와서 머리를 조아리고 있습니다. 갈급한 심령을 풀어주시고 상한 마음에 위로를 주시옵소서.

사랑의 하나님! 2003년도 이제 20여일 남짓 남았습니다. 시작되는 연초마다 뒤의 것을 잊어버리고 앞의 것을 잡기를 원하시는 하나님!

금년 초에도 주님 안에서 미래의 꿈을 갖고 지금까지 살아왔던바 얼마나 그 꿈에 접근하였는가를 되짚어 보게 하시옵소서.

우리는 예수님의 삶을 우리의 삶으로 얼마나 바꾸어 놓았는가를 가늠케 하시고 주님의 가치관에 얼마나 접근하였는가를 깨닫게 하시고 주님께서 베푸시는 사랑을 얼마나 실천하였는가를 반성할 수 있는 2003년 마지막 달에 정리하며 다음에 올 새 날에 부족했었던 꿈을 채울 수 있는 기회로 만들게 하시옵소서.

사랑과 은혜의 하나님! 금년 한 해도 우리의 삶과 생활을 넘치도록 풍성케 하신 줄 압니다. 먹고 마시기에 부족함이 없게 하셨고 각 사람의 형편에 따라 능력을 주셔서 일할 수 있게 하셨던 주님!

더욱이 세기의 질병에서도 피하게 하셨고 모진 태풍에서도 이 지역을 피하게 하시어 풍성한 수확을 거두게 하셨음을 감사드립니다.

특별히 저희들을 뽑아내시어 주님의 음성을 듣게 하심도 지나간 세월 후에야 보호하셨고 사랑하셨음을 뒤늦게 느끼는 우매한 저희들입니다.

주님을 믿음으로서 하늘에 신령한 은혜와 땅의 기름진 것으로 살리게 하심을 깨닫게 하시고, 영육간에 충만한 은혜를 부어주시는 하나님이신 것을 항상 간직하며 사모하게 하시옵소서.

사랑의 하나님! 금년 한 해에도 교회를 위해 헌신한 많은 교우를 기억하시옵소서.

　자기 직분을 다해 시간과 정성을 바친 그들에게 수고한대로 항상 주님의 사랑과 은총이 떠나지 않는 가정이 되게 하시옵소서.

　오늘도 육체의 질고로 함께 하지 못한 이웃이 많이 있습니다. 세상의 허망한 것을 찾다가 깨지고 상한 마음이 있어 참석치 못한 형제도 있습니다. 하나님을 모르고 없다고 한 어리석은 자도 저희들의 전도 부재로 우리 대열에 서지 못했습니다.

　사랑의 하나님! 병든 자 육신의 고통을 치유케 하시어 저희들과 함께 하는 자리가 되게 하시고 상하고 깨진 심령을 위로하사 주님의 음성이 그들에게서 떠나지 않게 하시고 주님을 모르고 없다한 자들도 사랑하시사 주님 믿는 자녀들의 삶이 그들 눈에 축복된 생활로 비추이게 하시고 저희들로 하여금 항상 하나님의 말씀을 전하게 하시어 모두가 구원 받게 하시옵소서.

　특별히 평생을 주님 섬기는 목사님과 함께 하셔서 흠 없는 진리의 말씀을 베풀기에 부족함이 없는 능력을 허락하시옵고 그의 가정과 건강도 지켜주셔서 몸된 교회와 어린 양을 위하여 일할 수 있는 은총을 베풀어 주시옵소서.

　오늘 드리는 이 예배가 감사와 찬양이 넘치는 예배로서 주님께서 친히 주장하여 주시고 축복하여 주시옵소서. 이 모든 말씀 주 예수님 이름 받들어 기도드렸사옵니다. 아멘.

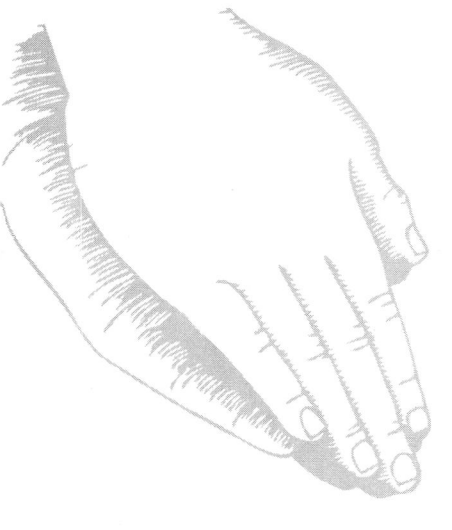

2004

2004년 1월 11일 • 임원 헌신예배

복주시고 지켜주시는 전능하신 하나님 아버지! 끝없는 주님의 사랑과 은혜에 감사합니다. 부족하고 보잘 것 없는 저희들에게 주님의 구속에 사랑을 입게 하시고 주님을 위하여 봉사와 책임을 지워 주시니 감사합니다.

은혜의 하나님! 지난해에도 저희들은 주님으로부터 받은 책임을 다하지 못했고 뜻대로 살지도 못했습니다. 또 게으르고 나태해서 충성치 못한 것도 너무 많이 있었음을 솔직하게 고백하오니 저희들의 범죄와 허물을 용서하여 주시옵고 주님의 말씀으로 정결케 하옵소서.

사랑이 많으신 하나님 아버지! 저희 재직들에게 강한 성령의 역사로 담대한 믿음을 주시사 몸된 교회를 위하여 충성을 다하게 하시고 교회의 부흥과 발전에 크게 기여할 수 있게 도와주시옵소서.

저희들이 가정과 교회와 사회에서 생활할 때 모범적이며 성실한 봉사자가 되어 주님의 원하시는 뜻을 나타내게 하시어 이 지역을 복음화 할 수 있는 귀한 능력을 허락하여 주시옵소서.

특별히 세워주신 직분자는 우리 교회의 기둥이오니 전 임원들이 교회를 받들어 섬기는데 부족함이 없게 하시고 이들에 축복을 주셔서 주님만을 위해서 살아가게 하시옵소서.

특별히 임원들이 계획하고 있는 모든 사업을 위해 함께 하시고 주님의 사업을 위하여 모두 한 마음으로 통일되게 하시고 모이기에 힘쓰며 기도에 전력을 다하는 임원회가 되게 하시옵소서.

저희들이 드리는 이 헌신예배가 온 몸으로 드리는 예배가 되게 하시며 이 시간을 통하여 저희들의 심령과 육신을 다시 한 번 새롭게 결단하는 귀중한 시간으로 이끌어 주시옵소서.

말씀을 전하실 귀한 목사님에게도 함께 하셔서 힘 있고 능력 있는 말씀을 증거하게 도와주시며 그 말씀으로 새 힘을 얻을 수 있는 은혜의 시간이 되게 하옵소서.

저희들의 정성을 모아 드리는 이 예배가 주님께 상달되는 산제사가 될 것을 믿사오며 충성할 수 있는 귀한 직분을 주신 예수님 이름 받들어 기도 드렸사옵나이다. 아멘.

2004년 1월 12일 • 수요예배

2004년도 바쁜 삶 가운데에서도 잊지 않고 모일 수 있게 하신 은혜 주신 하나님께 감사와 찬송을 드립니다.

저희들이 거하는 곳이면 주님을 증거할 수 있는 선교의 마당이 되게 하시고 어느 곳에 가든지 충성된 종이 되어 주님 뜻을 드러내는 삶이 되게 하시옵소서.

비록 삼일 간이지만 지쳐있고 상처받은 영혼들이 많이 있습니다. 비록 짧은 날이지만 세상 유혹에 묶여 있는 영혼도 있습니다. 오랜 시간 병마에 시달려 괴로운 자도 있습니다.

사랑의 하나님! 모두를 사랑하시사 끌어안으시고 어느 한 날도 사탄과 악마가 득세치 않게 하셔서 주님의 권세로 승리하며 위로 받게 하시옵소서. 뿐만 아니라 청지기의 사명으로 주님께 인정받고 살아가는 믿음의 반석 위에 서게 하시옵소서.

주님의 음성을 듣고자 모이게 하신 하나님! 저희들로 하여금 세상 불의와 타협치 않게 하시고 이웃의 괴로움을 방관치 말게 하시며 주님이 주시는 용기와 지혜로 선한 싸움의 승리자가 되게 하소서.

위선적이고 형식적인 신앙인이 안 되게 하시고 기회와 물질 만능에 사로잡힌바 되지 않도록 주님 음성 듣고 깨닫게 하시옵소서.

저희들이 필요하고 무엇을 간구하는가를 감찰하시는 하나님! 정욕과 탐욕으로 구하지 않게 하시고 지은 죄 고백하며 주신 은혜에 감사하며 작은 것에서부터 감사를 찾을 줄 아는 지혜를 주시옵소서.

오늘도 여러 가지 형편으로 이 자리에 참석치 못한 교우들을 보살펴 주시사 그들이 어느 곳에 있든지 주님을 잊지 않게 하시고 이 자리에 있는 저희들과 같은 마음으로 기도하게 하시옵소서.

오늘도 목사님을 사랑하시사 하나님의 말씀을 선포하실 때 아멘으로 화답하며 감사하게 하시옵소서. 이 모든 말씀 주 예수님 이름 받들어 기도드렸사옵나이다. 아멘.

2004년 • 남지방 부흥회

　전능하신 하나님 아버지! 우리 시흥 남지방 부흥을 위하여 귀한 기회를 허락해 주심을 감사드립니다. 이번 기회를 통하여 놀라운 시흥지방의 부흥 역사가 일어나게 하시옵소서.

　죽어가는 심령들을 소생시키게 하시고 상한 모든 심령들이 고침을 받게 하시옵소서. 시간 시간마다 말씀을 통하여 영적 치유의 역사가 일어나게 하옵소서. 갈급한 심령들에게도 단비를 내리시어 소생하는 계기가 되게 하시며 메마른 영혼들이 성령 충만하여 열매를 맺을 수 있는 옥토를 허락받게 하시옵소서. 불길 같은 성령이 기다리는 심령들 가운데 오시옵소서. 모든 죄악들을 태워주시고 악한 생각을 버리게 하시옵소서. 개인과 가정, 교회 각 기관 가운데 있는 죄의 근성들을 이번 기회에 깨끗이 소멸 시키시어 개인이 살고 가정이 살고 교회 각 기관이 살아 움직이는 기회가 되게 하소서.

　말씀 충만, 성령 충만으로 제 기능을 찾아서 모든 지체들을 사랑으로 하나 되게 하옵소서. 믿음의 역사가 일어나게 하시고 사랑의 수고를 체험케 하시어 소망으로 인내하며 주어진 삶을 살게 하시옵소서.

　이번 부흥회를 통하여 재직들이 새로워지는 역사가 일어나게 하시고 서로가 닫혀진 마음의 문을 열게 하시어 교회를 위해 충성 봉사할 결단을 주시옵소서. 세워주신 정영관 목사님을 사랑하시어 권능의 능력을 입혀주시고 건강으로 붙잡아 주시옵소서. 이 시간 닫혔던 마음을 열게 하시고 주님의 음성을 듣는 시간이 되게 하시옵소서. 예수님 이름 받들어 기도드렸습니다. 아멘.

2004년 1월 18일 • 신년기도

　우리 하나님 아버지와 주 예수 그리스도를 좇아 은혜와 평강 있기를 원하시는 주님! 오늘도 믿음의 반석 위에 세워주시기 위해 나약하고 불쌍한 저희들을 사랑하시사 주님의 음성을 듣게 하시오니 감사와 영광을 드립니다.

　환난과 고통 가운데 어수선했던 2003년도 한해를 정리케 하시고 2004년도 부흥 등급 사경회를 통해서 굳어졌던 심령을 깨트리게 하시고 부서지게 하셔서 닫혔던 마음의 문을 열게 하셨으며 상한 심령을 고침받게 하셨던 주님께 다시 한 번 감사와 영광을 드립니다.

　시시때때로 은혜 주시는 주님! 구태에서 벗어나지 못하고 주님의 자녀로서 거듭나지 못했던 저희들이었기에 주님의 사랑으로 잡으셨던 채찍의 의미를 깨닫게 하시고 마음을 찢고 세상 생각을 바꾸어 바로 서게 하신 줄 압니다.

　주님의 사자로 하여금 제단의 풍성하였음을 흐트러지지 않게 역사하여 주시옵소서.

　주님! 말씀 증거하실 때만 잠시 알아듣는 저희들입니다.

　주님 곁만 벗어나면 세상에 눈을 들어 중심이 바뀌는 저희들입니다. 유혹을 물리치게 하시고 오직 주님 말씀을 가슴으로 묵상하며 살아가는 저희들이 되게 하시옵소서.

　주님을 좇는다는 것이 세상의 기적과 행복을 보장 받으려 함이 아닌 줄 압니다. 불안한 세상 삶 가운데 주님이 원하시는 진리의 길을 찾게 하시고 주시는 은혜 가운데 작은 것에서 감사를 찾을 줄 아는 자만이 행복이요 축복인 것을 깨닫게 하시옵소서.
 창조주 하나님! 가난과 우상 숭배가 지배했었던 이 나라를 사랑하시사. 심판이 아닌 자비로서 복음을 전하게 하시어 지금 이 나라 어느 곳에 가던지 십자가의 사랑에 빛은 꺼질 줄 모르고 있습니다. 하오니 행여 잎이 무성한 무화과나무에 비유될까 두렵습니다.
 무성한 잎과 함께 풍성한 열매가 거둘 수 있는 교회들이 되게 하시고 책임 있는 청지기들의 안일과 나태와 자만의 병으로 하여금 주님 영광을 가리우는 교회가 안 되게 도와주시옵소서.
 사랑의 하나님! 풍요 속에 우리 민족을 이끌어가는 자들의 부정부패가 걷잡을 수 없이 오염되고 있어 감당치 못할 몸살을 앓고 있습니다. 오랜 역사 가운데 이 민족의 아픔이 많이 있었으나 지금과 같은 총체적 위기의식을 느낀 적은 없었던 것으로 압니다.
 하나님! 성령의 역사만이 이 민족의 의식을 바꿀 수 있는 줄 압니다. 주님만 바라볼 수 있음이 이 민족에게 정화의 바람이 일어날 줄 압니다. 이 나라 이 민족의 지도자들에게 의식을 바로 서게 하시고 거듭난 가운데 옛 것을 벗어버리고 새 사람으로 입혀 주시옵소서.
 오늘도 이 자리에 참석하지 못한 이웃이 많이 있습니다. 육체의 질고로 신음하는 가운데 있습니다. 물욕의 시험과 정욕의 유혹으로 몸과 마음이 묶여 있습니다. 세상 것만 바라보는 자들에게 주님 앞에 인도할 저희들의 나태로 이곳에 참여치 못했습니다.
 각기 어려운 사정을 감찰하시어 육체의 질고로 인한 신음을 거두어 주시고 물욕과 정욕의 유혹에서 해방되게 하시고 저희들로 하여금 전도의 문을 열게 하시어 주님의 사랑으로 소외되고 낙심되는 이웃이 없는 아름다운 주님 몸된 교회가 되게 하시고 부흥이 되게 하시옵소서.

우리 교회 각 기관 기관마다 지혜를 허락하셔서 주어진 사명을 다하게 하시고 특별히 찬양대를 사랑하시사 입술로 하는 찬양이 아니고 마음과 가슴으로 하는 찬양과 찬송이 되게 하시옵소서.

오늘도 길 잃은 한 마리의 양을 찾아 거칠고 험난한 길을 마다 아니하시는 목사님을 사랑하시사 그의 가정을 지켜주시고 자녀들에게 형통함으로 축복받는 삶이 되도록 보호하여 주시옵소서.

흠 없고 능력 있는 말씀으로 은혜 주실 것을 믿으며 주 예수님 이름 받들어 기도드렸사옵나이다. 아멘.

2004년 2월 29일 • 변화의 기도

범사에 헤아려 좋은 것으로 취하기를 원하시는 하나님!(살전 5:21)

주님 밑에서 사명과 소망을 들고 기도를 시작하게 하셨던 새해 연초를 넘어서서 계절의 냉기를 거두게 하시고 훈풍 가운데 생활 변화를 주신 하나님께 감사를 드립니다.

저희들을 사랑하시사 변화의 때를 느끼게 하셔서 새롭고 거듭난 마음과 생활로 믿음의 반석 위에 서게 하시는 줄 믿습니다.

사랑의 하나님! 오늘도 주님의 음성을 듣고자 주님 몸된 교회에 모였습니다. 갈급한 심령을 갖고 은혜 가운데 해결코자 나왔습니다. 모두가 각기 다른 무거운 짐을 내려놓고자 나왔습니다. 지난 주간도 주님 말씀대로 살지 못하였으면서도 교회만 열심히 다니면 그것이 믿음인 줄 착각하며 살았습니다. 주님 교훈을 받아들이면서도 중심을 인간에게 실리며 자기 합리화에 정당성을 부여하며 살았습니다.

　구원의 하나님! 저희들의 가식된 생활과 허구에 찬 생활을 버리게 (시 25:5) 하시고 주님의 진리로 우리를 지도하시고 교훈하여 주시옵소서. 짧은 지혜를 앞세워 전능하신 주님의 능력을 흐리지 않게 하시고 인간 계산으로는 헤아릴 수 없는 엄청난 은혜를 받으면서도 동전 한 닢에 매달리는 인색한 생활에서 벗어나게 하시옵소서.

　넉넉한 마음으로 서로를 아껴주는 덕을 베풀게 하시며 꿈과 소망이 있는 주님을 믿음으로 우리의 삶을 풍성케 하시어 믿지 않는 이들에게 촛대가 되게 하시옵소서.

　오늘도 이 자리에 참석치 못한 이웃이 많이 있습니다. 환난 가운데 번민과 실망으로 용기를 잃고 나오지 못했습니다. 육신의 질고로 고통과 아픔의 오랜 투병 생활로 참석치 못했습니다. "하나님을 모른다." 하는 무지한 자들에게 저희들의 전도 부족으로 이 자리에 참석의 기회를 놓치게 했습니다.

　치유의 하나님! 용기를 잃은 자에게 주님의 음성을 듣게 하시어 소망을 갖게 하시고 병든 자에게는 주님의 옷자락만 붙들어도 치유가 되는 역사를 알게 하시고 이곳에 모인 저희들로 하여금 전도문을 두드리게 하시어 주님의 자녀로 이끌어 주시게 하시옵소서.

　찬양대를 사랑하시는 하나님! 특별한 은사를 주신 가운데 마음과 정성을 드려 감사하여 주님께 찬양을 드리는 줄 압니다. 이를 위해 시간을 바치고 정성을 모두어 마음 속 깊이 우러나오는 음성으로 주님께 드리는 참된 찬양이 주님을 감동시키게 하시고 은혜 받게 하시는 놀라운 기쁨을 느끼게 허락하여 주시옵소서.

감사의 하나님! 지난 연말연초에 우리들의 마음을 흔들어 깨우치게 하시고 숨겨진 아버지의 사랑을 발견케 하시어 변화의 역사를 이루게 하신 하나님.

거칠고 다듬어지지 않았던 황무지를 18년간에 걸쳐 옥토로 일구어 내신 박철화 목사님을 기억케 하시고 그 옥토 위에 뿌려질 한 알의 밀알로 지광식 목사님을 택하신 하나님께 감사를 드립니다.

사랑하는 종으로 하여금 성령 충만한 교회, 사랑의 자리가 넘치는 교회, 구원과 베품의 중심이 되어 복되고 충실한 열매가 거두워지는 교회가 되게 하시옵소서. 목사님의 건강을 책임져 주실 것을 믿사오며 모든 말씀 주 예수 이름 받들어 기도드렸사옵나이다. 아멘.

2004년 3월 27일 토요일 • 새벽기도

부르짖는 자에게 응답하시고 충성하는 자에게 축복하시며 믿음으로 순종하는 자에게 믿음대로 역사하시는 하나님! 지난 밤에도 고달프고 힘겹던 몸을 편히 쉬게 하시고 지켜주신 가운데 축복성회를 허락하셔서 주님 음성을 듣게 하신 하나님께 감사를 드립니다.

새날 축복성회 첫 시간부터 특별 은총을 입게 하신 줄은 새벽잠을 줄이며 참여한 자에게만 특권을 누리게 하신 줄 믿습니다.

하루의 생활을 지켜 주시고, 힘과 지혜로 살아가게 하시는 주님을 사모하며 마음 문을 활짝 열어놓고 말씀을 받아들이게 하시고 기쁨과 소망을 약속받을 수 있음을 깨닫게 하셔서 감사로 축복성회 시작되는 하루를 즐겁고 가벼운 마음으로 임하게 하시옵소서.

축복성회도 주님 앞에 내려놓을 많은 짐들이 있습니다. 자녀들의 짐과 함께 가정의 짐들이 있습니다. 이웃과 나라의 짐도 있습니다. 여러 가지 무거운 짐을 내려놓고자 하오니 허락하시고 맡아 주시옵소서.

모든 짐을 내려놓고 간구할 때에 욕심으로 구하지 아니하고 공의로 구하게 하시고 이웃과 더불어 상생의 구원을 간구케 하시옵소서.

사랑의 하나님! 작금의 세상은 때와 장소를 가리지 않고 갖가지 올무와 덫이 저희들이 걸려들기를 바라고 있습니다. 세우신 황동원 목사님으로 하여금 말씀 선포하실 때마다 사탄의 역사를 물리치게 하옵시고 올무와 덫을 비켜 나갈 수 있는 지혜로 인도하여 주시옵소서. 이 모든 말씀 주 예수님 이름 받들어 기도드렸사옵나이다. 아멘.

2004년 5월 2일 • 가정의 달

5월을 가정의 달로 허락하신 하나님 아버지!

소중하고 귀하게 여기시는 사랑의 자리였기에 "네 부모를 공경하라" 하신 계명의 주인이 되셔서 어느 사람이든 모두가 가정을 지키고 사랑을 나누며 살기를 원하시는 하나님께 감사와 영광을 드립니다.

인간을 지으시고 "심히 좋으셨다"고 자축하시며 만족하셨던 가정을 "에덴"으로부터 추방하셔야만 하셨던 하나님의 아픔을 깨닫지 못하고 독생자 "예수님" 마저도 찢고 찌르며 종래는 어리석은 저희들로 하여금 십자가에 못 박히는 수모에도 죄를 용서하시는 사랑을 헤아리지 못하고 지키지 못하는 가정들로 하여금 2중 3중으로 주님 가슴에 못 박으며 살아가는 저희들을 용서하여 주시옵소서.

　주님 가르치신 대로 참 신앙과 인격의 상을 보여줄 수 없는 세상 중심의 사슬에서 조금도 벗어날 수 없는 모습으로 "나는 네 아버지란다"라고 자신 있게 말할 수 없는 지금 세상의 아버지 어른들은 얼굴임을 깨닫게 하소서.

　사랑의 희생을 거부하며 물질과 쾌락의 중심에 서 있는 흐트러진 마음으로 "나는 네 어머니다"라고 말할 수 있음을 깨닫게 하시옵소서.

　주님! 지금 이 땅에는 어둡고 구석진 곳에서 외로운 여생을 보내시는 노부모님들이 많이 있습니다. 자식은 있으나 보살핌에서 제외된 부모님도 있습니다. 지체부자유에서 해방되지 못하고 고통 받는 노부모님도 계십니다.

　사랑의 하나님! 세월이 가면 이들 노부모님의 아픔과 고통이 내 모습이고 모두의 형편일 수 있음을 깨닫게 하시옵소서.

　하나님! 기성세대의 그릇된 생각과 잘못된 가정의 가치관을 주님 가르치신 대로 변화되게 하시옵소서.

　네 아버지의 훈계를 들으며 네 어머니의 법을 떠나지 않게 하소서.

　사모하는 영혼을 만족케 하시며 주린 영혼에게 좋은 것으로 채워주시는 주님(시 107:9). 오늘도 저희를 사랑하시사 경배와 찬양을 허락하신 하나님께 감사와 영광을 드립니다.

　지난 주간도 저희들은 인간중심에서 살다가 하나님 만나러 왔습니다. 삶의 생활이 성숙될수록 허물 많은 세상의 올무가 저희들 곁에서 풀어지지 못하고 걸려 넘어질 수밖에 없는 험지에서 바로 세우지 못하는 저희들이이었습니다.

사랑을 말하면서도 원하시는 주님의 사랑을 나누지 못했습니다. 화목과 화해가 서로의 용서임을 알면서도 내 손이 먼저 내밀기를 주저했습니다. 지금까지 살아온 날들이 주님께서 인도하셨음을 느끼면서도 인간 잣대를 기준했기에 기쁨과 만족을 찾지 못했습니다.

스스로 무너뜨린 마음을 일으켜 세워주시고 흐트러진 생각을 성령이 임하시므로 정들게 하시고 실망의 늪에서 허우적 거리는 저희들의 생각과 뜻을 주 안에서 깨어있게 하소서.

은혜의 하나님! 오늘은 우리 교회의 맥추감사주일 예배입니다. 가르치신 대로, 배운 대로 의미를 깨닫고 바르게 지키게 하소서.

맡겨주신 귀한 달란트를 땅에 묻어두는 "우"를 범하지 않게 하옵시고 운영하고 활용하는 지혜를 주셔서 결산날에 더 많고 풍성한 열매를 주님께 드리는 감사절이 되게 하소서.

오늘도 이 자리에 참석치 못한 이웃이 많이 있습니다. 혹자는 육체의 질고로 병원에 있습니다. 사탄과 마귀의 역사로 발걸음을 멈추게 했습니다. 하나님을 모른다고 하는 자도 있습니다.

사랑의 하나님! 이들을 불쌍히 여기사 육신의 고통은 주님 말씀으로 치유케 하시고 사탄과 마귀의 역사는 주님 능력으로 물리치시고 무지한 자들에게는 성도들의 전도를 모두 함께 할 수 있는 역사가 일어나게 하소서.

비록 육신은 먼 곳에 있으나 주님의 말씀과 음성이 그들의 귓전에서 떠나지 않게 하시옵소서. 번영과 축복의 근원이 되시는 하나님!

이 땅에 협력과 화해로 정치 경제를 보살펴 주시옵소서.

지도자들의 분열과 다툼으로 백성들의 원성과 실망만이 팽배한 가운데 나라의 앞날이 암담하게 느껴지는 현실입니다. 한계에 부딪치는 인간의 능력을 전능하신 하나님의 역사를 통해서 이루어질 수 있음을 깨닫게 하시고 나라의 통일도 하나님의 역사만이 가능함을 일깨워 주시옵소서.

오늘도 강단에 세워주신 목사님을 사랑하시사 교회의 격을 높이기 위한 지식과 지혜 탐구에 정진케 하시고 영의 안목을 주시어 지경을 넓히고 어린 양들을 인도하시는데 부족함이 없는 목자가 되게 하소서. 이 모든 말씀 주 예수 이름 받들어 기도드렸사옵나이다. 아멘.

2004년 7월 • 회개기도

하나님 뜻 안에서 살고 말씀 가운데 행하기를 원하시는 주님이시여! 지극히 작은 자 가운데서 더욱 작은 우리를 사랑하시어 거룩하고 성스러운 주님 앞에 무릎을 꿇게 하시는 하나님께 진실로 감사드립니다.

지난 주간도 저희는 죄의 길에서 과감히 돌이킬 줄 모르는 용기도 부족했었습니다. 명백한 죄상을 뉘우칠 기력도 마음도 없어 어리석은 자 가운데 자리를 같이 하며 세상일에 미련을 버리지 못했습니다. 거듭나야 될 몸을 구습에 좇아 살아야 했고, 진리의 말씀대로 살아야 했으나 그렇지 아니하고 죄인된 몸과 마음으로 이 자리를 채웠사오니 용서하여 주시옵소서.

이곳을 사랑하시사 단비로 메마른 땅에 해갈시켜 주시는 주님! 나라에 오랜 숙원도 주님께서 역사하시므로 분단된 우리를 통일의 길을 서서히 열어 주시는 줄 믿습니다. 담담하고 먼 길도 주님께서 역사하시므로 때를 따라 알게 하시고 인내 가운데 기다림으로 반가움을 터득케 하시는 주님이시여! 진실로 감사합니다.

나약한 인간의 중심을 항상 주 안에서 몸과 마음이 떠나지 않게 하시어 내적으로나 외적으로나 진실 되고 하나 된 믿음으로 오직 주님이 우리의 모두인 것을 깨닫게 하시옵소서.

육체의 질고로 함께 하지 못한 형제가 있습니다. 우리의 불찰로 주님 앞에 참여를 만들어 주지 못하고 길을 찾지 못한 이웃도 있습니다. 사탄에 두 발이 묶여서 주님을 멀리 했어야 하는 이웃도 있습니다.

하나님 아버지! 피 묻은 손으로 이웃의 육체의 질고를 짊어지게 하시고 이곳에 모인 저희로 하여금 길을 찾지 못한 이웃에게 인도하여 주시고 사탄의 유혹으로 얽매이게 된 이에게 주님의 불같은 호령으로 물리쳐 주셔서 함께 하지 못한 모두가 찬양과 찬송으로 주님께 영광을 돌리게 하소서.

사랑과 은혜의 하나님! 이 자리에 사랑하시는 목사님을 세워주셨습니다. 현세에 중생을 위한 봉사로 시간과 물질과 온 몸을 바쳐서 불쌍하고 연약한 저희의 심령을 일깨워 주시고자 단 앞에 세워주신 줄 믿습니다.

주님의 은총 가운데 우리를 푸른 초장에 누이시며 쉴만한 물가로 인도하셔서 우리의 영혼을 소생시키시는 진정한 목자가 되게 하소서. 이 모든 말씀 주 예수님 이름 받들어 기도드렸사옵나이다. 아멘.

2004년 8월 8일 • 수요예배

　그리스도의 평강이 우리들의 마음을 주장하며 살기를 원하시는 하나님! 지난 3일 간에도 저희들을 보살펴 주셔서 오늘 저녁 예배를 허락하신 하나님께 감사와 영광을 드립니다.
　비록 짧은 3일이었지만 무더운 찜통더위에서도 일일 부흥회로 새로운 은혜를 입게 하시고 청소년 수련회를 통해서 젊은이들의 활기를 찾게 하신 하나님께 다시 한 번 감사를 드립니다.
　사랑의 하나님! 이렇게 많은 감사의 환경을 주셨지만 저희들은 상황에 따라 마음을 바꾸고 형편에 따라 행동을 바꾸는 흐트러진 중심을 갖고 주님을 멀리하며 살았습니다. 순간의 유익과 즐거움으로 세상을 더 사랑하고 있었습니다. 유혹의 손짓에 분별력을 잃고 이웃에게 피해를 주는 일도 있었습니다. 보잘 것 없는 나를 내세워 주님을 욕되게 한 일도 있습니다.
　나를 중심으로 한 생각과 잣대의 결과는 스스로를 무겁게 내리 누르는 근심과 걱정을 자초하며 살 수 밖에 없었음을 회개하오니 용서하여 주시고 같은 죄 반복되지 않도록 붙잡아 주시옵소서.
　오늘도 이 성스러운 전당에 참석치 못한 이웃이 많이 있습니다. 마음에 시험든 자, 병든 자들에게 새로운 영을 부어주셔서 회복되게 하시고, 더욱이 깨닫지 못하는 무지한 자들에게는 우리 성도 모두가 합심하여 전도에 힘쓰게 하여 주시옵소서.
　나라를 위해 기도합니다. 한 때의 발전과 번영을 다시금 부어 주셔서 지금과 같은 어려운 경제와 무질서한 정치에서 벗어나게 하소서.

위정자들에게는 지혜와 명철을 주시어 국민의 신뢰를 받게 하시고 부정과 부패로 인한 불신에서 벗어나게 하시고 안일과 나태함 속에 잠자는 심령들을 일깨워 주셔서 성령의 역사로 이 민족의 의식을 거듭나게 하소서.

교우를 위해 기도합니다. 저희가 맡은 분야에서 주님의 은사를 사용케 하시고 모두가 하나 된 마음으로 주님을 진정으로 섬기게 하여 주시옵소서.

주님 종의 말씀을 통해서 더욱 귀하고 복된 은혜를 충만히 내려 주시고 영광 받아 주시옵소서. 이 모든 말씀 주 예수님 이름 받들어 기도드렸사옵나이다. 아멘.

2004년 10월 8일 • 다니엘 21일 새벽기도

사랑과 은혜의 하나님! 어제의 피곤했던 몸과 단잠을 이불 속에 묻어두고 나왔습니다. 새날 새벽부터 새 힘과 소망을 갖는 하루로 허락하신 은혜에 감사드립니다.

오늘 새벽도 주님의 음성을 듣고 깨닫는 삶에 두게 하시고 저희들의 음성도 들어주시사 구하는 것 형통케 하시고, 병든 몸 고쳐 주시고, 크고 작은 무거운 짐들을 내려놓게 허락하여 주시옵소서.

시간 시간마다 안겨 주셨던 성령의 역사가 황무지에 떨어지지 않게 하시고 내 생활에 접목시켜 마음 밭에 뿌려져 풍성한 열매를 거둘 수 있는 옥토로 바꾸어 주시옵소서.

입으로 흉내 내는 믿음의 허상이 안 되게 하시고 행함이 앞서가는 삶 가운데 세상 사람들의 귀감이 되며 주님의 길을 걸어가는 표상이 되게 하소서.

내 멋대로 살고 탐욕에 불태우면서 세상에 얽혀 살아가는 구태를 벗어버리고 새 사람으로 바뀌어 우리의 발이 믿음의 반석 위에 굳건히 서게 하소서.

온갖 시험과 올무에 걸려들면서 빠져나가지 못하는 어리석은 지혜로 세상과 타협을 도모케 하지 않게 하옵시고 다니엘 21일 새벽기도에서 체험적 신앙을 등에 업고 세상을 향하여 전도에 힘을 기울이게 하소서.

전도의 길은 많으나 나서지 못하는 용기와 나태가 그 길을 막는 줄 압니다. 이미 가르치시고 증거를 보여주시며 기뻐하시는 주님과 사도들의 행적을 음미치 못한 저희들에게 금번 성회의 특별기도회를 통해서 몸된 교회의 부흥을 지름길을 향해서 모두가 합심하여 선을 이루는 기회가 되게 하소서.

시흥시 중앙에 성천의 자리매김을 우뚝 선 믿음의 탑으로 쌓게 하소서.

사랑하시는 우리 목사님을 통해서 선포하시는 말씀이 비젼(vision)의 장애물을 쉽게 뛰어넘어서 그 꿈을 이루게 하시고 찬양과 찬송이 하나님께 상달되는 가운데 주님이 기쁘게 흠향하시고 바라보시는 가운데 변신하는 교회가 되게 하소서.

이 모든 말씀 주 예수님 이름 받들어 기도드렸사옵나이다. 아멘.

2004년 11월 28일 • 30일 남겨둔 2004년

　믿음 가운데 우리의 인생을 기쁘고 복되게 하시려고 저희를 택하여 주신 하나님! 오늘도 거룩한 성전에서 주님의 음성을 허락하신 하나님께 감사와 영광을 드립니다.
　뿌린 씨앗으로 풍요를 거두게 하시어 감사절을 지키게 하신 하나님! 때로는 생각지도 못했던 악조건 속에서도 나약한 저희들을 적응시키시며 일구어 내게 하신 지혜로 기쁨의 추수감사절을 풍성케 하셨던 지난 주간의 잔치는 지금도 우리의 마음을 감사 가운데 머무르게 하셨습니다. 이제 2004년도 30여일 밖에 안 남았습니다.
　금년 한해도 저희들은 주님의 반복하신 음성으로 사랑과 봉사와 희생의 실천을 원하셨던 우리의 생활이 주님 뜻에 얼마나 접근하며 살았는지 회개하며 정리할 수 있는 기회가 되게 하시옵소서.
　우리의 육체를 위해서 먹고 마시는 환경을 주셔서 어렵지 않고 풍성한 가운데 쉽게 살아왔습니다. 하오나 주신 말씀은 가볍게 덮어버리고 눈에 띄는 세상일에만 고집하며 허물을 뒤로 한 채 스스로에게만은 관용을 베풀며 살아왔음을 부인할 수가 없었습니다.
　주신 사명을 감당치 못하면서도 뭇 사람 가운데 나를 내세우려고 비벼대기도 했습니다. 주님! 비록 얼마 남지 않은 날이라도 우리의 신앙생활을 돌아보게 하시고 행함의 척도를 짚어보게 하소서.
　이기심과 탐욕의 얼룩진 마음을 씻겨 주시고 혼탁해진 우리의 영을 정화시키시어 주님과 가장 가까울 수 있는 지혜의 길을 인도하여 주시옵소서.

택함을 받은 우리이기에 순종을 먼저 하는 그리스도인이 되게 하시고 특별히 주신 여기 이 자리이기에 마음과 성품을 다하며 무릎을 꿇어 깊은 기도의 삶이 주님의 마음을 움직일 수 있는 신앙인이 되게 하소서.

특별히 변화의 장을 열어 주신 하나님! 지경을 넓히게 하시고, 구성원의 변화와 살림의 규모를 확장케 하신 하나님! 금년은 우리 교회를 위해서 역사하신 하나님인 것을 증명하신 한해였음을 감사드리며 찬양을 드립니다.

더욱이 굳어진 틀에서 벗어나게 하시고 변화의 흐름을 타게 하셔서 지금까지 교회를 위해 헌신한 많은 교우를 기억하시옵소서. 자기 직분을 다해 시간과 정성을 바친 그들을 위로하시고 수고한 대로 주님의 은총과 사랑이 떠나지 않게 하시고 그들 가정과 축복가운데 형통함을 입게 하시옵소서.

성도들의 사랑과 희생의 토대 위에서 성천의 지경을 넓히게 하시고 성령 충만한 가운데 사랑이 넘치며 성장하는 교회가 되게 하시어 333 비젼(vision)에 성큼 다가서는 역사가 있게 하시옵소서.

병들고 육신의 고통 있는 이들을 치유케 하시고 상하고 깨진 심령을 위로 하시사 평강 가운데 자리를 함께 할 수 있도록 붙들어 주시옵소서.

사랑하시는 목사님을 통해서 우리 모두의 간구하는 것에 크고 비밀한 일을 알게 하시고 형통의 길로 서게 하시옵소서. 이 모든 말씀 주 예수님 이름 받들어 기도드렸사옵나이다. 아멘.

2004년 12월 25일 • 성탄절 기도

　인류의 축복과 구원과 기적이 독생자를 보내주심으로 시작되게 하신 하나님! 감사와 경배를 드립니다.
　낮고 천한 마구간에서 세세의 영광을 보시게 하시고 그 안의 참 진리와 사랑을 세상의 빛으로 예비하셨던 주님 은총에 다시 한 번 감사드립니다.
　동방박사들이 별을 보고 아기 예수를 찾아가 가장 크고 기쁨에 기쁨을 더하고 경배하며 보배함을 드렸던 것처럼 저희들도 이 시간에 오신 주님께 감사하오니 경배를 한껏 드리게 하옵시고 순진한 마음으로 무릎을 꿇고 드리는 예배가 되게 하옵소서.
　오늘의 성탄절이 일 년에 한 번 있는 의례적인 행사가 아니고 순간 순간마다 새롭게 역사하시는 주님의 능력을 통해서 우리의 삶을 더욱 새롭게 변화시켜 주시옵소서.
　세상의 가장 비천한 사람들과 친구가 되셨던 주님!
　갖가지 상처와 고통을 치유하시고 건져 주셨던 사랑의 주님!
　죽은 자를 살리시고 부활을 몸소 실천하신 기적의 주님!
　비록 2004년이 지났어도 축복과 구원과 기적은 변함없이 그 빛을 발하고 지금 이 시간도 역사하고 계심을 저희들로 하여금 체험케 하시옵소서.
　구원의 하나님! 세상 곳곳의 종탑에 번쩍이는 불빛이 인간들이 즐기고 쾌락을 돕는 빛이 되지 않게 하옵시고 각종 영상의 산타클로스가 단순한 물질교류로 주고받는 선물에 무게를 실지 않게 하옵시고 루돌

프 사슴이 어린 양들에게 장난감으로 둔갑되는 의미가 되지 않게 하여 주시옵소서.

오늘의 행사가 세상 사람들의 단순한 인간적 기쁨이나 즐거움의 대상으로 비추지 않게 하옵시고 하나님께서 이 땅에 인간의 몸으로 입고 오신 것처럼 내 육체 속에, 내 가정 속에, 내 직장 생활 속에 영광을 돌릴 수 있는 삶의 자리를 잡게 하여 주시옵소서.

"지극히 높은 곳에서는 하나님께 영광이요, 땅에서는 기뻐하심을 입은 사람들 중에 평화로다"(눅 2:14) 라고 천군 천사들의 찬송처럼 이 땅의 평화가 주님께 의지하지 않는 평화는 진정한 평화가 아닌 줄 압니다.

언제라도 깨질 수밖에 없는 이 땅의 평화는 온갖 불의와 악의 득세로 인하여 주님 아니고는 제압될 수 없는 거짓 평화일 수밖에 없을 진데 각 처의 악한 자들의 마음과 손에든 총칼을 버리게 하셔서 참 평화가 이 땅에 오게 하시옵소서.

사랑의 하나님! 성탄의 기쁨을 알지 못하는 세상 사람들을 위해 저희들을 주님의 도구로 삼아 주시옵소서.

지금 이 순간에도 병들고 굶주리는 자와 마음의 상처로 괴로워하는 자들을 주님께서 위로해 주시옵소서.

우리를 위해 주님이 찾아오신 것처럼 우리가 그들을 위해 먼저 찾아가게 하시옵소서. 예수님을 부르는 자마다 구원과 은총이 함께 할 것으로 믿으며 예수님 이름 받들어 기도드렸사옵나이다. 아멘.

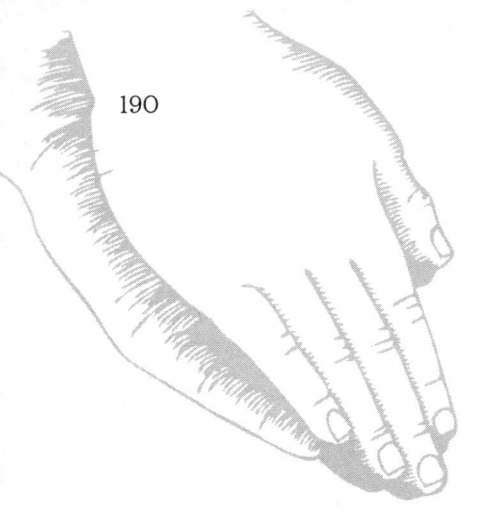

2005

2005년 1월 30일 • 새 사람의 다짐

썩어져가는 구습을 좇는 옛 사람을 벗어버리고 하나님을 따라 진리의 거룩함으로 지으심을 받아 새 사람으로 입은 성도가 되기를 바라시는 하나님!

한 해의 시작도 30일이 됐습니다. 오늘도 새 삶의 말씀으로 허락하신 주님께 감사와 찬송을 드립니다. 새 사람으로 입을 저희들에게 한 해의 시작을 위해 "찍어버려야 할 무화과나무"에도 열매 맺을 가능성을 기대하며 비장한 각오와 지혜로서 새로운 도전을 바라시는 하나님!

그래서 "마음의 소원을 이루어 주시리라"는 소망과 꿈을 위해 사랑하시는 주님 사자의 입술을 통해서 말씀 가운데 서게 하시고 깨닫게 하신 하나님께 감사를 드립니다.

위로와 확신을 주시는 주님의 음성을 통해서 행함으로 열매를 거두게 하시고 거두어 드릴 손길이 우리 영육간에 와 닿는 믿음이 되게 하소서.

사랑의 하나님! 슬기 있는 처녀의 완벽한 준비만을 혼인잔치에 참여할 수 있는 것처럼 새 사람을 입기 위해 슬기 있는 준비에 게으름이 없게 하시옵소서.

변화 가운데 부흥을 원하던 저희들에게 손길을 내미신 하나님!

이를 위한 우리 교회의 목장 운동이 하나님 뜻 가운데 지름길로 택하게 하신 줄 믿습니다.

서서 바라보는 목장이 안 되게 하시고 모두가 참여해서 꾸미고 가꾸며 키우는 목장의 주체가 되게 하시옵소서.

봉사로서 그리스도의 얼굴을 발견케 하시고 희생으로 자기 생활의 얽매임을 풀고 죽어서 많은 열매를 맺는 한 알의 밀알에 교훈을 터득케 하시고 합하여 선을 이루는 기쁨에 축복과 형통의 길이 되게 하시옵소서.

마음과 성품을 다해 충성하기를 좋아하시는 하나님! 저희들에게 많은 능력과 재능을 허락하셨으나 그 역량을 내 중심으로 세상일에만 집착하며 살았음을 고백합니다.

베풀어주신 은혜에 비해 드릴 것이 없는 부족한 죄인들이지만 저희들에게 귀한 직분을 주셔서 하나님께 헌신의 기회를 주신 것에 감사드립니다. 비록 작은 일이라도 온 정성을 다하는 직분자가 되게 하시고 "추수할 것은 많은데 일꾼이 적다" 하시는 아쉬운 말씀에 자신을 아낌없이 드림으로 적다하심을 채우게 하시옵소서.

계획하는 사역과 집행하는 일들이 하나님 마음에 합당케 하시고 뜻을 모아 진행할 때에 기뻐하시고 역사하시는 은총을 내려 주시옵소서. 날이 갈수록 기쁨의 찬양이 되게 하시고 기다려지는 찬양이 되게 하시는 하나님!

마음 깊은 곳에서 우러나오는 찬양의 맑고 깨끗한 음성이 제가 원하는 기도가 되게 하시고 변함없는 찬양대의 헌신과 봉사에 기쁨을 더하게 하소서.
　오늘도 이 예배에 참석치 못한 이웃을 기억하여 주시기를 원합니다. 병든 자, 실직자, 가난하고 무리한 자들을 보호하여 주시고 지켜 주셔서 말씀으로 치유와 회복되는 역사가 나타나게 하시옵소서.
　말씀을 전하시는 목사님에게 남다른 능력을 허락하여주시고 하나님의 흠 없는 말씀을 전해 주심으로 말씀을 통해서 저희들이 온전히 변화되는 시간이 되게 하여 주시옵소서. 이 모든 말씀 저희를 구원하여 주신 주 예수님 이름 받들어 기도드렸사옵나이다. 아멘.

2005년 4월 3일 • 4월의 기도

　하나님 보시기에 좋았던 땅에 각기 종류대로 내신 풀과 나무에 불어 넣으시는 생기로 온누리에 변화를 보여주시는 주님! 오늘도 주님 앞에 조아린 저희들도 더불어 마음과 생활의 변화를 갖게 하시는 하나님께 감사와 영광을 드립니다.
　지금 이 시간도 다니엘 특별기도로 새벽을 깨었던 성도들의 기도를 기억하시어 주님의 응답이 이어지고 있는 줄 압니다.
　환난과 육신의 고통에 주님의 자비로우신 손길을 원했습니다. 허물과 죄악의 굴레에서 벗어나 청결하고 진실한 삶이 일상생활화 되기를 원했습니다. 말씀의 은혜 가운데 행하는 일들이 주님 닮기를 원했습니다.

항상 위로가 되시는 하나님! 각기 다른 크고 작은 모양의 소망에 응답을 확신케 하시어 감사하는 생활이 삶의 근간을 이루게 하시옵소서.

특별기도회가 한정된 기간의 행사로서 끝내게 마옵시고 우리의 시작되는 하루부터 생을 다하는 날까지 "너희가 기도할 때에 무엇이든지 믿고 구하는 것은 다 받으리라" 하신 주님의 음성을 기억하게 하시옵소서.

지난 주간은 잠자는 자들의 첫 열매가 되신 부활절 기념행사를 하였습니다. 부활의 기적과 기쁨을 누리는 것으로 만족케 마옵시고 부활의 증인이 될 수 있는 세상의 빛과 소금이 되어 주님의 영광을 드러나게 하소서. 옥토를 일구고 파종이 시작되는 봄과 함께 우리의 믿음도 생활도 씨뿌리는 마음으로 정성과 마음을 모아 주님의 가까운 삶이 되도록 인도하여 주시옵소서.

부흥의 길목에서 엄청난 사고를 경미케 하신 주님! 일상에 있을 법한 사고로만 생각게 마옵시고 깨우치는 아픔 가운데 주님의 섭리로 받아들이게 하소서. 더욱이 간구하옵는 것은 이 사고로 병원에 입원한 장로님과 권사님들의 빠른 쾌유를 주시어 우리와 함께 주님 전에 건강하게 세워 주시옵소서.

찬양 드릴 때마다 온신의 힘을 다하는 성가대원들의 찬송이 오늘 이 예배의 시작을 더욱 아름답게 하시고 성도들의 은혜 충만한 가운데 사랑의 음성이 우리의 가슴을 더욱 뜨겁게 하소서.

오늘도 목사님이 말씀을 선포하실 때 주님의 음성을 받으시고 들으신 대로 흠 없는 말씀이 저희들을 깨우치게 하소서. 이 모든 말씀을 예수님의 이름을 받들어 기도드렸사옵나이다. 아멘.

2005년 6월 5일 • 가정의 달 숙고

　은혜의 하나님! 지난 주간도 천년만년 살 것만 같은 마음으로 세상 틈새에서 부족한 지혜를 내세워 안간힘을 써가며 살았던 저희들입니다.
　오늘도 특별히 저희들을 사랑하셔서 성스러운 이 자리를 허락하신 하나님께 감사와 영광을 드립니다. 온갖 죄의 올무와 환난의 세상에서는 인간이 의지할 대상이 사람도 혈육도 권력도 아닌 것을 누누이 일깨워 주셨음에도 어리석은 저희들은 그것에 모두를 던지며 삶의 열매를 찾아 헤매었음을 고백합니다.
　5월을 "가정의 달"로 깊은 의미를 주셨던 주님! 축복과 사랑의 가정을 지키며 누려야 할 당사자들로 하여금 무너져가는 안타까움에서 "참가전"으로 지키기를 바라셨던 주님의 뜻을 되새겨 보게 하소서!
　하나님 중심에서 벗어난 오염된 내 모습으로는 자녀에게 훈계함이 그들의 귀를 기울이게 할 수 없음을 깨닫는 부모가 되게 하시고 지금의 어둡고 그늘진 세상 유혹에서 자녀가 벗어날 수 있음도 빛과 창조하신 여호와를 믿는 부모의 기도 없이는 피할 수 없음을 알게 하시고 주님 말씀으로 지배된 우리의 생활만이 내 자녀가 악한 생각과 싸워 이길 수 있는 환경임을 느끼게 하소서.
　용서의 하나님! "네 여호와 앞에서 너와 네 권속들이 함께 먹고 즐거워 할 것(신 14:26)을 주문하셨던 주님! 혹이나 둘러앉은 상을 수시로 엎어 버리는 주인공이 부모 된 내가 아니었는지 회개하게 하시옵소서.

자비와 위로의 하나님! 6월은 호국영령과 6.25사변을 기억하게 하소서. 나라가 위태로울 때 몸을 던져 순국한 선열들의 고귀한 희생과 그들 유가족들의 아픔과 고통을 주님의 사랑으로 위로해 주고 그들의 "희생"을 저희들로 하여금 유산으로 받아들이게 하시어 한 알의 작은 밀알이 되게 하시옵소서.

　답답했던 동족상잔의 비극도 이 땅에서 영원히 사라지게 하시고 지금의 북녘땅의 황무함을 보시고 헐벗고 굶주림에서 건져 주시고 몇 사람의 위정자로 하여금 파멸을 자초하는 전쟁 준비에서 손을 놓게 하여 주시옵소서.

　나라의 전쟁과 평화는 하나님이 주관하심을 깨닫게 하시어 국민 모두가 주님께 기도와 간구로서 평화를 찾게 하시옵소서.

　지금 이곳에 좌정하신 하나님! 오늘도 함께하지 못한 교우들이 있습니다. 병들고 상처받은 심령들을 돌아 보시사 주님의 자비하신 손길로 안위하시고 그리스도 평강 안에서 주님을 소망하며 드리는 기도가 되게 하소서.

　성가대의 찬양도 기쁘게 받아주시고 말씀을 증거 하실 지광식 목사님과 함께 하시사 양무리의 깨닫지 못함이 마음에 가시가 안 되게 하시며 선한 독자의 영안을 흐리지 않게 하시옵소서. 이 모든 말씀 주 예수님 이름 받들어 기도 드렸사옵나이다. 아멘.

2005년 6월 29일 • 수요예배

　말씀을 통해서 우리의 죄를 깨닫게 하시고 새 사람으로 입혀 주시는 하나님! 지난 3일도 함께 하시고 지켜주신 은혜 가운데 살게 하신 하나님께 감사를 드립니다.

오늘도 내 울타리 안에 갇혀 있는 사람 중심의 신앙을 흔들어 변화되게 하시옵소서. 마음 밭의 묵은 땅을 기경케 하시며 강퍅한 마음을 넉넉한 마음으로 바꾸게 하시고 내 속의 교만한 마음을 발견케 하시어 낮아지는 겸손함이 내 몸과 마음을 굽히게 하소서. 그리하여 항상 하나님의 귀한 선물을 받을 수 있는 그릇이 되게 하소서.

시간 시간마다 주시는 은혜의 말씀으로 마음속에 쌓여있는 문제점들을 벗어 버리게 하시옵고 내 마음에 드는 것, 내 마음에 안 드는 것도 모두가 하나님의 섭리인 것으로 받아들이게 하셔서 어떠한 고난과 역경도 하나님이 허락하신 삶 가운데 은혜로 바꾸어지는 역사가 되게 하시옵소서.

우리의 형편과 처지를 잘 알고 계시는 하나님! 오늘도 이 자리에 참석치 못한 이웃이 많이 있습니다. 육신의 고통으로 못 나왔습니다. 마음의 상처로 방황하며 못 나왔습니다. 다급할 때 하나님을 부를 줄 아오나 깨닫지 못하는 은혜로 이 자리에 참석치 못했습니다.

사랑의 하나님! 육신의 고통을 어루만져 주시고 상처의 마음을 위로해 주시고 다급할 때 하나님을 부를 줄 아는 자에게 저희들로 하여금 전도의 명을 받들어 그들을 구원의 반열에 서게 하시옵소서.

감사절을 허락하신 하나님! 마음에 감사하므로 하나님을 찬양케 하시고 생활로 감사하게 하시어 물질의 노예가 안 되게 하시고 드리는 물질에 인색한 마음이 없게 하시고 항상 입술로 나오는 감사가 곧 헌신과 봉사의 열매로 맺게 하시옵소서.

오늘도 목사님이 말씀을 선포하실 때에 주님의 음성을 받으시고 들으신 대로 흠 없는 말씀이 저희들을 깨우치게 하시옵소서. 이 모든 말씀을 주 예수님 이름 받들어 기도드렸사옵나이다. 아멘.

2005년 8월 5일 • 마음에 합한 사람

"내가 너를 떠나지도 않고 버리지도 않으리라" 하신 주님! 오늘도 믿음과 겸손한 마음으로 주님 앞에 나왔습니다. 살아왔던 시간과 살아가는 오늘도 감히 측량 못할 하나님의 베푸신 은혜에 감사드립니다.

수시로 생각하고 행함이 벌레만도 못한 저희들의 어리석고 지혜롭지 못한 행태를 꾸짖지 아니하시고 사랑으로 덮어 주시는 하나님께 다시 한 번 감사드립니다.

특별히 저희들을 사랑하시사 주님 앞에 나온 날수와 연수로 높이시고 주신 직분 감당치 못했어도 질책을 멀리 하시며 마음과 성품을 다할 때까지 기다려 주시는 하나님! 지금까지 내 시각을 가지고 내 신앙대로 나를 단속하며 살아가는 저희들의 믿음은 겨자씨만큼도 없었음을 깨닫게 하시옵소서.

믿음으로 행하고 보는 것으로 하지 않게 하시고 바랄 수 없는 중에 바라고 믿는 믿음의 용사가 되게 하시여 세상을 이길 수 있는 힘을 주시옵소서.

사랑의 하나님! 지금 세상은 우리를 행복하지 못하게 하는 시험과 올무가 우리를 넘어지게 하고 있습니다.

오늘도 이 자리에 원치 않는 병마가 육신의 고통이 되어 주님 앞에 발걸음을 멈추게 했습니다. 세상의 유혹에 붙들린바 되어 방황하는 발걸음들이 하나님의 것을 구하지 못하게 외면케 했습니다. 하나님의 합한 마음 없이는 이웃과의 사랑의 교제가 이어질 수 없음을 깨닫지 못하고 있습니다.

항상 함께 하시는 주님! 원치 않는 육신의 고통을 주님의 피묻은 손으로 치유케 하옵시고 세상의 유혹의 삶이 헛되고 헛됨을 누렸던 뭇사람들의 말로를 보고 하나님을 바라보며 살게 하시고 이웃에게 실망을 주지 않는 하나님 마음에 합한 사람으로 거듭나게 하시어 함께 나눌 수 있는 사랑의 교제가 넉넉한 마음으로 보내는 사람이 되게 하소서.

무더위를 견디며 아름답게 여름행사를 치르게 하신 주님! 감사합니다. 이를 위해 몸과 마음으로 신앙의 사랑을 심어주신 선생님들을 기억하시고 그들의 건강과 생활의 축복을 주시옵소서.

성가대의 귀한 직분을 봉사와 헌신의 사명으로 받아들이게 하시어 어려움이 없게 하시고 마음속 깊은 곳에서 우러나오는 참된 찬양이 하나님 앞에 상달되고 듣는 저희들의 마음이 감동되어 성령 충만한 예배의 시작으로 이어지게 하시옵소서.

주님 말씀의 비밀을 전하시고 증거 하실 목사님께 하늘의 지혜를 더하게 하시고 이해하기 쉽고 기쁘게 받아들일 수 있는 저희들에게 필요한 양식을 은혜롭게 선포하여 주시옵소서. 이 모든 말씀 주 예수님 이름 받들어 기도드렸사옵나이다. 아멘.

2005년 10월 2일 • 전도의 기도

하나님 은혜에 머물기를 바라시는 주님! 오늘도 새벽부터 지금 이 시간까지 사랑과 은혜의 말씀으로 믿음의 반석 위에 바로 서게 하심을 감사드립니다.

상하고 통회하는 심령을 멸시치 아니하시므로 누적된 죄에 주저앉지 않고 회개하는 저희들을 사랑하시사 주님 전을 허락하셨음을 다시 한 번 감사드립니다.

뜻이 계셔서 "다니엘 21일 특별새벽기도회"를 베풀어주신 하나님! 이곳에 아름다운 성전을 예비하셨기에 저희들을 품어주시는 줄 믿습니다.

외면하시지 않으시고 아끼시는 주님의 사자를 통해서 새벽을 깨우시고, 사랑의 말씀으로 저희들을 양육하시는 줄 믿습니다.

부탁하신 전도에 앞장서게 하시고 그리스도인을 향한 지상명령으로 받아들이게 하시어 지금까지 생각해왔던 교회의 사명을 깊고 바르게 알게 하시옵소서.

몇몇 교우가 실천하는 교회 부흥에 엎혀가게 마시고 나로 하여금 부흥에 앞장서서 교회의 밀알이 되게 하시어 주님의 빚진 자 대열에서 벗어날 수 있는 기회로 주셨음을 깨닫게 하소서.

이를 위해 특별히 보내주신 남미연 권사님의 간증에 기울이는 귀로 진리를 찾게 하시고 꿈꾸는 교회의 창을 열어 놓으신 곳에 함께 들어가서 교회부흥에 앞장서게 하소서.

부드럽고 아름다운 찬양을 흠향하시고 준비하는 성가대원의 노고가 헛되지 않게 하셔서 마음의 기쁨을 넘치게 하시고 그들 가정의 평강이 늘 주님과 함께 누리게 하소서.

시간 시간마다 말씀을 전하시는 목사님과 두 분의 부목사님, 두 분의 전도사님과 함께 하셔서 육신의 피곤을 물리치시고 강건한 몸과 마음으로 하나님의 복을 입혀주시고 들려주시는 말씀을 통해서 하늘의 풍성한 은총을 얻게 하시고 이를 통해 영광을 받아 주시옵소서. 이 모든 말씀 예수님 이름 받들어 기도드렸사옵나이다. 아멘.

2005년 10월 9일 • 소망의 하나님!

머리 숙여 기도할 수 있는 경건한 시간과 성스러운 자리를 허락하신 하나님께 감사드립니다.

오늘도 들려주시는 모든 성경은 "하나님의 감동으로 된 것으로 교훈과 책망과 바르게 함과 의로 교육하기에 유익하니 하나님의 사람으로 온전케 하며 모든 선한 일을 행하기에 모범이 된다.(딤후 3:16) 라고 하셨사오니 말씀 증거하실 때마다 부족한 저희들을 온전케 하시며 선한 자가 될 수 있도록 마음과 생각을 주장하여 주시옵소서.

지난 주간도 세상에서 전개되는 상황 가운데 내 감정이 저희들의 삶을 이끌게 했습니다. 과거의 죄악들이 우리의 미래까지 지배하고 아물지 못하는 분노와 상처에 상한 마음을 삼키며 살았습니다. 작금의 불안한 세태에서 두려움과 물질의 노예에서 벗어나지 못하고 사람의 인정을 받으려는 허상에 이끌려서 살았음을 고백합니다. 이렇듯 우리를 보상해 줄 수 없는 별 것 아닌 세상일들이 우리를 지치게 하고 기력을 쇠잔케 했었습니다.

사랑의 하나님! 우리가 이 세상에서 기억되기 위해 땅에 보내진 것이 아님을 모세를 통해서 말씀하셨음을 기억합니다. "우리의 연수가 강건하면 팔십이라도 그 연수의 자랑은 수고와 슬픔뿐이오, 신속히 가니 날아가나이다."라고 하셨사오니 그 연수를 허탄한데 두지 않게 하시옵소서.

감사의 하나님! 부리심과 택하심을 굳게 하며 행하므로 그리스도의 영원한 나라에 들어감을 넉넉히 너희에게 주리라고 하신 주님!(벧후 1:10) 말씀 따라 순종하는 삶을 목표로 앞세우고 행하는 자에게만 하늘나라 입성을 넉넉히 주시는 줄 믿습니다.

지키라고 하는 것을 절대로 지키게 하시고, 버리라고 하는 것은 과감하게 버리게 하시며, 하라고 하는 것은 주저 없이 행하게 하시고, 하지 말라고 하는 것은 하지 않는 결단을 갖게 하시옵소서.

다니엘 21일 특별 새벽기도회를 베풀어주신 주님! 교회의 사명과 부흥과 성장이 간구하는 성도들의 기도를 들어주시사 333 비전(vision)을 이루는 밑거름의 기회가 되게 하시옵소서.

오늘도 아름답고 은혜로운 성가대의 찬양을 흠향하시고 듣는 우리의 마음도 어루만지게 하시며 영광의 찬송이 이 예배를 돕는 능력 있는 성가대가 되게 하시옵소서.

시간 시간마다 말씀 전하시는 담임목사님과 사역을 도우시는 부목사님과 전도사님들에게도 영육간에 피곤함을 물리치게 하시고 강건한 몸과 마음에 하나님의 복을 내려주시고 들려주시는 말씀을 통해서 하나님의 풍성한 은총을 얻게 하시어 이를 통해서 영광을 받아주시옵소서.

이 모든 말씀을 예수님 이름을 받들어 기도드렸사옵나이다. 아멘.

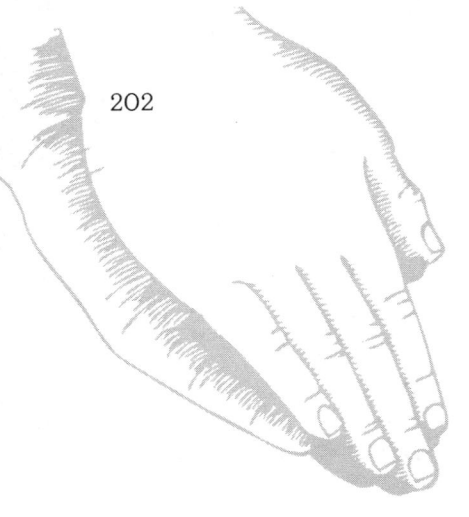

2006

2006 • 3차 다니엘 새벽기도

은혜를 베풀 자에게 은혜를 주시며 긍휼이 여길 자에게 긍휼을 베푸시는 하나님!(출 3:1) 오늘새벽도 은혜를 베풀어 주셔서 생명의 말씀과 음성을 들려주시는 하나님께 감사와 영광을 드립니다.

시시때때로 값없이 베풀어 주시는 풍성한 사랑에도 우리의 일상생활은 세상이 요구하는 중심이 되어 하나님의 영광을 가리우며 살았음을 고백합니다.

사랑의 하나님! 우리의 삶이 정결하고 진실하여서 하나님의 자녀로서 모범되기를 원합니다. 우리의 죄로 십자가에 달리신 주님의 고난을 기억하며 올바른 성도의 삶이 되기를 원합니다. 구원의 주님과 사랑을 전하는 흔적을 남기기를 원합니다. 그러나 어느 것 하나 제대로 이루지 못하고 있음을 용서하여 주시옵소서.

우리의 삶 가운데 마음도 생각도 말도 기도라고 하신 주님! 정결하고 진실된 마음이 우리 일상생활의 기도가 되게 하시고, 주님의 고난을 기억하며 생각하는 기도가 이웃의 고통과 아픔을 같이 나누며 베푸는 삶이 되게 하소서.

　서로 만나는 이웃과의 대화가 마음 문을 열어 놓고 하는 사랑의 교제를 아름다운 삶의 열매를 맺게 하시옵소서.

　부흥하는 교회 우뚝 선 교회되기를 원하면서도 전도의 행동이 앞서지 못하였음을 회개합니다. 때를 얻든지 못 얻든지 전파하라 하신 주님의 명령을 받들어 모두가 전도에 앞장서는 성천의 식구가 되게 하시어 부흥되는 교회와 함께 성도의 가정도 부흥되게 하시고 우뚝 선 교회의 자녀로서 택함을 받은 축복의 영광을 누리게 하소서.

　주님! 오늘도 육신의 고통과 마음의 상처를 이 자리에 합석치 못한 이웃을 기억하시어 치유의 역사를 베풀어 주셔서 함께 예배드리는 기쁨을 갖게 하소서.

　3차 다니엘 특별기도회에 참여한 모두 성도가 힘써 기도하는 가운데 응답을 얻게 하시고 변화되는 삶이 되게 하소서.

　사랑의 주님! 이 시간 말씀을 전하시는 목사님과 듣는 성도들에게 은혜 위에 은혜를 더하여 주시고 이 예배를 통하여 모든 영광을 받아 주시옵소서. 이 모든 말씀 주 예수님 이름 받들어 기도드렸나이다. 아멘.

2006년 2월 5일 • 성결

　축복의 하나님! 인생의 주인이신 하나님을 예배케 하는 자리로 인도하시고 거룩하신 하나님의 말씀으로 주님의 임재를 믿게 하시니 진실로 감사를 드립니다.

생활의 고달픈 육신을 쉬게 하시고 죄로 상한 영혼을 소생케 하시며 주님이 주시는 구원의 은총을 찬송케 하신 그 은혜로 새 힘을 얻게 하시는 주님께 영광을 드립니다.
　오늘 이 시간도 가르쳐 주시는 그 길을 올바르게 걸어가는 인생이 되게 하시옵소서. 삶의 가치를 비롯한 모든 의미가 주님을 영화롭게 하시어 영광을 드러내는 일에 모아지게 하시옵소서.
　주님을 닮아가기를 원하는 저희들의 마음과 생각은 "성결"한 삶을 원하고 있습니다. 하오나 작금의 영적인 세대라고 하나 혼돈과 공허의 흑암이 지배하고 있어 성결한 삶을 원해도 생각과 행동이 따라주지 못함을 안타깝게 하고 있습니다.
　믿음대로 산다고 해도 거기에는 성결한 생활이 없었습니다. 기도가 있었으나 성결한 마음이 자리 잡지 못했었습니다. 주님 몸된 교회를 위해 봉사한다고 해도 성결한 뜻이 없이는 주님의 영광을 가리 울 수 밖에 없었습니다.
　우리의 방패가 되시는 하나님! 좌절과 실망으로 얼룩진 우리들의 마음에 주님을 진정으로 따를 수 있는 믿음과 용기를 되찾게 하시고 날마다 예수 그리스도 안에서 성결한 생활로 이 세상을 이기게 하옵소서.
　세상의 권력에 편승하다가 올무에 걸리지 않게 하시고 재물에 몸을 싣다가 영생과 바꾸지 않게 하시고 사람을 의지하다가 실망에 늪에 빠져 걸려 넘어지지 않게 하시옵소서. 늘 주님 말씀에 거하게 하시고 말씀대로 실천할 수 있는 믿음 위에 세워주시고 그리스도를 믿는 사람답게 보여 질 수 있도록 도와주시옵소서. 세상의 빛과 소금의 역할로 그리스도의 향기가 풍기는 주님의 자녀가 되게 하소서.

성가대의 찬양을 기쁘게 받아주시고 예배의 시작에서 은혜 받을 이들에게 평강의 하나님 섬김을 더욱 두텁게 하시옵소서.

이 시간도 사랑하시는 목사님을 통해서 전해주시는 말씀이 우리들의 내면에 진실과 영적인 성숙이 이루어지게 하시며 부름 받은 백성으로서 복된 삶을 새롭게 하시고 사랑과 진리 안에서 성숙한 성도의 교제가 주님 몸된 교회에서 아름답게 이루어지게 하시옵소서. 이 모든 말씀 주 예수님 이름 받들어 기도드리옵나이다. 아멘.

2006년 3월 26일 • 지혜를 주소서

여호와를 경외하는 것이 지혜의 근본이요, 거룩한 자를 아는 것이 명철이라(잠 9:11) 하심을 일깨워 주신 하나님 아버지! 오늘도 저희들을 사랑하셔서 주님 섬김에 선택케 하신 하나님께 감사와 영광을 드립니다.

지난 주간도 저희들은 세상 중심의 삶을 벗어나지 못하고 물질 만능에 힘을 실었으나 크고 작은 아픔과 마음의 상처만을 입은 채 진정한 만족을 찾지 못하는 저희들이었습니다.

항상 마음속에 떠날 줄 모르는 죄성과 육신의 연약함으로 하나님께서 베풀어 주신 삶의 원리에 충실치 못하고 짧은 지혜와 계산을 의지하는 어리석음을 고백 합니다. 우리의 삶 속에 만나는 모든 이웃에게 베풀어야 할 사랑도 멀리 했었습니다. 세상에 흐름을 핑계 삼아 남을 원망하고 비판하며 자신을 정당화 했었던 태도를 주님 앞에서 숨길 수 없는 모습 이대로 나왔으니 용서하여 주시고 긍휼이 여겨 주시옵소서.

"훈계를 들어서 지혜를 얻어라"(잠 8:31)고 잠언 기자를 통해서 일러주신 하나님! 마음과 생각과 행위에 선택을 지혜롭게 함으로서 주님 마음을 즐겁게 해 드릴 수 있는 줄 압니다.

저희들의 생각을 마땅히 생각할 그 이상의 생각을 품지 않고 오직 하나님께서 각 사람에게 나눠주신 분복에 만족을 얻게 하실 줄 믿습니다. 우리의 행위가 미련한 자신을 믿지 않게 하옵시고 지혜롭게 행하므로 구원을 얻는 기쁨을 누리게 하시옵소서.

지혜의 부족으로 평생의 아픔을 갖지 않게 하시고 오직 주님 말씀과 뜻에 따라 살아가는 지혜의 선택으로 주님께 영광을 드리는 삶이 되게 하시옵소서.

우리의 힘이 되시는 하나님! 제5차 다니엘 새벽 기도회를 준비 중에 있습니다.

소중한 기도회를 연례행사로 받아드리지 않게 하옵시고 어떤 고난에도 기도로 승리하여 축복을 받을 수 있는 열매 맺는 성도가 되게 하시옵소서.

하나님! 저희들은 굳건한 사람이 되기에 부족합니다. 번번히 흔들리며 주저앉을 때가 많습니다.

주님의 말씀을 사용하셔서 저희들의 의지를 굳건하게 하시고 주님께 충성하며 결코 넘어지지 않게 붙들어 주시옵소서.

찬양에 부름받는 성가대원들이 기능으로써 임하게 마옵시고 마음과 정성을 다해 주님께 찬양을 올리게 도와주시옵소서.

이 자리에 참석치 못한 우리 이웃을 사랑하시사 갖가지 형태의 아픔과 고통과 상처를 통찰하셔서 함께 할 수 있는 시간과 장소를 이곳으로 임하게 하여 주시옵소서.

오늘 이 시간도 사랑하시는 사자 지광식 목사님으로 하여금 하나님의 충만한 은혜와 성령의 감동으로 우리 모두가 변화되는 모습으로 바꿔주시고 주님 말씀 안에서 스스로 깨달음의 기회를 만들어 주시옵소서. 이 모든 말씀은 주 예수님의 이름 받들어 기도드렸사옵니다. 아멘.

2006년 5월 14일 • 가정의 날에

어지러운 하나님이 아니시고 오직 화평의 하나님이신 주님(고전 14:33), 가족이라고 하는 공동체로 가정을 주셔서 그리스도의 사랑을 깨닫게 하시고 안식과 위로에 은혜로 주신 것을 감사드립니다.

5월을 가정의 달로 허락하여 주신 하나님! 모든 가정마다 주인 되어 한마음으로 화목케 하시고 성령의 열매가 시작이 사랑인 것처럼 우리의 가정도 사랑으로 시작해서 화목으로 영속되게 하시옵소서.

"어린이를 영접함이 주를 영접함이라"(마 18:5) 하신 하나님의 말씀을 기억하게 하시옵소서.

험한 세상은 우리 아이들을 온전케 지킬 수 없는 정도로 불안하고 질서가 파괴된 세상으로 변했습니다. 주님! 이 어린것들을 눈동자 같이 보호하여 주시고 하나님의 손길이 잠시도 떠나지 마옵시고 주안에서 성장하므로 교회와 사회를 위한 귀한 일꾼으로 키워 주시옵소서.

하나님 아버지! 부모를 통해서 우리가 세상에 존재하고 성장케 하였음을 감사 드립니다. 그래서 인간 사이에 첫 계명을 "네 부모를 공경하라" 하신 줄 믿습니다. 지나온 날들에 부모의 은혜를 망각하고 뜻을 거스르며 불효했었음을 용서하시고 혹이나 부모님 마음에 남아 있을 법한 상처도 치유케 하여 주시옵소서.

노인들의 충고와 교훈을 가볍게 여기지 않게 하시고 어른들의 삶의 경험과 기도가 젊은이들에게 자산이 되게 하시고 시시때때로 자식들을 위해 기도하시는 부모님들의 간구하는 모습이 그들 가슴에서 떠나지 않게 하소서.

살아온 인생보다 살아갈 인생이 짧은 부모님에 대한 효행과 하나님을 사모하는 성결한 믿음으로 보답할 수 있도록 인도하여 주시옵소서.

어리석은 인생들이 이별 후에 후회하지 않게 하시고 후회 없는 효도를 실천케 하시옵소서. 믿는 이들의 모범이 아름다운 가정의 표본으로 세상 사람과 구분되어 비추게 하시고 감사와 존경의 마음이 주안에서 삶의 실천이 되게 하소서.

성가대를 위해 기도합니다. 성가대를 지휘하는 지휘자와 함께 수고하는 반주자들에게 은혜를 더하셔서 더욱 뛰어난 재능과 지혜를 주시고 귀한 직분을 감당하는데 어려움이 없도록 하여 주시옵소서.

또한 성가대를 위해서 헌신하는 대장님과 모든 대원들에게 건강함을 허락하시며 하나님께 찬양 드리는 일로 주님께 봉사하며 헌신하는데 전혀 부족함이 없는 상황과 여건들을 주시옵소서.

오늘도 이 성회를 위해 많은 시간과 기도를 준비하신 저희 목사님을 위해 기도합니다. 양떼의 양육을 위해 먼 길의 왕래로 육신도 피곤하신 줄 압니다.

영육을 지켜 주셔서 피곤치 않게 하시고 주님의 귀한 말씀을 사자의 입술을 통해서 메마른 저희 심령을 회복함을 입는 놀라운 역사가 일어나게 하시옵소서. 이 모든 말씀 주 예수님의 이름 받들어 기도드렸나이다. 아멘.

2006년 8월 20일 • 고난당한 이웃을 위한 기도

생명의 하나님! 오늘도 성결한 마음으로 예배에 참석했습니다. 허락하신 시간과 이 자리로 인도하여 주신 하나님께 감사와 영광을 드립니다.

하나님을 만날 때마다 "힘써 하나님을 알게 하시고"(호 6:3) 믿지 못할 인생이나 재물에 의지하지 마시고 오직 주님만 의지하게 하시옵소서(시 49:1).

지난 주간도 세상을 이기기 어렵게 했었던 탐욕과 시기와 원망의 굴레를 벗어 버리지 못했습니다. 저희들을 위해 항상 예비하시고 베풀어 주시는 은혜를 인간 잣대로 가늠하며 세상 중심에 머물면서 만족을 찾고 있었습니다.

기쁘신 뜻을 위하여 저희로 소원을 두시고 저희 안에서 행하시는 주님!(빌 3) 벌레만도 못한 어리석은 저희들을 사랑하시사 하나님 원대로 살지 않았어도 지금까지 지내온 것 모두가 주님 은혜 가운데 살펴 주시고 보호하여 주셨음을 미천한 저희들은 세월이 지나고 난 다음에야 깨닫고 있습니다. 불쌍히 여겨 주시옵소서.

　지난날에도 어려운 고난 가운데 건져 주셨던 하나님! 수마가 할퀴고 간 곳에 수많은 이웃이 어려움을 겪고 있사오니 그들을 위로해 주시옵소서.

　가족 잃은 깊은 상처가 치유되지 못하고 있습니다. 집 잃은 가족들은 잠못 이루는 밤이 되고 있습니다. 폭염과 태풍 가운데 사랑의 손길은 있으나 그들의 아픔을 달래기에는 너무나 부족합니다.

　남의 일은 3일만 지나면 이웃의 아픔을 잊어버리는 우리의 속성을 벗어 버리게 하시고 그들의 진정한 아픔을 함께 할 수 있는 예수님의 "이웃사랑을 실천케 하시옵소서" 이 환난을 결코 근심으로 메여 있지 않게 하시고 오히려 믿음으로 연계시키고 기쁨을 찾을 수 있는 기회를 선택하게 역사하여 주시옵소서.

　나라를 위해 기도합니다. 꿈과 희망이 없었던 일제의 치욕을 벗어나게 하시고 종의 굴레에서 벗겨 주셨음에도 저희들은 미처 깨닫지 못하고 민족끼리 대립으로 분열과 긴장 속에서 60여년이 지난 지금은 민족의 운명이 불행한 쪽으로 치닫고 있습니다.

　위정자들의 생각은 당리당략에 얽매여 있고 지도자들과 가진 자들의 생각과 행함은 비리와 탐욕으로 얽혀진 가운데 혼란이 가중되고 있습니다.

　전쟁은 여호와께 속한 것인 줄 압니다.(삼상 17:47) 이 땅에 6.25와 같은 비극이 되풀이되지 않게 도와주시옵소서.

　지금 세대는 헐벗고 굶주림의 실상과 재앙을 말과 기록으로만 알고 있습니다. 물질 풍요 가운데 부족함이 없는 이들에게 닥쳐질 참상을 상상할 수 없는 파탄으로 민족의 장래가 걱정이 앞섭니다. 나라가 강하고 하나가 되기에는 하나님의 말씀과 성령의 인도하심 밖에 없는 줄 압니다.

치욕의 역사와 비극이 재현되지 않게 하시고 선조들의 의지와 땀과 목숨으로 지켜온 이 나라가 주님께 영광을 돌리며 세계 역사 속에 하나님 말씀으로 큰 역사를 감내하는 위대한 민족, 축복받은 민족이 되게 하시옵소서.

이 시간도 말씀을 증거 하실 주님의 사자 목사님에게 축복과 능력을 허락하셔서 은혜의 말씀이 되게 하시고 성령의 감동으로 가득한 말씀이 되게 하시옵소서. 예수님 이름 받들어 기도드렸습니다. 아멘.

2006년 • 고난을 복으로

너희는 내게 배우고 듣고 본 바를 행하라! 그리하면 평강의 하나님이 너희와 함께 계시리라 하고 일러주신 하나님! 지난 한 주간도 저희들을 사랑과 은혜 가운데 보호하시고 오늘 이 아름답고 성스러운 날 주님의 음성을 듣게 하시는 하나님께 감사와 영광을 드립니다.

시시때때로 주님 앞에 섰을 때마다 배우고 듣기를 반복하면서도 그 말씀 가운데 바로서지 못하고 이르신 대로 행함이 부족하여 저희들의 마음은 근심과 걱정 가운데 신음과 허탄에 지배되었음을 고백합니다.

저절로 터져 나오는 탄식도 주님 중심에서 벗어난 생활에서 원인이 있었음을 깨닫게 하셨습니다. 세상이 부르고 찾는 소리에 쉽게 열리는 귀가 되어 몸과 마음이 주님과 멀리하여 살았음을 용서하여 주시옵소서.
　우리가 살고 있는 이 시대에 감당키 어려운 시련과 재난이 때로는 유익하다고 위로를 주시는 하나님! 죄를 깨닫고 끊게 하시기 위해 사랑의 얼굴을 숨기시고 연단의 아픔을 주시는 줄 압니다. 고난을 재난으로 여기지 않게 하시고 십자가의 인내를 배우게 하시고 소망을 이루는 진리를 깨닫게 하시옵소서.
　고난을 통하여 하나님이 주시는 교훈을 얻는 지혜를 허락하게 하시옵소서.
　"내가 여호와를 기다리고 기다렸더니 귀를 기울이시사 부르짖음을 들으셨도다. 나를 기가 막힐 웅덩이와 수렁에서 끌어 올리시고 내 말을 반석위에 두사 내 걸음걸이를 견고케 하셨다고 다윗의 애타게 부르짖는 기도와 인내에 응답하시는 하나님인 것을 믿고 우리의 기도도 그러한 응답을 기다리며 살아가는 지혜를 주시옵소서.
　늦은 비와 이른 비를 주셔서 씨뿌려 가꾸게 하시고 수확의 때를 이르게 하신 주님! 월요일부터는 민족 고유의 명절인 추석 연휴를 허락하셨습니다. 부모와 이웃이 함께 하기 위하여 민족의 대이동이 시작될 줄 압니다.
　오고 가는 길에 주님이 함께 하시고 지켜 주셔서 사고 없는 기쁨의 만남이 되게 하시고 이 복된 날 조상을 기리며 우리들의 부모님에 헌신과 희생을 깨닫게 하시어 형제들과 함께 아름다운 사랑과 기쁨을 나누는 귀중한 시간이 되게 하시며 더욱이 믿는 자들이 조상을 믿음으로 기리는 기회가 되게 하소서.
　특별히 기도하옵는 것은 나라의 분단에서 비롯된 이산가족을 위해 기도합니다. 그들의 아픔을 위로 하시사 주님의 믿음과 사랑과 소망 가운데 살게 하시고 분단의 벽을 소멸시키는 역사를 내려 주시옵소서.

우리 교회를 사랑하시는 하나님! 부흥의 불길이 뜨겁게 타오르는 교회가 되게 하소서. 서로 돌보며 사랑이 넘치는 교회가 되게 하시고 순종과 믿음 안에서 봉사와 희생으로 교회를 섬기며 교회의 Vision이 모든 성도의 합심 기도로 이루어지는 교회가 되게 하소서.

오늘 이 시간도 성가대의 찬양이 넘치는 가운데 사랑의 종 목사님의 성령의 말씀이 흠 없게 하시사 은혜가 풍성한 예배가 되게 하시고 말씀 가운데 바로서고 행함을 실천으로 이어지는 성도의 자세가 되게 하소서. 이 모든 말씀 주 예수님 이름 받들어 기도드렸사옵니다. 아멘.

2006년 10월 15일 • 인내의 기도

하나님께서 주님의 백성들을 사랑하시므로 저희를 항상 주님의 수중에 있게 하시고 하나님 발 아래서 교훈을 받게 하심을 감사드립니다.

저희들을 그 교훈대로 살아가게 하시기 위해 오늘도 이 자리를 지키게 하신 줄 믿습니다.

세상 살아가기가 쉽지 않은 이때에 오직 주 여호와로 인하여 즐거워하며 구원의 하나님으로 하여금 승리의 길로 다니게 하시고 오늘 주신 교훈으로 전신갑주로 입혀주셔서 세상을 이기는 힘이 되게 하시옵소서.

너희가 여러 가지 시험을 만나거든 온전히 기쁘게 여기라. 이는 너희 믿음의 시련이 인내를 만들어 내는 줄 앎이라(약 1:2~3) 하신 하나님! 추수의 풍성함을 기뻐하기 전에 결실을 얻기까지 보이지 않는 손으로 하여금 역사하신 주님을 기억하게 하소서.

시련을 이겨내는 인내가 있었기에 풍성한 기쁨을 얻게 하신 줄을 먼저 깨닫고 감사를 앞세우게 하시옵소서.

마음의 소원을 주시며 그 입술의 구함을 거절치 아니 하시는 주님! 축복의 시도가 새벽에 깨어 있었던 많은 선지자들의 기도를 들으시고 거절치 않으시고 소원을 이루게 하여 주신 줄 믿습니다.

제6차 다니엘 특별 새벽기도를 허락하신 하나님! 주님의 능력을 구하고 주님의 만남을 항상 구하도록(시 106:4) 인도하여 주시옵소서.

우리의 삶을 통해서 하나님의 계획하심을 발견케 하시옵소서.

주신 날마다 하나님과의 만남을 매일 새벽잠을 깨우게 하셔서 어려운 시련을 인내로서 극복케 하시어 항상 주님과의 만남이 축복의 통로임을 체험케 하시옵소서.

제6차 다니엘 특별새벽기도의 참여자가 우리 교회의 333vision에 첫 단계인 300명 사역자의 초석이 되게 하시옵소서.

건강한 믿음과 건전한 신앙생활이 정착에 힘입어 이 지역과 시흥시를 품에 안고 우뚝 선 교회가 되게 하시옵소서.

나라를 위해 기도합니다. 이 나라의 안보를 굳건히 붙잡아 주시옵소서. 백성의 굶주림도 나라의 존폐도 안중에 없는 무리들의 잘못을 느끼게 하시고 그들이 만든 핵무기가 자기들을 향하고 있음을 깨닫게 하소서.

　이 나라의 젊은이와 지성인에게도 참된 지혜와 통찰력을 주시사 안보를 무너뜨리는 욕심이나 불평을 끊어버리게 하시고 믿음으로 하나되는 저희들 앞에 불기둥으로 인도하시는 역사가 나타나게 하소서.

　성가대를 통한 찬양이 하나님을 기쁘게 하시는 줄 압니다. 성도들에게도 은혜를 끼칠 수 있는 찬양이 되게 하시고 마음의 감사가 오늘 예배의 기쁨이 되게 하시옵소서.

　주님의 뜻을 받들어 양 무리를 돌보시는 목사님과 함께 하여 주시기를 원합니다. 주님의 영을 충만케 하셔서 주님의 뜻만 전하는 사자를 붙잡아 주시옵소서. 이 모든 돌봄을 주 예수님 이름 받들어 기도드립니다. 아멘.

2006년 12월 24일 • 성탄 트리 점등 예배

　어두움에 갇혔던 저희를 빛으로 나오게 하시어 영원과 소망과 기쁨을 갖게 하신 하나님 아버지! 예수 그리스도를 이 땅에 보내주신 하나님 아버지께 감사를 드립니다.

　거룩한 주님의 탄생이 하늘의 영광과 이 땅의 축복이기에 이 저녁에 성탄트리점등 예배를 드립니다. 온 누리의 구원에 빛으로 밝혀지는 성탄트리의 점등행사가 되게 하소서.

　눌린 자와 가난한 자들을 소망의 빛으로 비추게 하시고 복음 밖에서 허망한 생각에 사로잡힌 우둔한 인생들에게 복음의 빛으로 비추게 하시옵소서.

삶의 축복이 함께 할 수 있는 기회가 되게 하셔서 점등예배가 절기 행사로 받아드리지 않게 하시옵소서!

우리에게 영원한 기쁨을 주신 예수 그리스도 이름으로 기도드렸사옵니다. 아멘!

2006년 • 마무리 기도

생명의 하나님! 금년 한해도 저희들을 사랑하여 주신 주님께 감사와 영광을 드립니다. 주님의 영화로움을 찬양하고 주님의 이름을 높여 드리기 위해 이 자리에 모였습니다.

오늘도 거룩한 주일을 맞이하여 주님 앞에서 예배를 올릴 수 있도록 허락하신 은혜에 감사드립니다. 나약한 탐심의 소유자들이기에 엎어지고 깨어질 수밖에 없는 저희들을 붙들어 주신 하나님께 다시 한번 감사드립니다. 오늘 예배를 통해서 저희들의 영이 회복되고 인도하시는 말씀을 의지하여 이 세상을 이기는 힘을 주실 줄 믿습니다.

금년 한해에도 말씀에 서지 못한 삶이 우리의 중심을 지배했을 때 여러 가지 시험과 올무에 묶여 암담하게 살 수밖에 없었음을 깨닫게 하시옵소서. 내 중심에 내가 서면 감당키 어려운 고민과 고통이 우리 삶을 힘들게 했었습니다. 내 중심이 세상에 서면 세상문제가 나를 누르게 되어 무거운 짐을 버틸 수가 없었습니다. 내 중심에 돈이 지배하면 방탕과 허망으로 탕자의 굴레에서 벗어날 수 없음도 알게 하셨습니다. 내 중심에 사람이 지배하면 시기와 질투와 배신으로 두려움과 실망이 있을 뿐 화합과 화평이 무너짐을 보았습니다.

사랑과 소망의 하나님! 오직 주님만 의지하고 믿었던 선지자들의 삶에서 하나님을 위한 영광의 삶이었음을 기록과 말씀에서 가르쳐 주셨습니다.

그들의 순종하는 삶에서 사람들에게 유익을 주는 삶이었음을 증명해 주셨습니다. 주님 중심만이 영원 구원을 위한 영광의 삶이었음을 십자가를 통해서 깨닫게 하셨습니다. 항상 주님의 중심이 우리 안에 서게 하시고 그 중심에서 자녀의 권세로서 세상에서도 축복을 누리는 자가 되게 하시옵소서.

금년 한해를 시작할 때 원하고 간구했던 모든 것이 다 이루지 못하였음을 고백합니다. 믿음과 열심도 부족했습니다. 봉사와 희생도 못했습니다. 선교와 전도도 적극적이지 못했습니다. 며칠 남지 않은 시간이라도 회개하며 마음을 다하여 정리하게 하시고 응답받지 못한 기도도 다시 하게 하시고 얻지 못한 열매도 원하는 열매를 위하여 기도하게 하시옵소서.

새 술을 새 부대에 담아야 한다는 말씀을 기억하게 하시어 우리의 생각과 마음도 새해를 위해 기도로 준비하게 하시옵소서.

찬양을 위해 선택된 성가대원과 각 분야에 도구로 쓰임 받은 직분자들에게도 주어진 사명 감당에 더욱 힘쓰게 하시고 깊은 믿음 가운데 그들의 가정과 사업장에 큰 축복을 더하여 주시옵소서.

오늘도 말씀 선포하시는 사자 목사님의 한 말씀 한 말씀에 우리의 심령을 일깨우게 하시고 힘겨운 세상에서 미래의 함을 갖게 하시고 어려움에서 벗어날 수 있는 힘이 되게 하시옵소서. 이 모든 말씀 주 예수님 이름 받들어 기도드렸나이다. 아멘.

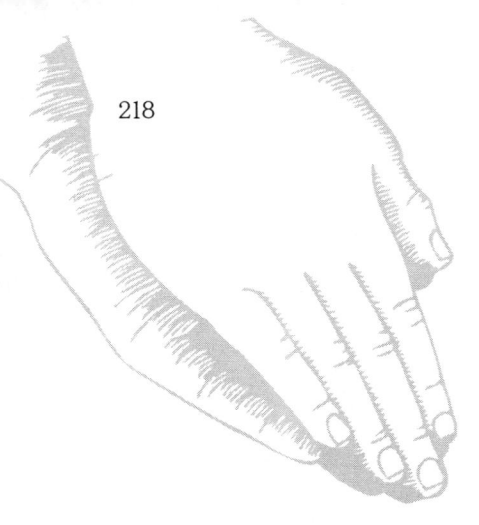

2007

2007년 2월 4일 • 새해 새 각오의 되돌아 봄

어두움이 전혀 없으신 하나님 아버지! 오늘도 빛으로 인도하시는 줄 믿습니다.

특별히 주님의 몸 되신 성천의 흐르는 은혜의 강수로 갈급한 심령을 해갈해 주시는 하나님께 감사를 드립니다. 성결한 몸으로 거룩한 이곳에 좌정하게 하시고 거룩한 말씀을 성결한 마음으로 받기를 원하시는 주님께 찬양과 찬송을 드립니다.

지난 주간도 세상의 올무와 시험으로부터 피하게 하여 주신 은혜에도 알고 지은 죄 모르고 지은 죄를 용서하여 주시옵소서.

깨달아 자세를 바르게 하게 하시고 흐트러진 마음 밭을 정리하여 기쁨과 소망의 열매를 바라보는 삶이 되게 하소서.

"돌아보는 해, 밝아오는 해를 맞이하면서 가늠한 30일은 화살과 같이 지났습니다. 부족했었던 믿음과 열심, 소홀히 했었던 봉사와 희생 그리고 선교와 전도도 앞장서지 못했었음을 회개했었습니다.

응답받지 못한 기도, 얻지 못한 열매를 위해 간절한 기도로 시작했었습니다.

새해 시작한 30일간의 저희들의 첫 마음 새 결행이 느슨한 가운데 주님 앞에 서 있는지 저희들의 실상을 다시 바라보게 하시옵소서.

"감사로 제사를 드리는 자가 나를 영화롭게 하나니 그 행위를 옳게 하는 자에게 내가 하나님의 구원을 보리라(시 50:23) 하신 말씀을 깊이 새겨 원하고 바란 것들 위해 진실로 제사를 드렸었던 저희들을 첫 마음과 생활이 행위로 옮기는 자가 되게 하소서.

사명 감당을 위해 필요한 은혜를 베풀어 주시는 하나님! 약하고 무능한 우리에게 신앙과 능력을 더하게 하시고 자기중심적인 자세에서 벗어나는 지혜를 주시옵소서.

"작은 일에 충성하는 자도 주인의 즐거움에 참예시키는"(마 25:21) 주님을 기억하게 하시어 하나님을 영광되게 하는 사명자로 일하게 하시옵소서.

영육의 모두를 받쳐서 찬양하는 성가대원과 지휘자를 보살피사 그들의 건강과 가정이 축복 받는 삶이 되게 하소서.

주님의 사랑하시는 목사님 사자를 위해 기도합니다. 주님이 분부하신 것을 가르쳐 지키게 하시고 사자를 통해서 이 땅위에 영적 기원을 전달케 하신 하나님! 그를 우리 교회에 보내 주셨음을 감사드립니다. 사명의 길 위에 강건케 하시고 그의 복음 능력이 고갈되지 않게 하시옵소서.

그의 고뇌와 아픔을 헤아리시사 어떤 환경과 상황에서도 승리하게 하시옵소서. 이 모든 말씀 우리 주 예수님 이름 받들어 기도드렸사옵니다. 아멘.

2007년 2월 4일 • 7차 다니엘 새벽기도

여호와를 경외하는 것이 지혜의 근본이요 거룩한 자를 아는 것이 명철이라(잠 9:11) 하심을 일깨워주신 하나님!

오늘도 저희를 사랑하셔서 주님 섬김을 선택케 하신 하나님께 감사와 영광을 드립니다. 지난 주간도 저희들은 세상 중심의 삶을 벗어나지 못하고 물질 만능을 위해 힘을 실었으나 크고 작은 아픔과 마음의 상처만을 입은 채 진정한 만족을 찾지 못하는 저희들이었습니다.

항상 마음속에 떠날 줄 모르는 죄성과 육신의 연약함으로 하나님께서 베풀어 주신 삶의 원리에 충실치 못하고 짧은 지혜와 계산을 의지하는 어리석음을 고백합니다. 우리의 삶 속에 만나는 모든 이웃에게 베풀어야 할 사랑도 멀리 했었습니다. 세상의 흐름을 핑계 삼아 남을 원망하고 비판하며 자신을 정당화했었던 태도도 주님 앞에서 숨길 수 없는 모습 이대로 나왔으니 저희를 용서하여 주시고 긍휼이 여겨 주시옵소서.

시시 때때로 주님을 멀리하고 말씀을 경히 여기며 순응을 거부하였음에도 용서하여 주시옵소서!

훈계를 들어서 지혜를 얻으라(잠 8:31)고 잠언 기자를 통해서 일러주신 하나님! 마음과 생각과 행위에 선택을 지혜롭게 함으로써 주님 마음을 즐겁게 해 드릴 수 있는 줄 압니다.

우리의 생각을 마땅히 생각할 그 이상의 생각을 품지 않고 오직 하나님께서 각 사람에게 나눠주신 분복에 만족을 얻게 하실 줄 믿습니다. 우리의 행위가 미련한 자기를 믿지 않게 하시옵고 지혜롭게 행하므로 구원을 얻는 기쁨을 누리게 하시옵소서.

지혜의 부족으로 평생의 아픔을 갖지 않게 하시고 오직 주님 말씀과 뜻에 따라 살아가는 지혜의 선택으로 주님께 영광을 드리는 삶이 되게 하시옵소서.

우리의 힘이 되시는 하나님! 제5차 다니엘 새벽기도회를 준비 중에 있습니다. 소중한 기도회를 연례행사로 받아들이지 않게 하시옵고 어떤 고난에도 기도로 승리하여 축복을 받을 수 있는 열매 맺는 성도가 되게 하시옵소서.

하나님! 저희들은 굳건한 사람이 되기에 부족합니다.

번번히 흔들리며 주저앉을 때가 많습니다. 주님의 말씀을 사용하셔서 저희들의 의지를 굳건하게 하시고 주님께 충성하며 결코 넘어지지 않게 하시옵소서.

오늘도 찬양에 부름 받은 성가대원들이 기능으로써 임하게 마시옵고 마음과 정성을 다해 주님께 찬양을 드리게 도와주시옵소서.

더욱이 이 자리에 참석치 못한 우리 이웃을 사랑하시사 갖가지 형태의 아픔과 고통과 상처를 통찰하셔서 함께 할 수 있는 시간과 장소를 이곳으로 택하게 하시옵소서.

오늘 이 시간도 사랑하는 사자 지광식 목사님으로 하여금 하나님의 충만한 은혜와 성령의 감동으로 우리 모두를 변화된 모습으로 바꿔주시고 주님의 말씀 안에서 스스로 깨달음의 기회를 만들어 주시옵소서. 이 모든 말씀 주 예수님 이름 받들어 기도드렸사옵니다. 아멘.

2007년 4월 1일 • 종려주일에 임하며

　어두움이 전혀 없으신 하나님 아버지! 오늘도 저희를 위하여 어두움을 삼키시고 빛 가운데로 인도하시는 하나님께 감사와 영광을 드립니다.

　"주님을 따르는 자에게는 어두움으로 다니지 않게 하시고 생명의 빛을 얻으리라 하신 주님! 하나님을 힘써 알게 하시고, 하나님을 만나서 체험하는 시간이 되게 하소서.

　시시때때로 영성 훈련을 허락하신 하나님! 이 세대를 본받지 않고 변화받게 하시는 줄 압니다. 주님이 기뻐하시고 "온전한 뜻"이 무엇인지 분별케 하시는 줄 압니다. 하오나 지금의 세상을 내 중심이 편승되게 하여 진리의 말씀을 멀어지게 하고 있습니다.

　7차 다니엘 새벽기도 시간을 통해서 구겨진 마음을 말씀으로 평탄케 하시고, 주어진 마음을 말씀으로 일으켜 세워주시고, 닫혀진 마음을 말씀으로 열어지게 하시옵소서.

　말씀에 의지하고 지켜서 행하며 하나님을 사모하셨던 선지자들의 행적이 형통과 축복의 삶이었음을 기억케 하시고 주님을 따르는 자에게 선물로 주시는 분복을 받아 평강 가운데 재물과 복을 누릴 수 있는 자녀가 되게 하소서.

　종려 주일을 기념하게 하소서. 주의 이름으로 오시는 이여! 가장 높은 곳에서 "호산나"(마 21:9)하며 찬송과 영광을 받으시던 예루살렘 입성의 모습을 회상하며 기도하게 하시고 평화의 장으로 오신 주님을 진정한 심령으로 영접하는 성소가 되게 하소서.

성가대원의 영혼과 가슴으로 드리는 찬양을 흠향하시고 저희들에게는 은혜로 끼칠 수 있는 찬양이 되게 하소서.

사자 목사님을 사랑하시는 주님! 물질 만능 주의가 팽배한 현대 문명 속에서 영성을 지켜 주시고 현세 쾌락의 유혹에서 보호하여 주시옵소서.

연성동과 시흥시를 품에 안고 우뚝 선 교회를 향해 전력을 다하게 하시옵소서. 이 모든 말씀 주 예수님의 이름을 받들어 기도드렸사옵니다. 아멘.

2007년 5월 23일 • 영성훈련을 위한 기도

마음을 새롭게 하므로 변화를 받으라(름 12:120) 하신 하나님!

오늘 이 밤도 세상 생활이 우리를 가두고 있는 틀을 깨뜨려서 믿음의 정체 상태를 벗어 날 수 있도록 영성훈련을 허락하신 하나님께 감사와 영광을 드립니다.

하나님을 힘써 알게 하시고, 주신 말씀으로 불안한 세상에서 평안을 누리게 하소서.

말씀 받는 우리의 마음 밭이 길가가 아니고, 흙이 얕은 밭이 아니고, 옥토에 개간한 마음 밭이 되게 하셔서 30배, 60배, 100배의 결실을 얻을 수 있는 마음 밭이 되게 하소서.

빈손으로 돌아가지 않게 하시고 능력 있는 말씀을 마음에 가득 채워 돌아가게 하소서. 육신의 고통을 이기며 말씀을 증거 하시는 사랑하는 사자 목사님에게 전보다 더욱 좋은 건강으로 입혀 주시고 후유증이 없게 하여 주시옵소서. 이 모든 말씀 주 예수님 이름 받들어 기도 드렸사옵나이다. 아멘.

2007년 5월 27일 • 가정의 달 기도문

"자식은 여호와의 주신 기업이요 태의 열매는 그 상급이로다"(시 127:3) 하셨습니다.

"네 부모를 공경하라 그리하면 너희 하나님 나 여호와가 네게 준 땅에서 네 생명이 길리라"(출 20:12)하셨습니다. 감사합니다. 영광과 찬양을 받으시옵소서.

저희들 가정이 하나님을 모신 성소가 되게 하셨음에 성령이 역사하시는 가정이 되게 하신 줄 믿습니다. 저희들 가정이 쉬지 않고 기도하는 곳으로 되게 하셨기에 항상 사랑이 기다리고 있는 따뜻한 곳으로 만들어 주신 줄 믿습니다.

5월을 삶의 기본이 되는 도리를 지키게 하시사 가정의 달로 허락하신 하나님! 환난과 두려움과 갈등이 팽배한 지금의 세상에서 하나님과 함께한 이들께 구별된 삶을 간구합니다.

자녀가 죄인이 되어 낳은 부모가 통한의 눈물을 흘리지 않게 하시고, 주님의 교양과 훈계를 게을리 하여 자녀의 부양을 소홀히 한 부모 마음의 상처가 없게 하시고, 사도들의 그림자까지도 밟기를 금기로 한 존경하는 전통이 기성세대로 하여금 무너지지 않게 하시옵소서.

성천교회를 사랑하시는 하나님 아버지! 우뚝 선 교회의 부흥에 손길을 순탄케 열어 주심을 믿습니다.

사랑하는 목사님의 큰 수술 후에도 육신의 빠른 쾌유를 주신 하나님께 감사를 드립니다. 사랑하는 사자 목사님이 다시 태어난 마음으로 더욱 성실한 목회를 다짐하게 하신 하나님께 더욱 감사를 드립니다. 항상 흠이 없는 말씀, 사랑과 은혜의 말씀을 대변하실 때 저희들이 세상을 이길 수 있는 전신갑주로 입혀 주실 줄 믿습니다.

성천의 비젼이 온전히 이루어지게 하시고 연성동과 시흥시를 품에 안는 성전이 되게 하시옵소서. 모든 교우가 항상 준비하는 자세와 지혜를 주시옵소서.

오늘도 이 자리에 참석지 못한 이웃을 기억하시사 육신의 고통과 마음의 상처와 사탄의 유혹으로 함께 하지 못한 교우들을 위로 하셔서 상처와 아픔에서 벗어나는 치유의 기쁨을 갖고 우리와 함께 예배의 동반자가 되게 하소서.

성가대의 기도와 찬양을 흠양하시고 달란트로 주신 성가대장과 지휘자와 대원들이 칭찬받고 축복받는 삶이 되게 하시옵소서.

오늘도 주님이 귀히 쓰시는 사자 목사님을 저희들도 더욱 귀히 여기게 하시고 그의 가정과 가족을 평강으로 붙들어 주시옵소서. 이 모든 말씀 주 예수님 이름 받들어 기도드렸사옵니다. 아멘.

2007년 7월 22일 • 변화의 기도

사랑과 은혜의 하나님! 오늘도 변화 받기를 원하고 주님 앞에 섰습니다. 안식일을 지키기 위해서 온 것이 아니고 안식일이 우리를 돕기 위해서 주신 축복과 온전한 삶의 변화를 위해 주신 줄 압니다. 하나님께 감사와 영광 드리는 시간이 되게 하시옵소서.
 지난 주간도 각종 사건과 사고와 그리고 물질만능이 우리들을 강하게 압박했었습니다. 여러가지 질병과 교통사고와 사회적 갈등에서 야기된 폭력의 음침한 골짜기를 거닐면서 살았었던 저희들이 성스러운 이 자리에 서기까지 주님의 지팡이와 막대기로 안위 하신 줄 믿습니다.
 항상 저희를 지키시어 모든 환난을 면케 하시고 저희 영혼을 지켜 주시며 저희 출입을 지금부터 영원까지 지켜 주시옵소서(시 121:7).
 우리의 마음의 주인이 우상이 안 되게 하시고 하나님이 되게 하시고, 우리의 생활의 주인이 물질이 안 되게 하시고 기도와 찬송으로 자리 잡게 하소서.
 유혹의 욕심을 따라 썩어져 가는 구습을 좇는 옛사람을 벗어버리고 오직 심령으로 새롭게 되어 새사람을 입을 수 있도록 하여 주시옵소서(엡 4:22~24).
 저희가 변화시킬 수 없는 것들에 대해서는 받아들일 수 있는 평안을 주시고, 저희가 변화시킬 수 있는 것에 대해서는 그것을 변화시킬 수 있는 용기를 주시고 이 두 부류의 차이를 알 수 있는 지혜를 주시옵소서.
 새로운 마음과 변화의 생활을 위해서 저희들에게 영성훈련으로 길을 열어 주시고 교회 학교는 교회 학교대로 격에 맞는 훈련을 허락하신 하나님! 기도와 협력으로 교회 부흥에 활성을 불어 넣게 하시고 경건의 훈련과 함께 영성훈련의 참여로 〈333 비전〉을 이루는 원동력이 되게 하시고 연성동과 시흥시를 품에 안는 우뚝선 교회 되게 하소서.
 모든 교우가 항상 준비하는 자세와 지혜를 주시옵소서. 고난당하는 자를 긍휼이 여겨 주시옵소서. 환난 날에 주님을 부르게 하시사 주님께로부터 구원과 영화를 받을 수 있게 하시며 현재의 고난은 장차 저희에게 나타날 영광과 족히 비교 할 수 없음을 깨닫게 하소서.

성가대원들의 마음속에서 우러나오는 찬양을 흠향하시고 모든 이에게 축복을 주시옵소서.

오늘도 말씀 전하시는 사자 목사님의 말씀이 인간의 말이 아니고 하나님의 말씀으로 받아들이게 하소서(행 22:37). 그의 가정과 가족을 평강으로 붙들어 주시옵소서. 이 모든 말씀 주 예수님 이름 받들어 기도드렸사옵나이다. 아멘.

2007년 9월 16일 • 화목의 기도

우리를 사랑하시고 영원한 위로와 좋은 소망을 은혜로 주신 하나님 아버지! 지극히 높은 곳에서 화평을 베푸시며(욥 21:2) 정결한 몸과 마음을 갖추고 이 자리에 서기를 원하시는 줄 압니다.

주님의 구속의 피로 하나님과 화목케 하시고 인류 스스로가 불러 드린 환난과 고통 중에도 주님 안에서 화목케 함으로 저희들에게 유익을 주시는 하나님께 감사와 영광을 드립니다. 살아가면서 감사할 수밖에 없는 저희들입니다.

하오나 심리적 갈등 · 성격의 차이 · 생활의 방식을 이유로 베풀고 보듬는 넉넉한 마음이 부족하여 화목과 평안이 없는 저희 들입니다.

마음을 허탄한데 두어 바랄 수 없는 바람이 마음의 평안을 허물고 있습니다.

마음의 교만으로 저주받을 마음이 부르짖으나 응답하는 자가 없어 (욥 36:12) 평안을 얻지 못하고 있습니다. 마음의 탐욕과 탐심이 우상숭배가 되어(골 3:5) 하나님과 화평을 깨트리고 있습니다.

사랑의 하나님! 화목과 평안을 세운 가정에서 받은 사랑과 힘을 갖추고 하나님의 영광과 사회의 유익을 도모하는 마음으로 심리적 갈등을 풀게 하소서! 진실한 신앙 안에서 영적 능력을 주시어 서로가 베푸는 사랑으로 성격 차이의 벽을 허물게 하소서!

우리의 교회 생활이 봉사와 희생을 앞세우고 화목한 가운데 행하게 하소서!

항상 기뻐하라(살전 5:16). 하심도 마음의 평안 없이는 기뻐할 수 없는 줄 압니다.

쉬지 말고 기도하라(살전 5:17). 하심도 화평 중에 부르시는 주님 앞에서 마음을 비우며 하는 기도만이 구원을 이루게 하실 줄 믿습니다.

범사에 감사하라(살전 5:18). 하심도 화평을 베푸시는 하나님의 은혜를 받아 드릴 때만 감사 할 줄 아는 성도가 될 줄 압니다.

화평 가운데 은총을 입게 하시고, 평안 가운데 말씀을 받아드리게 하시고, 화목가운데 우리 모두가 성장하는 믿음의 꿈을 이루게 하소서.

오늘도 이 자리에 참석치 못한 이웃을 기억 하시옵소서. 육신의 고통과 마음의 상처와 사탄의 유혹으로 함께하지 못한 이웃을 붙들어 주시옵소서. 그들의 상처와 고통에서 벗어나는 치유의 기쁨을 갖고 우리와 함께 예배의 동반자가 되게 하소서.

우리 교회의 비전을 위해 항상 준비하는 교우, 참여하는 교우가 되게 하시어 연성동과 시흥시를 품에 안는 교회가 되게 하소서.

　오늘도 주님을 위해 귀히 쓰시는 사자 목사님을 저희들도 더욱 귀히 여기게 하시고, 그의 가정과 가족을 평안으로 붙들어 주시옵소서. 이 모든 말씀 주 예수님 이름 받들어 기도드렸사옵나이다. 아멘.

2007년 9월 19일 • 수요기도문

　우리 가운데서 역사하시는 능력대로 우리의 온갖 구하는 것이나 생각하는 것에 다 넘치도록 하시는 하나님 아버지! 주님께 다가가는 것을 허락하시며 긍휼을 구하는 것을 인정하시는 하나님께 감사와 영광을 드립니다.

　주일 중간에 다시모여 예배를 드릴 수 있도록 건강과 시간을 허락하신 하나님께 감사드립니다. 세상 어디서나 들을 수도 찾을 수도 없는 사랑과 은혜의 말씀 가운데 있게 하신 것도 감사드립니다.

　성령으로 임재하여 주시고 찬양할 때에 저희들의 마음문을 열어 주시사 살아계신 하나님 하시는 말씀에 마음을 집중해서 귀를 기울이게 하시어 축복 받는 시간이 되게 하시옵소서.

　구하는 것이나 생각하는 것에 차고 넘치도록 역사하여 주시옵소서.

　이 자리에 참석치 못한 교우가 많이 있습니다. 형편과 처지를 돌아보시고 날마다 어렵고 힘든 일에 위로를 주시옵소서.

　보이지 않게 주시는 힘으로 어려운 처지를 넉넉히 이기게 하시고 항상 함께 하시므로 문제 있는 가정의 형편을 걸림돌 없는 생활로 이어지게 하소서.

오늘도 목자 예배가 있습니다. 준비하고 생각하며 기도하는 목자가 되게 하시여 작은방의 예배가 성령 충만한 예배로 채워 주시고 우리 교회의 부흥에 초석이 되게 하시고 333비전의 중심에 서게 하소서.

오늘도 말씀 전하시는 사자 목사님의 음성에 귀를 기울이게 하시어 말씀 안에서 마음이 변하고 생활이 바뀌는 하나님 중심의 삶이 되게 하소서. 이 모든 말씀 예수님 이름으로 기도드렸사옵나이다. 아멘.

2007년 10월 12일 • 다니엘 기도 준비

부지런한 자의 경영은 풍부한데 이를 것이라(잠 21:5) 하신 하나님! 풍성한 열매를 염두에 두고 추수하는 즐거움의 때를 주신 하나님께 감사와 영광을 드립니다. 예비하신 비와 빛으로 정한 때 정직한 열매를 주신 것처럼 지금까지 대언자를 통해서 부지런히 말씀으로 심어주신 은혜를 감사드립니다.

주님 형상을 얼마나 닮아가고 있는지 자신을 돌아보게 하시고,(고후 3:18) 주님의 목적대로 살아가는 생활 변화의 척도를 가늠케 하시고,(고후 4:16) 성령으로 새롭게 되어 새사람으로 입고 있는지를 깨닫게 하소서(엡 4:24).

10차 다니엘 새벽 기도회를 예비하신 주님! 만나 주시는 하나님의 사랑을 잃지 않게 하시고, 만져 주시는 영육간의 치료에 기회를 놓치지 않게 하시고, 특별기도회를 완주해서 주신 축복의 은혜로 평강을 누리게 하소서.

특별기도회 때마다 영육간의 기적의 치유를 받은 간증을 듣고 확인도 했었습니다. 비록 간증은 없어도 알게 모르게 변화도 많이 있었습니다. 주님! 10차 특별기도회를 통하여 "잠잠하게 그 사람에게서 나오라"(막 1:25) 하시는 꾸짖음에 귀신들린 사람은 고침받는 역사가 일어나게 하소서.

"달리다굼"(막 5:41) 하실 때 죽었다 살아나는 소녀의 기적을 보여 주시옵소서.

"무엇이 보이느냐"(막 8:23) 물으실 때 벳새다의 소경이 눈을 뜬 기적을 나타나게 하시옵소서.

특별기도회를 통해서 우리의 영혼으로 기도의 응답을 받게 하옵시고 우리의 영혼에서 찾지 못했던 증거를 얻게 하소서.

갖가지 간증과 주신 은혜로 전도 축제의 정열이 이어지는 역사가 되게 하소서.

찬양 가운데 역사하시는 하나님! 성가대의 노고를 기억하시고 그들의 건강과 가정의 축복을 내려 주시옵소서.

오늘도 사자 목사님을 통해서 전해주시는 하나님의 말씀으로 능력과 은혜를 공급받게 하시고 저희들 영혼에 기쁨을 주시옵소서! 주님 홀로 영광받으시옵소서. 이 모든 말씀 주 예수님 이름 받들어 기도드렸사옵니다. 아멘.

2007년 11월 4일 • 새벽을 두드리는 기도

세상소리를 듣기 전 새벽에 깨어서 뜻을 정하고 씨를 뿌리는 자에게 미래의 풍성한 열매를 거두는 길임을 인도하여 주신 하나님께 감사와 영광을 드립니다.

　21일 성회를 통해서 새벽을 두드리는 자마다 성령의 신비로움이 우리 몸에 거하게 하시고 넘치는 성령의 은혜에 감사를 드립니다.

　증거하시는 말씀에 위로를 받았습니다. 첫 음성을 주님께 드리는 찬양에 기쁨을 주셨습니다. 기도의 응답으로 소망을 갖게 하셨습니다. 말씀 듣고 찬양 드리며 기도하는 첫 시간을 주님과 만나는 하루의 시작으로 습관화 되게 하시어 축복의 생활이 되게 하소서.

　세상의 환란과 고통 가운데에서 좌절 할 수밖에 없는 저희들에게 평강과 소망을 주시는 분임을 금번 성회를 통해서 확신을 갖게 하옵소서.

　하나님 생각 따로 내 생각 따로 하는 지금까지의 생활을 청산하고 기쁨과 소망을 주시는 분임을 금번 성회를 통해서 변함없는 믿음으로 승화시켜 주시옵소서. 새롭고 거듭나는 삶의 말씀으로 능력을 주시는 하나님! 그 능력 안에서 신령한 교회, 건강한 교회로 333비전을 위해 힘을 모으게 하소서.

　한 장의 벽돌을 쌓는 사명도 하나님이 주시는 분량대로 뜻을 같이하고 힘을 모으는 지혜로 연성동과 시흥시를 품에 안는 교회가 되게 하시옵소서.

　마음을 모으고 준비하는 성가대를 사랑하시사 마음속 깊이 우러나오는 찬양을 흠향하시고 오늘의 예배가 감사와 기쁨으로 시작되는 찬양이 되게 하소서. 대원들의 건강과 가정의 축복도 함께 하시옵소서.

　새벽마다 수고하는 여선교회 회원들의 노고를 기억하시사 주시는 만나로 먹고 힘 얻어서 건강한 교회를 만드는데 원동력이 되게 하시고 봉사하는 손길 위에 축복을 내려 주시옵소서.

혼신의 힘을 다해 사역하시는 사자 목사님을 기억하시사 시야와 영성을 울리는 물질만능과 어두운 문화의 유혹에서 영성을 지켜주시고 붙들어 주시옵소서. 이 시대의 복음의 선구자로서 지혜와 지식과 능력과 권세를 주시옵소서. 하나님과 함께 하시는 목회사역에 좌로나 우로나 치우치지 않고 주님의 뜻대로 감당케 하시옵소서. 그의 가정과 가족도 함께 하셔서 건강과 평강을 주시옵소서. 이 모든 말씀 주 예수님 이름 받들어 기도드렸사옵나이다. 아멘.

2007년 12월 25일 • 성탄절

"강보에 싸여 구유에 누인 아기가 너희에게 표적이 되리라"(눅 2:12) "지극히 높은 곳에서는 하나님께 영광이요 땅에서는 기뻐하심을 입은 사람들 중에 평화라" 하신 하나님! 2000년 전이나 지금이나 영원불멸의 진리를 가슴에 새기게 하시고 탄생의 날 오늘 이 자리를 통해서 경배를 허락하신 하나님께 감사와 영광을 드립니다.

이천년이 지났어도 그 때나 지금이나 죄악의 어두움에 파묻힌 세상에 임하신 빛이 되신 줄 압니다. 세상은 생명의 빛을 얻고 인간은 영생의 소망을 갖게 된 줄 압니다. 그래서 여기 모인 저희들과 온 인류로부터 주님의 이름이 경배받으시기에 합당하신 줄 압니다.

은총의 주님! 어둡고 험난한 세상이 은총으로 가득 찼습니다. 가난하고 어려운 사람으로부터 찬송을 받으시옵소서. 인생의 무거운 짐에서 해방될 사람으로부터 찬송을 받으시옵소서. 영생을 사모하고 구세

주를 사모하는 저희들과 모든 사람으로부터 찬송을 받으시옵소서.

　사랑의 하나님! 이 시간도 말씀의 은혜를 내려 주시옵소서! 하나님의 사자 목사님을 구별하시사 말씀의 권위를 세워주시고 선포되는 진리의 말씀이 저희들 안에서 열매 맺게 하여 주시옵소서.

　이 자리에서 성탄의 의미를 모르는 사람이 있으면 가르쳐 주시고, 예수 그리스도를 만나지 못한 사람이 있으면 만나게 하시고, 변화되지 못한 사람이 있으면 변화를 시켜 주시고, 주님의 목적을 위해 살지 못하는 사람이 있으면 주님의 목적을 위해 살게 하여 주시옵소서.

　모든 사람이 믿음과 소망과 사랑으로 충만케 하셔서 항상 기뻐하고, 쉬지 말고 기도하며, 법사에 감사하는 삶을 살게 하시옵소서.

　경배의 하나님! 성탄의 축복 가운데 살아가는 저희들이 세상의 빛의 자녀로서 "세상의 빛이 되게 하시옵소서" 이 모든 말씀 주 예수님 이름 받들어 기도드렸사옵니다. 아멘.

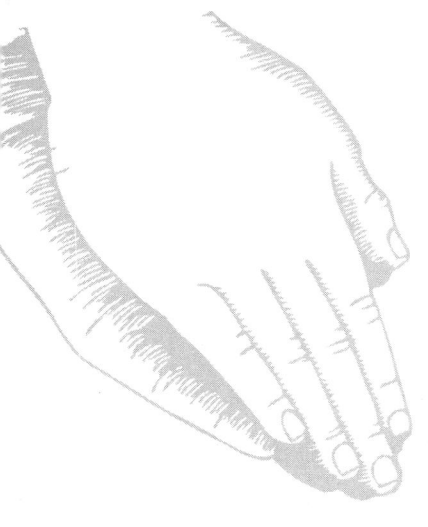

2008

2008년 1월 6일 • 첫 기도문

어제나 오늘이나 동일하신 하나님!(히 13:8) "저희는 잠깐 자는 것 같으며 아침에 돋는 풀과 같사옵나이다"(시 90:5)라고 말씀하신 바, 풀 같은 잠깐의 인생에서 값없이 주신 일년을 보내고 새해 첫 예배를 허락하신 하나님께 감사와 영광을 드립니다.

지난 일년은 주님의 자비로우신 도움으로 살았습니다. 영적인 전쟁, 개인적인 문제, 세계적인 재난의 변화에서도 보호하여 주셨습니다. 불충과 불순종에서도 용서하여 주셨습니다. 여러 가지 기도의 큰 답도 주신 줄 압니다. 진정 주님의 사랑에 다시 한번 감사를 드립니다.

저희 민족을 사랑하시사 하나님을 아는 사람을 지도자로 세워주신 하나님! 나라를 사랑으로 지켜주시고 흐트러진 민심과 경제 문제를 지혜로 바로 서게 역사 하여 주시옵소서.

사회 속에 각 사람은 맡은 사명과 소명을 잘 감당케 하시고 가족 간의 책임, 이웃에 대한 배려가 주님 말씀 안에서 이루게 하시옵소서.

우리 교회를 사랑하시는 하나님! 새해 초부터 축복성회로 출발하게 하신 하나님께 감사를 드립니다.

　말씀 증거로 성령 안에서의 삶을 지키게 하셨습니다. 복 받는 지름길을 밝혀 주셨습니다. 신앙생활에 길잡이가 되게 하셨습니다. 저희들의 영을 새롭게 하신 가운데 우리의 자녀들은 예언케 하시고 우리의 젊은이들은 환상을 보게 하시고 우리의 노인들은 꿈을 꾸게 하셔서 성천의 온가족이 변화되고 하나가 되어 미래를 준비하는 333비전을 기억하게 하시옵소서.

　333 비전은 기도 없이는 이루어질 수 없는 줄 압니다. 믿음 없이는 할 수 없는 줄 압니다. 헌신 없이는 될 수가 없는 줄 압니다. 모두가 함께하는 기도와 믿음과 헌신의 실천으로 연성동과 시흥시 그리고 열방을 품에 안고 이 지역 성역화의 꿈을 실현케 하시옵소서.

　오늘도 이 예배에 참석치 못한 교우들을 기억해 주시기를 원합니다. 병든 자들, 실직자들, 가난한 이웃을 보호하여 주시고 지켜 주시옵소서.

　이 시간 말씀을 전하시는 목사님을 붙들어 주셔서 전하는 이나 듣는 이나 다 복되게 하시고 사랑받게 하시옵소서. 이 모든 말씀 주 예수님 이름 받들어 기도 드렸사옵니다. 아멘.

2008년 1월 20일 • 직분자 헌신예배

　"맡은 자들의 구할 것은 충성이니라"(고전 4:2) 하신 하나님! 특별히 저희들을 선택하시어 세워주신 은혜에 감사드립니다. 이 시간에 헌신하고자 드리는 저희들의 헌신예배를 기쁘게 받아 주시옵소서.

저희들은 부족합니다. 그리고 나약합니다. 예수 안에서 새롭고 거듭난 체험의 확신을 주시옵소서! 은혜와 축복의 말씀 가운데 봉사에 앞장서는 덕스러운 생활을 하게 하시옵소서.

가정생활과 사회생활에 본이 되게 하소서! 교회의 기둥으로 든든이 서는 사명을 감당케 하시옵소서.

겸손으로 허리를 동이는 낮춤을 몸에 익히게 하소서.

지금까지 살아오는 동안 주님 앞에 감사를 소홀히 했습니다. 하나님의 영광보다 나의 영광을 먼저 추구했었던 저희들입니다 일꾼으로서 신실하지 못한 것도 용서하여 주시옵소서.

속된 마음을 구별된 마음으로 변화시키시어 부지런한 자가 되게 하시고 청지기로서 주님을 향한 사랑과 일관된 충성의 마음을 주시옵소서.

저희들의 직분이 일시적이 아니고 전 생애가 주님의 목적을 위해 온전한 헌신의 생활이 되어 교회를 섬기며 담임 목사님을 보좌하며 교회 사역자로서 몸과 마음을 다 하게 하시옵소서. 이 모든 말씀 주 예수님 이름 받들어 기도드렸사옵나이다. 아멘.

2008년 1월 25일 • 영성의 밤

항상 믿음의 중심을 놓고 무릎을 꿇고 있는 저희들을 긍휼이 바라보시는 하나님! 오늘도 이렇게 부르심에 힘입어 자리함도 주님께서 내려 주신 은총인 줄 믿습니다. 믿음이 적고 마음이 나약한 저희들이기에 항상 영적 고통에서 벗어나지 못할 때가 많이 있습니다.

그래서 무력함에 감금되어 삶의 행복을 못 찾고 방황할 때가 많이 있습니다. 하나님의 은사로 주님에 대한 사랑과 진리에 대한 분별을 알게 하시려고 영성예배에 참석하게 하신 하나님께 감사를 드립니다.

영적 세계에 대한 사모의 심정을 헤아려 주시옵소서.

신실한 믿음, 행복한 믿음을 영성의 시간을 통해서 발견케 하소서.

흔들림 없는 믿음을 주시옵소서. 믿음으로 생각케 하시고 믿음으로 판단하고 믿음으로 살고 봉사하게 하소서.

삶에서부터 이 세상 끝날 때까지 인생의 모두를 주님께 맡기며 내려놓는 삶이 우리의 평강과 평안의 길임을 체험으로 깨닫게 하소서.

이 자리의 참여 한 모든 교우가 청지기로서 주님에 대한 사랑과 일관된 충성의 마음을 주시옵소서.

영성의 예배가 지나가는 행사가 아니고 우리의 전 생애가 주님의 목적을 위해 온전한 헌신의 생활이 될 수 있는 영성의 밤이 되게 하소서!

하나님의 말씀을 주시는 사자 목사님을 사랑하시사 항상 저희들의 기억에 남는 말씀이 되게 하시고 행함으로 축복받는 삶이 되게 하시옵소서. 이 모든 말씀 주 예수님 이름 받들어 기도드렸사옵나이다. 아멘.

2008년 2월 22일 • 영성의 밤

구원의 은총으로 거룩한 영성의 밤을 허락하신 하나님 아버지! 어리석고 나약한 저희들이지만 주님의 성령 부으심으로 삶의 축복을 위해 사명과 소명을 주신 주님께 감사와 영광을 드립니다.

바라옵기는 귀중한 이 황금 시간에 하나님을 알게 하시고 부르심에 받은 말씀이 실천으로 주님의 뜻을 헤아려 세상을 이기며 승리하는 삶이 되게 하소서.

주님께서 택하여 주신 영성의 밤에 귀히 쓰시는 사자 목사님으로 하여금 하나님의 말씀으로 받아 들이게 하셔서 마음 문을 열어놓고 말씀을 마음속 깊이 담고 새겨듣고 깨달아서 주님이 원하시는 마음이 합한 교우가 되게 하소서.

감당할 사명을 위해 베풀어 주신 은혜를 감사히 받게 하시고, 약하고 무능한 저희들에게 믿음과 능력을 더하게 하시고, 어리석고 자기 중심적 아집에서 벗어나 지혜와 사랑을 더하사 하나님 목적을 위한 자녀가 되게 하소서.

그리스도의 생명과 능력이 이 시간을 통해서 우리 마음속에 살아나게 하시고 성령의 능력으로 하나님의 지경이 확장되게 하여 주시옵소서.

연성동과 시흥시 그리고 열방을 품에 안고 가는 우뚝 선 교회가 되게 하시옵소서. 이 모든 말씀 주 예수님 이름 받들어 기도드렸사옵나이다. 아멘.

2008년 3월 2일 • 기도문

해빙의 땅에서 새싹이 마른 가지에서는 꽃망울이 움트는 3월의 시작은 하나님의 영광이 땅위에 충만케 하신 줄 믿습니다.(시 60:3)

어두움 가운데 거하고 있는 많은 사람들이 주님의 밝은 빛을 바라

볼 수 있도록 하여 주시옵소서!(요 1:5~6)

믿음을 좇아 의의에 소망을 기다리는 저희에게 주님이 주시는 말씀에서 찾게 하여 주시옵소서. 나라의 살림을 하나님 아는 자에게 맡기신 주님! "선진화의 원년으로" 삶의 질을 높일 수 있는 꿈과 소망을 위해 지혜와 능력을 허락하여 주시옵소서.

주님을 믿고 따르는 자를 앞세워 온 민족이 주님을 바로 알고 깨달아서 이 나라 성역화의 길이 되게 하소서.

3월 첫날의 새벽을 깨우게 하시고 성찬과 말씀으로 은혜 받고 감사로 시작하게 하신 하나님.

더욱이 이날은 나라와 민족 생존을 위해 많은 그리스도인과 선열들로 하여금 피흘려 지키게 하셨습니다. 생명력 있는 믿음으로 십자가를 자랑하며 살게 하옵소서.

하나님의 목적을 위해 함께 하는 사람들과 살게 하옵소서.

하나님의 원리에 따라 주신 소명을 이루며 하나님의 능력을 의지하며 살아가게 하시옵소서.

축복의 하나님! 특별히 내일은 다니엘 특별 새벽기도의 시작을 허락하셨습니다.

주님께 간증을 하며 기도마다 응답받게 하옵시고, 응답을 통해서 주님의 깊은 사랑을 알게 하시고, 체험하는 신앙으로 어두움에 있는 이들을 빛으로 인도될 수 있는 새벽기도가 되게 하옵소서.

찬양 가운데 임재하시는 주님과의 대화로 성가대원들의 준비하는 정성과 드리는 시간 위에 항상 주님의 축복이 임하게 하실 줄 믿습니다.

어려운 이웃을 위해 기도합니다. 질병으로 고통 받는 이들에게 주님의 능력으로 치유케 하시고, 생활이 어려운 이웃에게 필요에 따라 채워 주시고, 소외되고 시험 든 자들에게 먼저 믿는 저희들을 통해서 주님을 만나는 역사가 나타나게 하시옵소서.

사랑의 하나님! 해외 선교를 위해 생명 바쳐 일주간 활동하신 말씀의 사자를 기억하시사 피로한 영육을 강건케 하시고 성령으로 기름 부으사 말씀의 권위를 세워주시고 이 시간 사역에 열매를 맺게 하여 주시옵소서. 이 모든 말씀 주 예수님 이름 받들어 기도드렸사옵니다. 아멘.

2008년 4월 25일 • 영성의 시간

거룩하신 하나님 아버지! 오늘도 영성의 시간을 허락하신 하나님께 감사와 영광을 드립니다. 갈급한 심령을 위로받고 하나님의 능력으로 새 힘을 얻기 위해 이 자리에 모였습니다. 주님의 말씀을 믿음으로 받아드리게 하옵소서!

성령을 방해하고 억압하는 장벽을 허물어주시옵소서! 귀한 이 시간도 보이지 않는 실상을 놓고 기도합니다. 깊은 기도로 인도해 주시고 마땅히 기도할 바를 생각나게 하시어 믿음으로 간구하게 하옵소서!

"너는 내게 부르짖으라 나는 네게 응답하겠고 네가 알지 못하는 크고 비밀한 일을 네게 보이리라"(렘 33:3) 약속하신 말씀대로 이루어지게 하실 줄 믿습니다. 하나님의 사랑과 은혜에 감사드리며 거룩하신 예수님의 이름으로 기도드렸사옵니다. 아멘.

2008년 4월 27일 • 대 예배기도

거룩하신 하나님! 오늘도 가장 고귀한 말씀으로 은총의 자리에 모이게 하시고 진정으로 산제사를 드리게 하심을 감사드립니다. 주시는 말씀이 인간의 말이 아니고 하나님 말씀으로 알게 하시옵소서.

단순히 귀로만 듣는 것이 아니라 마음 판(잠 7:3)에 새길 수 있도록 하여 주시옵소서! 하나님의 말씀을 철저히 믿게 하셔서 세상을 이길 수 있는 힘인 줄 깨닫게 하옵소서.

하나님! 말씀이 살았고 운동력이 있어 좌우의 어떠한 검보다 예리하여 혼과 영과 관절과 골수를 찔러 쪼개기까지 하시며 운동력이 있어 좌우에 어떠한 검보다 예리하여 혼과 영과 관절과 골수를 질러 쪼개기까지 하시며 마음의 생각과 뜻을 감찰하시는 줄 압니다.(히 4:12)

30일전 다니엘 특별새벽 기도의 주님의 놀라운 역사를 기억하게 하옵소서.

준비기간에 곱추가 하나님의 치료를 받고 건장한 몸으로 이 자리에서 간증하시는 백기현 교수님을 우리의 눈으로 확실히 봤고 간증도 들었습니다.

특별 새벽기도기간에 메탈로 덮어씌운 치아가 금빛 색깔 치아로 변한 권사님도 이 자리에 있습니다. 굽은 허리가 펴지고 언어 장애가 해결된 교우도 보았고 간증도 읽었습니다.

사랑의 하나님! 하나님의 방법으로 사람을 통해서 활동을 지시하며 놀라운 힘을 나누어 주시는 능력을 주셨음을 보았습니다. 순수한 신앙의 조건들 위에 놓여 있는 평범한 사람을 통해서 놀라운 일을 성취

시키셨음도 보았습니다. 갖가지 간증으로 믿음을 굳게 하시고 영육간에 은혜의 축복에 감사할 수밖에 없었습니다.

특별기간 보여주신 살아계신 하나님을 알되 힘써 알게 하시고(호 6:3) 주님만 바라보는 믿음의 삶이 되게 하소서.

만민에게 복음을 전하라(막 16:15) 하신 말씀을 받은 체험과 간증의 실체를 들고 이곳에 참여치 못한 이웃을 구원의 반열에 함께 서게 하는 증인이 되게 하여 주시옵소서.

오늘도 전심과 참마음으로 드리는 찬양을 받아 주시옵소서.

찬양대의 노고를 기억 하시사 그들 가정에 강건함과 축복을 내려 주시옵소서.

특별히 말씀을 선포하시는 사자 목사님 위에에 성령으로 함께 하시고 말씀이 큰 권능이 되어 가슴 깊이 지워지지 않는 참 영의 삶을 살게 하여 주시옵소서. 이 모든 말씀 주 예수님 이름 받들어 기도드렸사옵나이다. 아멘.

2008년 6월 22일 • 세상을 이기게 하소서

우리의 예배를 받으시는 하나님! 주님의 보혈로 죄를 용서하여 주시고 우리의 상처를 치료해 주시니 감사합니다.

오늘 이 시간도 은혜를 베푸사 말씀으로 여는 예배 가운데 복 있는 인생이 되기를 원하옵니다. 이 세상을 이길 수 있는 힘을 주시고 승리하게 하옵소서.

녹음의 계절입니다. 우리의 심령도 예수 그리스도 안에서 푸르게 하옵소서. 믿는 자의 구할 것은 충성이라 하셨사오니 믿음으로 구하고 행하게 하셔서 무엇에든지 좋은 열매를 거두게 하옵소서.

나라가 매우 어려운 때입니다. 고유가로 치솟는 물가가 우리의 어깨를 짓누르고 있습니다. 환경문제로 세계 처처에서 신음과 고통이 남의 일이 아닌 듯합니다.

국내에서는 촛불집회와 여러 형태의 파업으로 경제는 어려워지고 민심은 흐트러지고 있습니다.

하나님을 아는 이명박 대통령을 사랑하시사 경제 살리기 해법의 지혜를 주시옵소서. 함께 하는 위정자들의 생각을 바꾸고 변화시켜서 민생을 염려하고 국가 안위를 위해서 뼈를 깎는 아픔으로 지혜를 모아 해결케 하옵소서.

국민과 나라를 위하는 정치로 이 나라 통치자를 돕고 협력하는 마음으로 하나가 되게 하옵소서. 주님 안에서 지혜와 지식과 능력과 권세로 붙들어 주시옵소서.

사랑의 하나님! 아직도 예수 그리스도를 알지 못하고 듣지 못한 이웃에게 복음을 증거할 수 있는 저희들이 되게 하옵소서.

여러 가지 주신 체험과 증거로 표적을 내세워 복음 전파에 힘쓰게 하옵소서.

모든 것을 새롭게 하는 주님의 도구로 사용되게 하옵소서! 영혼으로 찬양하는 성가대를 사랑하시사 그들의 노고를 기억하시옵소서.

드리는 시간과 철저한 준비로 은혜와 축복의 찬가가 주님 앞에 상달될 줄 믿습니다. 그들의 가정과 건강을 지켜 주시옵소서.

사랑하시는 사자 목사님이 말씀을 대변하실 때마다 예수 그리스도의 보혈로 구원 받아 변화되는 심령들이 늘어나기를 원합니다. 교회의 부흥으로 우뚝 선 교회가 되게 하옵소서. 그의 가정에 복을 주시고 자녀들에게 축복을 주셔서 사역하시기에 부족함이 없는 건강과 물질을 허락하시옵소서. 오직 주님만 바라보고 주님만 나타내는 하나님의 통로로 인도하여 주시옵소서. 이 모든 말씀 주 예수님 이름 받들어 기도드렸사옵나이다. 아멘.

2008년 8월 17일

거룩하고 은혜로우신 하나님 아버지! 십자가 위에서 이루어 주신 대속의 은혜로 저희들이 구원을 얻게 하심을 감사합니다.

오늘도 주님의 날을 허락하셔서 하나님께 경배할 수 있게 하심을 감사드립니다. 지난 주간도 매우 무더운 날씨에 베풀어주신 건강한 삶을 허락하셨음도 감사합니다. 하오나 저희들이 알게 모르게 지은 죄도 많사와 저희들이 죄를 자백할 때에 긍휼이 여기시고 용서하여 주시옵소서.

모든 잘못을 극복하고 주님 앞에 좀 더 성숙한 모습으로 다시 설 수 있게 새 힘과 용기로 일깨워 주시옵소서.

사랑의 하나님! 근심 가운데 주님 앞에 나온 심령을 위로해 주시고 고통당하는 심령에게 평강을 주시옵소서. 간절한 마음으로 주님의 도움을 구하는 심령에게 응답하시고 실망한 교우에게 용기를 주시옵소서. 그리하여 하나님의 은총이 넘치고 기쁨으로 주님을 찬양케 하옵소서.

오늘도 저희들에게 주시는 생명의 말씀으로 마음의 기쁨을 얻게 하시고 삶의 지혜와 능력을 얻게 하옵소서. 또한 주님의 자녀로서 직분을 받은 선한 청지기에도 주님께 충성할 새로운 각오와 결단을 갖게 하시어 강하고 담대한 믿음을 허락하시옵소서.

오직 주님의 기쁨과 목적으로 주님의 영광을 드러내는 직분자가 되게 하옵소서. 나라와 민족의 운명을 주관하시는 하나님 아버지! 이를 위해 기도합니다. 현재의 실상을 보살펴 주시옵소서.

경제의 어려움을 해갈하여 주시고 사회 기강이 헤이해진 가운데 흐트러진 질서를 바르게 하여 주시옵소서.

한국교회에 둔화된 성장의 실상도 각성케 하시어 자성하며 민족의 선구자로 나설 수 있는 길을 찾게 하시옵소서.

영광의 하나님! 오늘 이 예배를 인도하시는 사자 목사님을 주님의 권능으로 함께 하시고 특별히 말씀을 대언하실 때 성령의 역사가 나타나게 하옵소서.

먼 길에 전력을 다하신 러시아 선교로 소진된 영육 간의 건강을 보살피사 그의 모두를 강건케 하옵소서.

찬양대의 풍성한 영감을 내리사 하나님을 영화롭게 하시고 그들 모두에게 풍성한 기쁨의 은혜를 내려 주시옵소서.

이 시간 우리 모두가 기쁨과 정성을 다해 드리는 예배가 하나님께 상달케 하시고 우리의 영혼이 신령한 감동으로 만족케 하시옵소서.

333 비전 역사가 이루어지게 하옵소서. 이 모든 말씀 예수님 이름으로 기도드렸사옵나이다. 아멘.

2008년 9월 25일 • 장경동 목사 전도축제 2일째 저녁기도

    귀 있는 자는 들을지어다(계 2:7) 하신 하나님! 전도의 축제를 허락하신 하나님께 감사와 영광을 드립니다. 만세전부터 계획이 있으셔서 아름다운 이곳을 축제의 장으로 택하신 줄 믿습니다. 특별히 귀한 장경동 사자 목사님을 하나님 말씀의 대언자로 보내주셨음을 진실로 감사드립니다.

    주님 말씀으로 저희들 심령을 채워 주시옵소서. 말씀으로 깨닫게 하시고, 말씀으로 회개하게 하시고, 말씀으로 은혜 받게 하시옵소서. 주님 말씀으로 저희들을 자유케 하시옵소서. 상처 받은 심령을 위로해 주시고, 질병으로 고통 받고 있는 이웃을 치료케 하시고, 살아계신 전능의 하나님을 간증케 하시옵소서.

    성천교회 333비전도 이루어지게 하소서. 300명의 사역자, 3,000평의 복지타운, 3,000명 이상의 시흥시 성도가 모이는 교회를 지광식 담임 목사님을 중심으로 기도와 사랑으로 이루게 하시고 모든 성도의 봉사와 헌신으로 힘을 모으게 하시옵소서. 우리를 구원하신 예수님 이름 받들어 감사하며 기도드렸사옵나이다. 아멘.

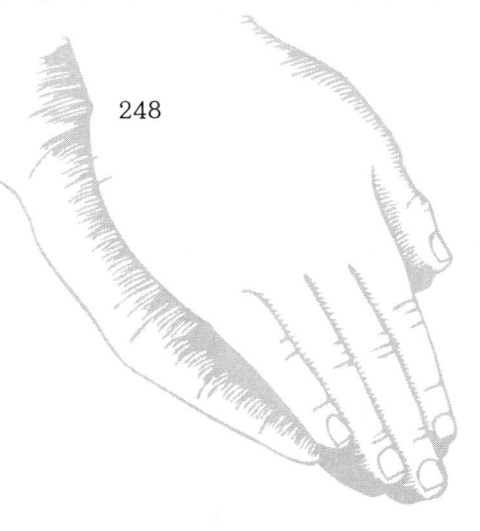

2009

2009년 3월 3일 • 영아학교 입학식

깨끗한 마음을 가진 자녀를 주신 하나님께 감사를 드립니다.

자식은 여호와의 주신 기업이요, 태의 열매는 그의 상급이로다(시 07:3) 하셨사오니 주신 기업을 하나님 말씀으로 양육하며 성장하게 하옵소서.

상급으로 주신 열매를 교회 환경에서 탐스럽고 아름다운 열매가 되게 하옵소서! 수정 같은 맑은 물에 비추어지는 얼굴에 미소가 끊어지지 않게 하시고 거울 앞에 비추어지는 꾸밈없는 모습이 티없이 바르게 자라게 하옵소서.

우리 영아들은 보고 듣고 느낀 것에 가식이 없는 줄 압니다.

엄마가 웃을 때는 그들 마음에는 웃음이 가득하고 엄마가 괴로울 때는 그들 마음이 구겨집니다. 부모가 화났을 때는 눈치를 볼 줄 알며 부모가 칭찬했을 때는 기쁨이 가득 찹니다. 감정과 표정을 익을 줄 아는 이 영아들에게 아름다운 성품을 주신 것에 감사드립니다.

순종하는 마음을 주신 것에 감사드립니다. 깨끗하고 맑은 마음을 주신 것에 감사드립니다. 하나님 말씀으로 양육하는 선생님들에게 풍성한 축복을 내려 주옵소서! 영아를 위하여 기도하며 찬송하는 가운데 꿈과 희망을 심어주는 사랑의 마음이 떠나지 않게 하옵소서.

오늘도 좋은 것으로 먹여주시고 입혀주시는 사자 목사님의 말씀을 가슴으로 받아들이고 마음의 양식이 되게 하옵소서. 영아들의 품성이 주님을 닮아가게 하옵소서. 이 모든 말씀을 주 예수님 이름 받들어 기도 드렸사옵나이다. 아멘.

2009년 3월 29일 • 주일 예배

나를 사랑하는 자들이 나의 사람을 입으며 나를 간절히 찾는 자가 나를 만날 것이라(잠 8:10) 하신 하나님!

독생자 예수를 보내주신 하나님 사랑에 감사합니다. 부족함이 없게 하시는 하나님을 찾게 하시니 감사합니다.

택하시고 가까이 오게 하사 주님 뜰에서 주님을 만나게 하시니 감사합니다. 주님 계신 성전과 피 흘리신 교회를 사랑하며 주님만 바라보게 하소서.

하나님 뜻에 의지하는 기도는 무엇이든지 구하면 들어주신다고 하신 하나님! 어렵고 힘들 때 일수록 회개하고 용서를 구하는 기도의 시간이 되게 하소서.

약속을 놓고 기도하게 하시고, 보혈 놓고 성령의 도움을 구하세 하소서.

소망 중에 증거하며 환난 중에 참으며 기도에 항상 힘쓰게 하소서.

볼 수 없는 것을 보이게 하시며 말할 수 없는 것을 듣게 하시는 하나님을 가까이 함이 복인 것을(시 72:28) 항상 기도하는 가운데 깊이 깨닫게 하소서.

상처 받은 심령을 주님 말씀으로 위안을 주시고 병들고 고통 받는 이들에게 주님 말씀으로 치유케 하옵소서.

시험 받고 실망한 이웃에게 주님 말씀으로 회복하게 하옵소서.

성가대의 찬양을 기쁨으로 받아 주시고 몸과 시간을 드려 준비한 그들에게 영육간에 신령한 복을 내려 주시옵소서.

오늘도 목숨을 아끼지 아니하시고 하나님 사업에 충성하시는 지광식 사자 목사님을 성령으로 붙들어 주시고, 주님의 한없는 권능의 팔로 보호하여 주시옵소서.

대언하시는 하나님 말씀을 듣고 깨달아서 회개하며 은혜 받는 시간이 되게 하옵소서. 이 모든 믿음 주 예수님 이름 받들어 기도드렸사옵니다. 아멘.

2009년 5월 24일 • 가정의 달

마음 문을 열어 주시고 소망을 주시는 하나님! 주님을 사모하며 경외하는 자녀들이 모였습니다. 오늘도 말씀을 듣고 깨달아서 회개 하여 은혜 받는 시간이 되게 하옵소서.

특별히 5월을 "가정의 달"로 허락하신 하나님께 감사드립니다.

하나님이 원하시는 가정을 주안에서 찾게 하옵소서.

마실 수 없는 "마라의 샘물"을 지나 샘물 12곳과 종려나무가 있는

"엘림의 샘물"을 예비하시어 안식처로 주셨던 하나님! 살기 어렵고 힘든 가정들을 보살피시사 축복을 누릴 수 있는 "엘림의 가정"을 예비하고 계신 줄 믿습니다. 주님 말씀이 풍기는 믿음의 가정을 지키게 하옵소서.

천국의 가정을 바라는 5월의 생각이 평생을 떠나지 않게 하옵소서. 교양과 훈계, 공경과 순종, 용서와 사람으로 가르치신 하나님! 이 땅에서 잘되고 장수하며 행할 길을 배운 자녀들이 늙어서도 그것을 떠나지 않을 것이란 말씀이 하나님이 주시는 가정의 선물임을 놓치지 않게 하옵소서.

웨슬리 회심 저녁 연합부흥성회를 이곳 아름다운 성천에서 허락하셨음을 감사드립니다. 상한 마음을 위로 받게 하옵소서. 육신의 고통을 치유받는 성회가 되게 하옵소서. 갈급한 영혼들이 간구하는 소망의 단비가 되게 하옵소서. 찬양대의 마음 깊이 우러나오는 찬양의 기도를 흠향하시고 그들의 노고를 기억 하옵소서.

말씀을 대언하시는 사자 목사님의 능력의 말씀이 교화와 성도가 "임하시는 성령" 안에서 우뚝 서는 부흥의 역사가 일어나게 하시고 목사님의 영육간의 건강을 붙들어 주시옵소서. 이 모든 말씀 주 예수님 이름 받들어 기도드렸사옵니다. 아멘.

2009년 7월 19일 • 수련회 기도

지금까지 지켜주신 하나님! 오늘도 예배로 삶을 시작하게 하신 하나님께 감사드립니다. 교훈 받는데로 믿음 위에 굳게 서서 감사하는 삶이 되게 하옵소서.

  하나님을 찾는 자에게 상주시는 이심을 믿고 소망의 삶이 되게 하옵소서.

  오직 여호와를 앙모하는 자에게 새 힘을 얻으리라 하신 하나님 주님 뜻대로 행하는 믿음 위에 새 힘을 얻게 하옵소서.

  저희들은 주님을 본받지 못하는 연약한 존재입니다. 삶이 잘 풀려지지 않을 때는 "주님이 항상 함께 하신다"는 말씀을 의심하고 좌절할 때가 많습니다. 주님께서 하신 일과 하고 이루신 일과 원하시는 일들을 직접 보고 듣고 체험한 증거들을 가슴에 새기며 연약한 존재에서 담대한 믿음으로 서게 하여 주시옵소서. 거듭나는 삶이 되게 하옵소서. 삶의 일어나는 일들이 오직 십자가를 통한 주님과 뜻과 사랑 안에서 이루어지고 있음을 깨닫게 하옵소서.

  성천 교회를 사랑하시는 하나님!

  여름 수련회를 허락하신 하나님! 감사합니다. 수련회에 임하는 교사들에게 오직 예수님만 가르치게 하옵소서. 믿음 생활에서 풍기는 그리스도의 향기로 어린 심령을 깨우치게 하옵소서. 교사 헌신 예배서 주님의 뜻을 받아드려 가르쳐야 할 책임을 잊지 않게 하옵소서.

  국내 선교와 함께 해외 개척선교로 성천교회의 새장을 열어주신 하나님! 계획되고 준비하는 손길들을 보살피사 온 성도가 하나님의 지상명령을 받들어 실천하게 하옵소서! 찬양을 하나님께 드리는 대원들의 마음을 어여쁘게 받으시고 더욱 큰 은사를 채워주시고 상주시기를 원합니다.

  단 위에 세우신 귀한 사자 목사님이 특별히 준비하신 말씀을 선포하실 때 성령으로 붙들어 주시옵소서. 능력의 말씀이 되게 하시고 영육과 강건함을 입게 하옵소서. 이 모든 말씀 주 예수님 이름 받들어 기도드리렸사옵니다. 아멘.

2012년 9월 14일 • 금요 영성의 밤 기도문

사랑의 하나님! 영성의 밤을 허락하신 은혜에 감사드립니다.
사랑하는 종의 입술에 말씀을 두시고 저희들을 기다리시며 눈에 뜨이기를 고대하신 줄 압니다. 성령의 거룩한 말씀이 살아서 역사하실 줄 믿습니다. 주님께 온전히 돌아설 수 있는 변화의 시간으로 바뀌어 주실 줄 믿습니다. 주님 보시기에 아름다운 예배의 시간이 되게 하옵소서.
오늘도 이 자리에 합석치 못한 교우들이 많이 있습니다. 불문코 오늘 푸시는 음성은 교우들이 어느 곳에 있든지 그들의 귓전이 열려 있어 전달되게 하옵소서.
"너희는 그리스도의 지체"라 하셨습니다. "너희는 내 것이라 내가 너를 구원하리라" 하셨음을 기억하게 하옵소서.
그러므로 저희들의 근심과 걱정이 주님의 근심과 걱정인 줄 압니다. 저희들의 실망과 아픔도 주님의 실망과 아픔인 줄 압니다. 저희들의 뜨겁지도 차지도 않은 믿음을 용서하여 주시옵소서. 주님만 의지하는 온전한 믿음을 주시옵소서.
귀한 이 시간 빈손으로 왔다가 빈손으로 돌아가지 않게 하시고 어디서나 맛 볼 수 없는 큰 은혜를 가슴에 품고 기쁜 마음으로 돌아가게 하옵소서.

 찬양으로 하나님을 붙들고 감사를 표현하는 준비된 찬양대를 기쁨으로 받아 주시고 그들에게 변함없는 축복을 내려 주시옵소서.

 오늘도 귀한 사자 목사님께 지혜와 능력을 더하여 주시고 이 예배가 끝나는 시간까지 하나님 은혜가 우리 모두에게 차고 넘치기를 원하오며 이 모든 말씀 주 예수님 이름 받들어 기도드렸사옵나이다. 아멘.

2009년 10월 8일 • 특별기도회 준비

 사랑의 하나님! 지금까지 저희들에게 베풀어주신 은혜에 감사드립니다. 구원의 은총을 허락하시어 새 생명으로 산소망 가운데 살게 하심을 감사드립니다.

 오늘도 말씀을 통해서 구원의 확신을 얻게 하옵소서.

 말씀을 통해서 작은 믿음이 큰 믿음으로 변화하게 하옵소서.

 말씀을 통해서 어두운 영혼을 밝은 영혼으로 바꾸게 하옵소서.

 하늘로서 비를 내리게 하시어 풍성한 가을을 거두게 하신 하나님! 주신 은혜에 감사하오며 다음을 준비하는 부지런한 농부처럼 저희들의 신앙생활도 믿음의 열매를 위해 때를 놓치지 않고 항상 기도하며 전도하는 성도가 되게 하옵소서.

 저희들 교회에 수험생들이 많이 있습니다. 할 수 있는 데까지 힘쓰고 노력하여 주님의 은총을 기다리는 신앙인이 되게 하옵소서. 수험생 모두가 하나님이 함께 하신다는 믿음을 갖게 하시고 뒤에서 기도하는 부모와 모든 성도의 중보기도가 힘이 되게 하시고 담대한 마음으로 수험에 임하게 하옵소서.

특별새벽기도회를 위한 준비 모임을 성령이 인도하시는 대로 지혜를 주시어 치유와 기적의 간증이 되는 특별 새벽기도회의 준비가 되게 하옵소서.

성도를 위해 기도합니다. 성도들의 연약한 심령에 힘을 더하게 하시고 고통당하는 심령에게 기쁨을 주시옵소서. 육체가 연약함으로 간구하는 심령을 불쌍히 여기사 깨끗이 나아서 주님을 찬양하는데 통합하게 하옵소서. 살아서 역사하시는 하나님을 믿으며 주님만을 의지하게 하옵소서.

성가대의 찬양을 흠향하시고 높은 보좌 위에 상달되어 그들의 노고에 위로받고 믿음이 충만케 하시고 부르는 자나 듣는 자나 모두가 은혜 받는 찬가가 되게 하옵소서.

사랑의 하나님! 오늘 말씀도 많은 시간과 기도를 준비하신 사자 목사님은 귀히 보시고 영역의 은혜를 더하게 하시고 주님께서 맡기신 양떼들을 양육하시는데 부족함이 없도록 은혜 내려 주시옵소서. 우리 교회에 속한 모든 성도들이 말씀을 통해서 새 힘을 얻게 하시고 모든 영혼이 소생함을 얻게 하옵소서. 이 모든 말씀 주 예수님 이름 받들어 기도드렸사옵나이다. 아멘.

2009년 12월 31일 • 새해기도

사랑의 하나님! 2009년도를 보내고 2010년도를 맞게 하심을 감사드립니다. 지금까지 지켜 주시고 보호하여 주신 은혜에 감사합니다. 온갖 사고와 변화가 많은 음침한 골짜기를 피해가게 하신 하나님께 감사를 드립니다.

 국가적으로 많은 사건과 사고가 있었습니다. 우리 교회에도 어려운 일이 있었습니다. 개인적으로는 주님이 주시는 복을 깨닫지 못하고 불평을 앞세웠습니다. 우리 모습이 흐트러진 가운데 신앙인으로서 보이지 말아야 할 추태도 있었습니다.

 회개합니다. 용서하여 주시옵소서. 하오나 놀랍게도 변함없는 주님의 사랑으로 보살펴 주신 가운데 어려움을 이기게 하셨고 극소화할 수 있었습니다.

 감사합니다. 주님! 버리지 못한 세상 습관과 탐욕과 미움을 주님 십자가 밑에 묻어버리게 하옵소서.

 어떠한 것이라도 가져가서는 안 될 모든 것을 해를 넘기지 않게 하옵시고 주님을 향한 첫사랑을 회복되게 하옵소서.

 주님! 애쓰고 수고한 손길도 많이 있었습니다. 목사님의 많은 헌신이 있었습니다. 교역자들도 뒤를 따랐습니다. 찬양대를 비롯한 각 기관과 헌금과 물질의 손길 그리고 시간과 몸과 재능도 느꼈습니다. 알게 모르게 헌신한 것을 다 기억하시고 상을 내려 주시옵소서.

 이제 젖과 꿀이 흐르는 땅을 향하여 구름 기둥과 불기둥을 바라보면서 지금 이 예배를 통해서 신발끈을 다시 매고 "내가 도우리라 내가 함께 하리라" 하신 말씀을 믿고 새해를 맞게 하옵소서. 사자 목사님의 말씀을 듣고 깨닫고 은혜케 하옵소서. 이 모든 말씀 주 예수님 이름 받들어 기도드렸사옵나이다. 아멘.

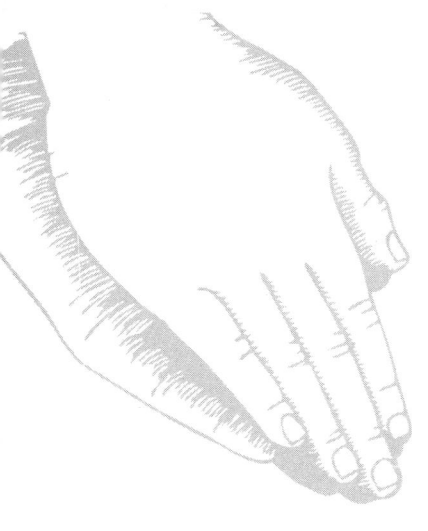

2010

2010년 1월 3일 • 새해 첫 주일에 기도

　천지창조를 생각할 때마다 장엄하신 하나님 권능 아래 보잘 것 없는 저희들의 생명을 보호하여 주시고 살아가게 하신 하나님께 감사를 드립니다.

　빛의 증거를 위해 예수 그리스도를 보내시어 저희들의 모든 죄를 짊어지시고 구원의 길로 인도하시는 주님! 주님의 사랑과 은혜만으로 살 수 있는 저희들이 오늘 예배를 드리오니 받아 주시옵소서.

　저희들은 잠깐 자는 것과 같고 풀은 아침에 자라다가 저녁이면 벤 바되어 마르는 풀과 같은 인생(시 90:5~6) 이라 하셨습니다. 하오나 존엄하신 주님 앞에 저희들의 짧은 인생을 맡기오니 금년 한해에도 붙들어 주시고 보호하여 주시옵소서.

　"두려워 말고 믿기만 하여라"(눅 8:5) 하신 하나님! 불치의 병을 고치시고 "네 믿음이 너를 구원하셨다" 하셨습니다. 어두움에서 빛을 보게 하시며 "네 믿음대로 되리라" 하셨습니다. 금년에도 구원 받는 믿음과 믿음대로 되는 한해가 되도록 저희들의 믿음을 새롭게 하옵소서.

우리들이 사랑하는 것이 마땅한 길임(요일 4)을 실천케 하옵소서! 사랑하는 자들아 우리가 서로 사랑하자. 사랑은 하나님께 속한 것이니 사랑하는 자마다 하나님께로 나서 하나님을 알고 사랑하지 아니하는 자는 하나님을 알지 못하나니 이는 하나님의 사랑이시니라 하셨습니다. 금년에도 하나님의 사랑이 우리 안에서 온전히 이루게 하옵소서.

광야에서 방황하며 거할 성을 찾지 못하고 주리고 목마름으로 피곤한 영혼이 여호와께 부르는 자에게 그 고통에서 건지시고 거할 성(시 105:9)을 이루게 하시는 하나님께 감사하며 그 이름을 붙들게 하옵소서. 새로운 결단과 헌신을 다짐하는 예배가 되게 하옵소서.

저희 교회가 계획한 선한 사업이 인간의 욕심으로 되지 않게 하옵시고 하나님이 인도하시는 데로 은혜 가운데 감당케 하옵소서.

vision 333이 이루어지는 성숙한 교회가 되게 하옵소서.

성가대의 아름다운 찬양을 흠향하시고 부르는 자나 듣는 자나 모두 은혜 가운데 찬양의 기도가 되게 하옵소서.

오늘도 사자 목사님의 말씀을 권위 위에 세워 주시고 선포되는 진리의 말씀이 저희들 마음에 믿음의 열매 맺을 시간이 되게 하옵소서. 이 모든 말씀을 주 예수님 이름 받들어 기도드렸사옵나이다. 아멘.

2010년 1월 17일 • 헌금기도

은혜의 하나님! 이 시간 주님 앞에 헌금을 드립니다. 말씀 듣고 사랑으로 구원 받았음을 감사드림 드리는 이 예물을 받아 주시옵소서.

여러 가지 모양으로 주님께 드리는 이 예물을 기쁘게 받으시고 예물이 쓰이는 곳마다 주님의 나라가 확장되게 하시고 주님의 뜻이 하늘에서 이루어진 것 같이 땅에서도 이루어지는 역사가 일어나게 하옵소서.

자원하는 마음과 인색함이 없는 마음으로 드리는 손길마다 축복하여 주시고 주님의 영광을 나타나는 아름다운 손길이 되게 하옵소서.

드리는 손길이 사랑으로 하나님을 섬기는 축복임을 알게 하옵소서. 드리는 이 예물이 주님 목적대로 쓰이게 하사 주님의 영광만을 나타나게 하여 주시기 원하오며 이 모든 말씀 주 예수님 이름 받들어 기도 드렸사옵나이다. 아멘.

2010년 1월 18일 • 금요 영성의 밤

특별한 시간을 허락하셔서 말씀의 전도를 인도하신 하나님께 감사를 드립니다. 금요 영성훈련을 통해서 변화 받은 시간이 되게 하옵소서! 주님의 온전한 뜻이 무엇인지 분별해서 성령을 좇아 행하므로 하나님 형상대로 바꾸어지는 시간이 되게 하옵소서!

저희들을 찾아오셔서 교제하시기를 원하시는 하나님! 말씀을 통해서 삶의 기쁨을 누리게 하옵소서. 이 귀한 시간을 말씀마다 집중에서 놓치지 않게 하옵소서.

"내가 길이요, 진리요, 생명이라" 하신 하나님! 주시는 말씀에 동참치 않고는 의미를 깨닫지 못할 줄 압니다. 주시는 말씀에 동참치 않고는 주님과의 관계 회복에서 멀어질 줄 압니다. 말씀을 붙들지 않고는 저희들의 근심과 걱정에서 벗어날 수 없는 줄 압니다. 주님과의 관계 회복 없이는 저희들의 문제와 감동에서 해방될 수 없는 줄 압니다. 귀한 말씀의 시간을 놓치지 않게 하옵소서.

오늘도 특별히 저희들에게 생명의 말씀을 증거 하시는 사자 목사님을 세워 주셨음을 감사드립니다. 목사님 위에 권능으로 함께 하시옵소서. 증거하시고자 하시는 말씀 위에 은혜의 말씀이 되게 하시고 저희들에게 꼭 필요한 말씀을 증거 하시사 저희들이 주님 사역에 감당하며 부족함이 없는 말씀이 되게 하옵소서.

귀한 찬양으로 주님께 영광을 올리는 성가대위에도 함께 하여 주시옵소서. 이 모든 말씀 주 예수님 이름 받들어 기도드렸사옵나이다. 아멘.

2010년 2월 21일 • 민속 명절

저희들의 소원대로 허락하시고 우리의 모든 도모를 이루기를 원하시는 하나님 아버지! 오늘도 주님 안으로 이끌어 주신 은혜에 감사드립니다.

년초에 저희들이 믿음, 소망, 사랑의 열매를 바라보고 간구와 막중한 사명을 위해 서원을 드리게 하신 하나님께 감사드립니다.

연이어 민속 명절을 허락하시어 가족과 친지들과 함께 덕담을 나누며 삶의 부모를 위해 서로 교제를 나눌 수 있는 기회를 주신 하나님께 다시 한번 감사드립니다.

주님 사랑 가운데 친족 간의 교제가 참된 것으로 그리스도로 채우고 사명을 위한 서원에 마음이 느슨해지지 않았기를 기원합니다. 오늘도 이 예배를 통해서 세워진 뜻을 위해 신앙생활을 바르게 지켜나가게 하옵소서.

　행함이 있는 믿음, 순종의 삶, 예배하고 기도하는 삶이 흐트러지지 않게 하옵소서. 분별할 줄 아는 삶, 부끄러움이 없는 삶, 주님을 실망치 않게 하는 삶이 주님이 원하시는 우리들의 환경을 세워가며 쓰임 받고 축복의 장을 열어가며 복된 삶이 되게 하옵소서.

　믿는 자만이 볼 수 있는 영안을 허락하시고 듣지 못하는 것을 들을 수 있는 믿음의 귀를 주시고 진리의 말씀을 가슴에 품고 성령으로 인도하는 대로 행하는 믿음 위에 서게 하옵소서.

　교우를 위해 기도합니다. 원치 않는 육신의 질고로 고통 받는 이웃을 그 고충에서 벗어나게 하옵시고, 상처받고 실망한 이웃에게 말씀으로 치유받고 회복되게 하옵소서.

　물질로 하여금 시험과 올무에 걸리지 않게 하옵소서.

　직분자를 위해 기도합니다. 믿음의 본이 되게 하시고, 주님 사업에 헌신을 아끼지 않게 하시고, 교회 사업을 위해 열심히 동참하고 믿음대로 살아가게 하옵소서.

　오늘도 온전한 찬양을 드리는 성가대원들의 노고를 치하하시고 어느 곳에 있던지 하나님 자녀답게 사는 삶이 되게 하시고 영육 안에 항상 축복이 임하는 삶이 되게 하옵소서.

　주님! 항상 함께 하시는 사자 목사님을 지켜 주시옵소서. 항상 주님의 뜻을 감당케 하옵시고 목사님 기도가 응답되게 하시고 목회 활동에 어려움이 없는 삶을 허락하옵소서. 목사님의 건강과 가족의 평강을 주옵소서. 이 모든 말씀을 주 예수 그리스도 이름으로 기도 드렸사옵니다. 아멘.

2010년 4월 4일 • 다니엘 특별기도회를 끝내고

　주님의 권능의 영광을 보이게 하시려 오늘도 아름다운 성전으로 불러주신 하나님께 감사드립니다.
　오늘 새벽까지도 21일 특별기도회를 영적 성장을 위해 귀한 말씀을 듣게 하시고 깨달아서 회개하며 은혜를 받게 하신 하나님께 감사드립니다.
　전능하신 자에 그늘 아래 거하므로 복 있는 사람으로 택함을 받았음을 감사드립니다. 권위에 기원이 하나님이신 것을 깨닫게 하였음을 감사드립니다.
　지금까지 알고 있었던 순종의 행함과 복종의 태도를 바꾸게 하신 하나님께 감사를 드립니다. 가르쳐 주신 말씀대로 우리의 일상생활이 체질화되어 즐기며 행동에 옮겨 실천하는 자녀가 되게 하옵소서.
　특별히 하나님의 말씀을 대언키 위해 뼈를 깎는 인내와 주야로 시간을 붙들며 특별기도회를 주관하신 사자 목사님의 건강을 지켜 주시옵소서.
　부활이요 생명이라 하신 주님! 경배 드립니다. 부활의 소식이 세상에 충만합니다. 온 땅과 하늘도 하나님을 찬양합니다.
　십자가를 지심으로 저희들의 모든 죄를 대속하시고 사흘 만에 부활하셨음을 믿습니다. 하나님의 중심으로 행동하는 믿음과 부활의 산증인으로 살아가게 하옵소서. 매일 주님을 시인하고 고백하는 삶으로 성령 충만케 하옵소서.
　성령 충만의 힘으로 저희들에게 맡겨주신 생업이나 모든 일에 최선을 다하여 주님의 영광을 드러내는 삶이 되게 하옵소서.

주님께서 인생으로 고생하며 근심하게 하심에 본심이 아니라 일러 주셨습니다.

육신이 병든 사람들에게 고통에서 벗어나게 하시고, 물질로 시험 당한 이들에게 올무에서 벗어나게 하시고, 마음이 무거워 지친 영혼이 연약한 이들을 붙들어 주시어 말씀 듣고 기쁜 마음으로 이 자리에 함께 하는 성도가 되게 하옵소서.

오늘도 이 자리에 온전한 찬양으로 성가대원들의 노고를 치하하시고 어디에 있던지 하나님의 자녀 답게 사는 삶이 되게 하옵소서.

사랑의 하나님! 함께 하시는 사자 목사님을 붙들어 주시사 주님의 뜻을 감당케 하옵시고 목회 활동에 어려움이 없는 형통의 삶이 되게 하옵소서! 그의 가정도 보살피사 평강이 함께 하시옵소서. 이 모든 말씀 주 예수님 이름 받들어 기도드렸사옵나이다. 아멘.

2010년 5월 30일 • 가정의 달 기도문

사랑과 축복의 하나님! 5월을 어린이날을 시작해서 가족 구성원의 모두를 위해 주님 말씀의 교훈으로 모든 가정은 하나님께 감사와 영광을 드립니다.

일깨워 주신 5월 말씀이 일상생활로 끝나지 않게 하옵시고 저희들 평생에 가슴에 품고 축복의 가정이 되게 하옵소서.

하나님 없는 사탄의 문화는 우리 아이들을 세상의 타락과 모든 악에 무방비로 노출 되어 있습니다. 아이들의 장래를 주님의 교양과 훈계로 양육하는 그리스도의 문화 안에서 성장케 하는데 교회가 앞장서게 하옵소서.

　부모가 자녀들에게 쏟을 사랑과 정성이 헛되지 않게 하옵소서.

　부모가 자식을 위해 기도하는 모습이 비쳐지게 하옵소서.

　그리스도의 순종과 섬김과 사랑을 자녀들이 본받게 하옵소서.

　존 웨슬리 기념성회를 저희 교회를 택하시어 축복과 사랑의 통로로 쓰신 하나님께 감사를 드립니다. 저희들에게 주신 말씀과 성령의 인도로 사모하는 마음과 믿음으로 값진 보화를 발견케 하시어 복된 시간이 되게 하셨음을 감사드립니다. 신령과 진정으로 드리는 예배로 교회 부흥에 열정을 낳게 하옵소서. 하나님! 저희 교회 333 vision을 위해 열정을 낳고 기도하며 준비하는 성천의 가족이 되게 하옵소서.

　사랑의 하나님! 우리들 성도 가운데 감당키 어려운 무거운 짐을 진 성도가 있사오니 감당할 능력을 주시옵소서. 육신이 연약하여 고통받는 성도들에게 주님의 손으로 안수하시어 치료 받고 건강을 찾게 하옵소서. 갈등으로 영육이 소진되어 있는 성도에게는 말씀으로 위로 받고 회복되게 하옵소서.

　주님만 바라보며 온 힘을 다하여 찬양을 드리는 찬양대의 헌신을 흠향하시어 영광을 받으시고 그들의 가정이 항상 축복이 임하는 가정이 되게 하옵소서.

　오늘도 단위에 세워주신 사자 목사님께서 살아계신 하나님의 말씀을 선포하실 때 우리들의 영혼이 강건하여져서 주님 십자가를 질 수 있는 영광의 용사로 거듭나게 하옵소서. 모든 말씀을 주 예수님 이름 받들어 기도드렸사옵나이다. 아멘.

2010년 9월 5일 •

좋으신 하나님! 십자가 위에서 이루어진 대속의 은혜로 구원을 얻게 하신 하나님께 감사를 드립니다.

오늘도 주님의 날로 허락하신 이 시간의 예배드림으로 새로운 힘을 얻어 우리가 살아가는 가정과 사회와 나라를 새롭게 할 수 있는 사명을 감당케 하옵소서.

한계절의 폭염과 폭우 가운데 어려움보다 풍요를 주시기 위해 가을을 예비하신 하나님께 감사드립니다. 다만 태풍으로 피해를 입은 이웃의 고통과 아픔을 함께 나누어 빠른 시일 내에 회복되게 하옵소서.

사랑의 하나님! 주님께서 인생으로 고생하며 근심케 하심이 본심이 아니라고 하셨습니다. 저희들을 행한 주님의 생각이 평안이요 재난이 아니라고 하셨습니다. 하오나 우리가 세상을 살아가는 동안 우리의 이상과 지혜로서 이해할 수 없는 일이 너무나 많습니다. 악인들의 삶이 득세해 보이고 승리하고 있는 것 같으며 저희들의 크고 작은 고난과 함께 힘들고 점점 무거워지고 있는 듯합니다. 감당할 수 있는 시험 외에는 주시지 않을 줄 아오니 어려운 일 당할 때 주님의 뜻을 배우며 성숙한 신앙인이 되게 하여 주시옵소서.

연약한 믿음으로 주님이 주시는 기적을 스스로 제한하는 삶이 되지 않게 하옵소서. 오늘도 주시는 말씀 중에 병든 자가 나음을 입게 하시고 상처 받은 영혼이 위로 받게 하옵소서. 하나님을 알고 은혜 받는 시간이 되게 하옵소서.

주님의 명령을 순종하여 세계열방을 향하여 복음 들고 나가실 양지용 선교사님과 그의 가족 위에 함께 하시사 크신 은혜와 복을 내려 주시옵소서.
 부목사님들과 함께 사역하는 일꾼들을 붙잡아 주시사 교회 부흥에 앞장서서 크게 기여케 하옵소서! 찬양대에 영감을 내리시사 하나님을 영화롭게 하시고 그들 모두에게 풍성한 은혜와 기쁨을 내려 주시옵소서.
 사랑의 하나님! 오늘도 생명의 말씀이 강단 위에서 빛을 발하기를 원합니다. 세우신 사자 목사님을 통해서 주시는 말씀 앞에서 변화되는 역사가 일어나게 하옵소서. 진심으로 주님의 은혜가 강물처럼 넘치기를 바라오며 이 모든 말씀 주 예수님 이름 받들어 기도드렸사옵나이다. 아멘.

2010년 10월 24일 •

 주님의 사랑과 성령님의 부요로 주님의 귀한 성전으로 인도하여 주신 은혜에 감사드립니다. 오늘도 저희들이 드리는 예배가 열린 마음으로 경배케 하옵시고 주님 마음이 저희들 가슴에 순종으로 받아들이게 하옵소서.
 특별히 사자 목사님의 안식 기간을 허락하신 하나님께 감사를 드립니다. 기간 중 주님께서 주신 귀한 은혜의 단비로 메마르고 굳어져가는 심령을 위해 해갈 할 수 있는 말씀의 능력을 더하게 하옵소서.
 저희들의 생명이나 사랑이라면 항상 지켜주시고 함께 하시는 하나님! 주님의 영광을 위해 제공해 주시는 유익의 기회를 놓치지 않게 붙들어 주시옵소서.
 죄인들이지만 성스러운 이곳으로 인도해 주셨습니다. 유불리에 따라 가깝고 멀게 하나님을 생각하며 상황에 따라 변화하는 믿음의 인생들도 불러 주셨습니다.
 용서의 하나님! 육신의 안위만을 위해 살아가는 세상의 삶을 하나님 중심의 삶으로 변화되어 축복 받는 삶이 되게 하옵소서.
 사랑의 하나님! 환난과 고통 중에 있는 환우가 많이 있습니다. 투병에 지치지 않게 하옵시고 연약해지는 마음이 주님께 향한 찬송과 기도로 자신도 모르게 완쾌되게 하여 주시옵소서.
 주님이 기르시는 백성이오니 물질적 어려움으로 주님을 부인하거나 믿음이 연약해지지 않도록 붙들어 주시옵소서.
 어려운 가운데서는 주님께 드리는 물질의 가치관을 기록된 말씀과 선포된 믿음으로써 발견케 하옵소서.
 신앙의 확신을 잃고 방황하는 가정도 있습니다. 이들을 일으켜 주시고 믿음의 회복을 주시옵소서.
 2010년도 70여일 밖에 안 남았습니다. 우리의 힘과 능력과 의지로서는 온전한 헌신이 불가능함을 깨닫고 있습니다. 주님께서 가르쳐 주신대로 충성과 겸손으로 섬기게 하옵시고, 충직한 종으로서 자신의 신분을 분명히 깨닫고 얼마 남지 않은 날에 주신 직분을 감당하며 책임지게 하옵소서.
 귀한 예배를 위해 아름답고 거룩한 찬양을 준비한 성가대의 찬양은 기쁘게 흠향 하시옵소서. 저희들에게는 한량없는 은혜로 축복의 시간이 되게 하옵소서.

오늘도 말씀을 전하시는 사자 목사님을 강하게 붙들어 주셔서 능력의 말씀이 이 자리에 있는 모두를 변화시켜 주시옵소서. 교회가 왕성해지고 연성동과 시흥시를 품고 나가는 성천교회가 되게 하옵소서. 이 모든 말씀을 주 예수님 이름 받들어 기도드렸사옵니다. 아멘.

2010년 12월 12일 • 대예배 기도문

전능하신 하나님 아버지! 주님의 은혜와 사랑에 감사드립니다. 올 한해에도 시작부터 이 시간까지 인도하여 주셨음을 감사드립니다.

이제 남은 날도 주님 은혜 가운데 못다 한 사명을 정리 정돈하면서 새로운 새해를 준비하게 하옵소서.

특별히 13차 다니엘 특별새벽기도를 허락하시어 믿음의 선진들의 간증을 일깨워 주시고 수용케 하시니 진실로 감사드립니다. 믿음이 성장하여 큰 믿음으로 성숙하는 그리스도인이 되게 하옵소서.

빛 되신 주님을 따라서 어두움을 밝히고 썩음을 방지하는 소금의 역할을 하는 그리스도인이 되게 하옵소서.

저희들의 죄악과 허물로 징계를 받으면서까지 평화를 누리게 하시는 하나님! 일제의 나라 잃은 아픔과 6.25동란으로 참담한 폐허를 딛고 현재 세계 경제 대국으로 세워주신 하나님! 무자비한 북한 무력 침공자들로 하여금 두려워 하거나 불안한 마음에서 벗어나게 하옵소서.

전쟁은 여호와께 속한 것인즉 (삼상 17:47) 여호와의 구원하심이 창과 칼에 있지 아니함을 무력 침공을 하는 자가 쓰고 있는 창과 칼에 스스로 무너지는 역사가 일어나게 하옵소서.

연평도 사건과 세계 처처에서 일어나는 재난과 재앙을 보면서 모든 국민들이 전능하신 하나님을 의지하고 국민 모두가 성역화 될 수 있는 기회가 되게 하옵소서.

정치지도자들은 나라와 민족을 위하여 진정한 마음으로 일하게 하옵시고 훗날에 판단되어짐을 깨닫게 하시어 하나님과 국민들이 지켜보고 있음을 알게 하옵소서.

특별히 주님의 도구로 쓰임 받고 있는 직분자들의 마음이 더욱 낮아지며 겸손 하게 하시어 맡기신 사명을 감당하며 양무리의 본이 되는 직분자가 되게 하옵소서.

병들고 상처 받은 이웃을 위해 기도합니다. 아픔과 고통 가운데 있는 그들을 기억하시고 기도 가운데 치료의 응답을 주시고 예배 가운데 마음의 평강과 위로 받고 모든 고통이 그들에게서 떠나게 하옵소서.

성가대를 사랑하시사 가슴 속 깊이 우러나오는 찬양을 흠향하시고 사랑과 축복이 그들 가정에 넘치게 하옵소서.

연일 계속되는 특별 새벽 기도와 이 시간에 주님말씀을 대언하시는 사자목사님을 성령으로 강하게 붙들어 주시옵소서.

우리 교회에 vision 333을 모든 성도가 준비하며 연성동과 시흥시를 품고 나갈 수 있는 우뚝 선 교회가 되게 하옵소서. 이 모든 말씀 주 예수님 이름 받들어 기도드렸사옵나이다. 아멘.

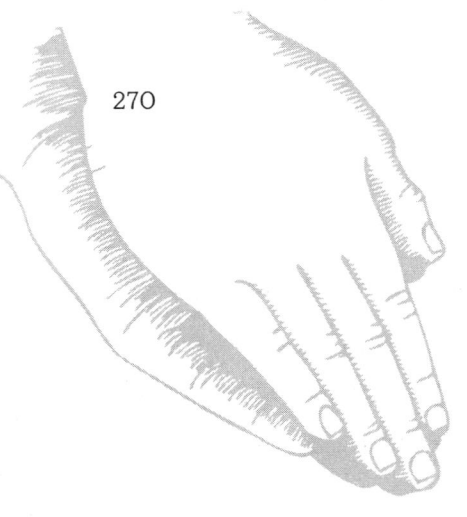

2011

2011년 1월 30일 • 대표기도

주님 교훈으로 인도하시고 후에는 영광으로 영접해주시는 하나님! 주님 은혜에 감사를 드립니다. 오늘도 여호와의 영광이 가득찬 이 성전에서 주님의 음성을 듣게 하시오니 감사드립니다.

하나님을 가까이 함에 만인의 복이라 하셨습니다. 주님이 주시는 씨앗으로 한해를 시작하게 하셨던 주님! 벌써 새 달이 다 됐습니다.

주신 계명의 씨앗으로 뿌리게 하셨습니다. 순종의 씨앗으로 뿌리게 하셨습니다. 마음 밭을 옥토로 바꾸게 하시려 항상 기도하며 주님과 가까이 하시기를 원하셨습니다. 뿌린 대로 거두는 진리를 기억하게 하시어 좋은 열매를 거두는 소망을 바라보고 주님과 가까이 하는 삶이 되게 하옵소서.

저희들의 마음을 성령께서 지배하시어 말씀대로 행하는 삶이 되게 하옵소서.

주님이 허락하시지 않은 말씀이 우리들 양심에 내재되었으면 잘못된 생각을 깨닫고 옳은 길로 인도하여 주시옵소서. 주님께서 주신 말씀을 자기 생각을 좇아 패역한 길로 가지 않게 하여 주시옵소서!

　축복의 하나님! 양지용 선교사님을 택하셔서 우리 교회를 통해 해외 파견을 허락하시어 주시니 감사드립니다. 누구든 감히 나서기 어려운 사명을 감당해야 할 선교사님과 그의 가족을 주님 날개 아래 품어 주시고 성천교회의 사명을 세계로 넓혀가는 기회가 되게 하옵소서.

　사랑의 하나님! 원치 않은 질병과 여러 가지 고충 속에 있는 성도가 많이 있습니다. 투병에 지치지 않고 연약해지는 마음을 강건하게 붙들어 주셔서 말씀 듣고 기도하는 가운데 치유에 역사가 간증으로 드러나게 하옵소서.

　찬양대를 사랑하시는 하나님! 온갖 정성껏 드리는 성가대의 찬양을 흠향하시고 오늘의 예배의 시간을 감사와 기쁨으로 넘치는 찬양이 되게 하시고 그들과 그의 가정이 항상 평안의 축복을 누리는 가정이 되게 하옵소서.

　오늘도 하나님 말씀을 대언하시는 사자 목사님의 정성과 노고를 기억하셔서 주님의 권능으로 붙들어 주시어 저희들의 영혼이 깨우치는 시간이 되게 하시고 주시는 말씀에 집중하게 하시어 우리의 생각과 생활이 변화되는 말씀이 되게 하옵소서. 이 모든 말씀 주 예수님 이름 받들어 기도드렸사옵나이다. 아멘.

2011년 3월 20일 • 대예배 기도문

　은혜와 평강을 부어주시는 하나님! 주님의 이름을 부르는 자마다 함께 하시고 보호해 주시는 은혜에 감사를 드립니다.

오늘도 성령으로 주시는 말씀을 통해 하나님을 알게 하옵소서.

주 여호와의 영광이 가득함을 예배드리는 자의 눈으로 열어보게 하옵시고 성도들의 간구하는 기도가 주님 보좌에 상달되게 하옵소서.

주님의 큰 역사를 위해 저희들에게 주신 재능을 사용케 하옵시고 주님을 향한 저희들의 아낌없는 열정을 받아 주시옵소서.

저희들 인생이 주님 중심을 벗어나 낭비하는 삶을 살고 싶지도 않습니다. 주님 옷에만 손을 대어도 구원해 주시는 주님만 믿고 그 위에 든든히 서기를 원하고 있습니다.

용서의 하나님! 세상의 유혹을 물리치며 주님 안에 거하는 자가 되게 하옵소서. 세상은 먹음직도 보암직도 탐스럽기만 한 유혹의 함정이 곳곳에 숨겨져 있습니다. 그러한 곳에서 벗어날 수 있는 길을 오직 주님 안에 거하고 주시는 말씀 안에서 발견 하게 하옵소서.

(벧 5:17) 만물의 마지막이 가까이 왔으니 너희는 정신을 차리고 근신하며 기도하라 하신 말씀을 기억하게 하옵소서.

지금은 세상 처처에 전쟁과 기근, 그리고 상상할 수 없는 재난의 참상이 눈앞에 펼쳐 보이고 처절한 고통의 신음이 귀에 들리고 있습니다. 하나님을 외면하고 빛으로 나오기를 거부하는 영혼들을 구원하여 주시옵소서.

"광야 40년 길"에서 너희를 위하여 행하시는 하나님의 구원을 보라는 선지자 모세의 안타까운 절규를 기억하고 마음에 새기며 전 인류가 말씀 안에서 깨우치는 지혜를 주시옵소서.

일차 성지순례를 무사히 마치고 귀국하게 하신 하나님께 감사드립니다.

특별히 사랑하는 사자 목사님을 통해서 성지순례에서 얻은 지식으로 하나님의 지혜와 명철로 저희들을 가르치며 양육할 수 있는 기회로 이어지게 하옵소서.

정성을 다해드리는 성가대의 찬양을 흠향하시고 그들 가정에 축복으로 이어지게 하옵소서. 우리 교회가 부흥되기를 원합니다.

한 사람 한 사람의 전도가 모여져 부흥이 되게 하옵시고 333 vision을 위해 기도하며 준비하는 성도의 마음이 하나가 되게 하옵소서. 이 모든 말씀 주 예수님 이름 받들어 기도드렸사옵나이다. 아멘.

2011년 6월 26일 • 참 그리스도인

나를 사랑하는 자들이 나의 사랑을 입으며 나를 간절하게 찾는 자가 나를 만날 것이라 하신 하나님! 오늘도 주님 만남을 허락하셔서 측량할 수 없는 사랑과 헤아릴 수 없는 기쁨을 주시는 하나님께 감사와 영광을 드립니다.

예수 그리스도 안에서 오늘 예배가 기름지게 하옵소서! 가을에 풍성한 열매를 맺기 위해 한여름 뜨거운 햇살과 많은 비로 짙푸른 녹음을 발산케 하신 것처럼 저희들의 믿음도 진정한 예배와 기도로 성숙한 믿음의 향기를 발산케 하옵소서.

말씀을 들음으로 끝나게 마옵시고 마음 판에 새겨서 행하는 믿음으로 거듭나게 하옵소서. 우리의 모든 교우가 말씀에 믿음을 두고 말씀이 다스리는 가정이 되게 하옵소서! 온갖 죄악으로 얼룩진 세상에서 주님의 의로움을 나타내는 "참 그리스도인"으로서 세상의 빛과 소금이 되게 하옵소서!

내가 너와 함께 하리라. 하신 말씀을 믿으며 응답받고 간증하여 교회 부흥의 역사가 일어나게 하옵소서. 해외 선교와 함께 이 지역에서는 하나님이 일하시고 우뚝 선 교회가 되게 하옵소서.

기도로 준비하고 열정을 다해 드리는 성가대의 향기를 흠향하시고 그들 가정이 들어와도 나가도 복을 받고 연결고리가 끊어지지 않게 하옵소서.

오늘도 귀한 평강의 메시지를 듣고 선포하시는 사자 목사님을 위해 기도합니다. 성령의 기름을 부으사 주시는 말씀이 권능의 능력과 주시는 축복이 이 자리에 참석한 모든 교우에게 기쁨과 평안을 얻게 하옵소서. 이 모든 말씀 주 예수님 이름 받들어 기도드렸사옵나이다. 아멘.

2011년 7월 18일 • 교육 강화의 달

잠자는 자여! 깨어서 죽은 자 가운데서 일어나라! 하신 하나님! 어두움에서 빛이 있는 거룩한 성전으로 인도하신 하나님께 감사드립니다.

열매 없는 세상일에 참여치 않고 주님 곁에서 예배드리며 은혜 받고 깨닫는 시간을 허락하신 하나님께 감사드립니다.

오늘 드려지는 예배를 통해서 홀로 영광 받으시고 저희들에게는 세상이 줄 수 없는 참된 기쁨을 받는 시간이 되게 하옵소서.

근년에도 1년의 시간이 지난 지금 주님이 주신 말씀대로 행함이 있었던 시간이 없는지 잠시 되돌아보게 하옵소서.

네 이웃을 사랑하라 하셨습니다. 사랑할 사람만 사랑하는 편견이 있었는지 깨닫게 하옵소서.

"용서하라" 하신 말씀도 미움과 분을 품고 이 세상에서 풀지 못한 배움이 아니었는지 깨닫게 하옵소서.

감사함으로 받으며 버릴 것이 없다고 하시며 "범사에 감사하라" 하셨으나 내 중심에 이기적인 성을 쌓아놓고 있지 않은가 기억하게 하옵소서.

저희들의 신앙이 형식과 습관에 빠지지 않도록 도와주옵소서. 저희들의 믿음이 이기적인 욕심에 붙들리지 않도록 보호하여 주시옵소서. 7월은 기독교 교육 강화의 달입니다.

특별히 아동부, 학생부 등 여름행사가 주님께서 허락하신 계획대로 진행되게 하옵소서. 주님 중심의 사랑의 교육이 되게 하시고, 주님께서 주신 지혜와 세상의 지식으로 은혜 풍성한 교육의 시간이 되게 하옵소서.

사랑과 희생을 앞세운 헌신하시는 선생님들이 기쁜 마음으로 지도하게 하여 주시옵소서. 모든 교우들이 학생들을 위해 기도하고 구원하는 손길이 이어지게 하옵소서.

사랑의 하나님! 오늘도 거룩한 이곳을 사모하면서도 참여치 못한 이웃이 많이 있습니다. 약한 자와 병든 자, 슬픔과 환난을 당한 교우들도 있습니다. 약한 자에게 건강을 주시고, 슬픔과 환난을 당한 교우에게는 말씀으로 위로를 주시고, 근심과 고통의 신음소리가 찬송으로 바뀔 수 있는 놀라운 역사를 베풀어 주시옵소서.

찬양대의 찬양이 믿음의 찬양, 영감이 있는 찬양이 되게 하시고 부르는 자나 듣는 자, 모두가 예배 중에 평안과 은혜를 체험하는 영감을 얻게 하옵소서.

 오늘도 단위에 세우신 사자 목사님을 강한 팔로 붙드셔서 저희들이 대언하시는 말씀 앞에 변화 받는 역사가 일어나게 하옵소서. 주님의 은혜가 강물처럼 넘치는 예배가 되게 하옵소서. 이 모든 말씀 주 예수님 이름 받들어 기도드렸사옵나이다. 아멘.

2011년 8월 14일 • 주님만 바라보게 하소서

 하나님 때에 하나님 방법으로 역사하시는 주님! 신령한 은혜와 사랑으로 인도하시는 주님께 감사드립니다. 오늘도 생명의 말씀에 꿈과 소망을 발견하며 은혜 받고 깨닫는 시간이 되게 하옵소서.
 세상을 세상의 눈으로 바라보지 않게 하시고 내가 나 됨을 버리고 주님만 바라보며 세상을 이기는 승리자가 되게 하옵소서.
 사람의 생각, 세상의 문화, 세속의 세력 앞에 굴복하지 않게 하옵소서.
 그리스도 안에서 하나 되는 믿음의 소유자가 되게 하시고, 진리의 복음을 땅 끝까지 전하는 일꾼으로 세워주시옵소서. 교만과 헛된 것으로 자랑치 아니하고 겸손과 순종으로 교회 부흥에 "합" 하는 자가 되게 하옵소서.
 모이기에 힘쓰고, 찬미하며 구원 받는 사람이 날마다 더하는 초대교회 역사를 기억하며 행하는 믿음 가운데 우뚝 서는 교회가 되게 하옵소서.
 감사의 하나님! 세상살이에 넘어지고 낙담하는 상한 성령들의 탄식소리에 귀를 기울이시어 고통과 아픔이 있는 교우들이 말씀이 듣는 가운데 치유 되게 하시옵소서. 묶였던 마음과 육신이 찬양과 기도 가운데 자유를 얻고 기쁨을 누리게 하옵소서.

　사랑의 하나님! 인류 스스로가 자초한 환경 변화를 세상 곳곳에 재난과 재앙이 기록된 말씀과 선포된 말씀 가운데 의미를 찾고 깨달으며 회개하는 삶이 되게 하옵소서.

　애써 준비하고 힘써 찬양하는 모든 성가대를 사랑하는 주님! 아름다운 찬양들 흠향하시고 그들의 건강과 가정의 평강이 떠나지 않게 하옵소서.

　오늘도 하나님 말씀을 대언 하시는 사자 목사님을 사랑하시사 성령으로 역사하시는 가운데 은혜와 축복이 넘치는 시간이 되게 하옵소서.

　목사님을 중심으로 부목사님과 모든 사역자들의 역량이 하나로 결집되어 모든 교우와 함께 이 지역을 품고 나갈 수 있는 믿음의 힘을 하나로 모으게 하옵소서.

　해외에서 온몸 바쳐 애쓰시는 양지용 선교사를 사랑하셔서 해외 선교에 앞서가는 성천교회가 되게 하옵소서. 이 모든 말씀 주 예수님 이름 받들어 기도 드렸사옵니다. 아멘.

2011년 10월 2일 •

　오늘까지 지켜 주신 하나님 은혜와 사랑에 감사드립니다.

　택하여 주신 저희들 예배의 자리로 나왔습니다. 저희들의 성결한 마음으로 드리는 예배를 기쁘게 받아 주시옵소서.

지금까지 입으로는 주님을 찬양하며 순종을 앞세우면서도 올바른 모습을 보여드리지 못했습니다. 형제를 사랑한다고 하면서도 내 잣대로 살면서 열매를 맺지도 못했습니다. 저희들의 허물을 덮어주시고 주님의 자비로 용서하여 주시옵소서.
　오늘도 주님의 말씀을 통해서 믿음으로 가득 채우는 심령이 되게 하시고 우리들의 삶을 변화시키는 시간이 되게 하옵소서.
　내가 택한 자가 그 손으로 원하는 것을 깊이 누리리라 하셨습니다. 수고한 대로 먹을 것이리라. 복되고 형통함을 열어주시겠다고 하셨습니다. 울며 씨 뿌린 자가 기쁨으로 거둘 수 있음을 깨닫게 하신 주님! 감사드립니다.
　지난여름 긴 장마와 이상기온으로 기대했었던 모든 열매를 흉년의 눈으로 바라보았던 저희들에게 가을의 풍성한 열매를 허락하신 주님께 감사할 수밖에 없는 저희들입니다. 믿음의 마음으로 바라보게 하시고 주님이 원하시는 삶을 다짐하게 하옵소서.
　말씀에 신속하게 날아가는 연수, 한 순간 뿐인 세월, 잠자는 것 같은 인생이라 하셨습니다. 금년도 빠른 세월은 90일 밖에 안 남았습니다. 연초에 다짐했었던 사명과 결단을 재정립하고 마무리 짓고 아름다운 결과를 두고 연말의 주님 앞에 서게 하옵소서.
　특별히 예비하여 주신 333 vision 센터를 주셔서 지역을 넓혀주신 주님께 감사드립니다. 분부하신 모든 것을 가르쳐 지키게 하는 성령이 되게 하시고, 우리의 자녀들을 주님의 교훈과 훈계로 양육하는 축복의 성전이 되게 하옵소서.
　소망이 넘치는 교회를 세우기 위해 열정과 헌신으로 주님 말씀을 대변하시는 사자 목사님을 사랑하시어 영육간에 강건함을 주시고 평강의 가정으로 보호하여 주시옵소서.

 부목사님들과 모든 동역자들의 마음이 하나가 되어 교회 부흥에 앞장서게 하시고 해외 선교에 헌신하는 양지용 선교사와 그의 가족을 보호하여 주시옵소서.

 오늘도 모든 성가대의 찬양을 기뻐 받으시고 함께 하시는 주님께서 주시는 평강이 그들 가정을 떠나지 않게 하옵소서. 영육 간에 상처 받고 아픔이 있는 교우들을 사랑하시사 예배 중에 찬송과 기도하는 가운데 치료 받고 나아서 간증하는 교우가 되게 하옵소서.

 주님 말씀에 뿌리를 두고 평생을 의지하는 교우들의 마음이 성전의 기둥이 되게 하시고 앞서 나가는 교회, 우뚝 선 교회가 되게 하옵소서. 이 모든 말씀 주 예수님 이름 받들어 기도드렸사옵나이다. 아멘.

2011년 11월 20일 • 추수감사절 기도문

 사랑의 주님! 지금까지 베풀어 주신 은혜에 감사드립니다. 세상에 붙들리지 않고 말씀에 뿌리를 두고 드리는 저희들의 예배를 기쁘게 받아 주시옵소서.

 오늘도 말씀을 통해서 구원의 확신을 심어 주시고 저희들의 믿음이 자라나게 하옵소서. 어둡던 마음을 밝게 하여 주시고, 불평하는 마음을 감사하는 마음으로, 원망하는 마음을 찬송하는 마음으로 드리는 예배가 되게 하옵소서.

 "네가 나를 사랑하느냐"라고 마음에 물으실 때마다 저희들은

"예" 라고 말씀드리지만 수시로 변화하는 세상에 사로잡혀 세상사람 속에서 만족을 찾으려는 저희들의 삶이 주님의 진리를 찾지 못하고 방황하고 있음을 용서하여 주시옵소서.
　(골 3:15) 그리스도의 평강이 너희 마음을 주장하게 하라. 평강을 위하여 너희 마음을 주장하게 하라. 평강을 위하여 너희가 한 몸으로 부르심을 받았나니 또한 너희는 감사하는 자가 되라 하신 말씀을 기억하며 어떠한 환경 속에서도 감사하며 살아가게 하옵소서.
　오늘은 특별히 추수감사의 날로 허락하신 하나님께 감사드립니다. 알곡을 거두게 하시고 주님과 기쁨을 함께 나누시기를 기뻐하시는 줄 믿습니다. 이 자리에는 곡식을 털어서 열매를 드리는 손길이 있습니다. 적은 물질이나마 드리는 마음을 받아주시고 감사하며 기쁨으로 드리는 마음을 받아주시고 드리는 모든 소원을 위해 축복을 내려 주시옵소서.
　금년도 40여일 밖에 안 남았습니다. 지난날 삶의 무게를 감당하지 못하고 상한영의 탄식소리와 죄에 노출되어 있는 영과 육이 묶여있는 사슬을 풀어주시고 주님께 그리는 찬양과 기도 가운데 아픔과 고통을 치유케 하시고 한 해를 아름답게 마무리하며 정리하는 날이 되게 하소서.
　오늘도 귀한 말씀을 들고 서시는 사자 목사님을 위해 기도합니다. 지금까지 저희들을 말씀과 믿음으로 양육하시어 붙잡아 주셨음을 감사드립니다.
　늘 양육함에 강건함으로 붙들어 주시고 하나님의 거룩하신 말씀을 마음껏 증거하게 하옵소서.

보필하시는 교역자와 양지용 선교사님과 함께 하나가 되게 하셔서 성령으로 인도하심 따라 든든히 세워가는 교회, 죄를 다스리는 교회로 부흥되게 하시고 이 지역을 품고 세상을 향하여 선교에 앞서가는 교회 세상을 믿음으로 변화시키며 부흥되는 교회가 되게 하옵소서.

오늘도 찬양대를 붙들어 주시어 주님께 한없는 영광을 거두시고 찬양대에 한 없는 은혜를 내려 주시옵소서. 이 모든 말씀을 주 예수님 이름 받들어 기도드렸사옵나이다. 아멘.

2011년 12월 7일 • 기도문

저희들의 예배를 받아주시는 하나님! 금년 한해에도 함께 하시고 인도하여 주신 은혜 감사합니다. 날마다 우리의 삶이 주님을 향하게 하시고 믿음에 살면서 승리하게 하옵소서.

금년에도 베풀어 주신 은혜로 저희들 생활을 조명해 봅니다. 아픔과 눈물의 시간도 "항상 기뻐하라" 하신 말씀에서 마음의 평안을 찾을 수 있었습니다. 어렵고 힘들었던 시간도 "쉬지 말고 기도하라" 하신 말씀에서 위안의 응답을 받을 수 있었습니다. 암울한 환경과 삶의 높은 장벽도 "감사하라" 하신 말씀에서 새로운 환경을 찾게 하신 하나님께 감사를 드립니다.

소망의 하나님! 지금의 세계 경제는 걷잡을 수 없는 혼란으로 치닫고 있습니다. 우리나라의 경제 사정도 어려운 가운데 회복의 시간을 예측할 수 없는 상황에 있습니다. 강퍅해지는 사회 인심과 어려운 서민생활은 점점 빈약해지고 있습니다.

사랑의 하나님! 이 난국은 전능하신 하나님의 도움 없이는 해결이 안 될 것으로 믿습니다. 먼저 주님을 앙모하고 경외하는 이들로 하여금 베푸는 사랑들을 이해와 용서로 변화되게 하옵시고 위정자와 지도자들로 하여금 난국을 해결할 수 있는 지혜와 명철을 내려 주옵소서.

분단된 이 나라의 아픔도 더욱 깊어만 가고 있습니다. 반목과 대결을 피하게 하시고 문제의 핵심은 대화로 풀게 하옵소서. 특별히 헐벗고 굶주림에 있는 북한 동포를 불쌍히 여기사 하나님의 사랑으로 품어 안게 하시옵소서.

금년의 남은 날들도 믿음 안에서 생각하면서 새로운 한해 새로운 날들의 삶을 위해 준비하게 하소서.

지금까지 인도하여 주신 "에벤에셀"의 주님을 사랑합니다.

찬양 가운데 좌정하신 하나님! 성가대의 찬양을 기쁘게 받아주시고 그들의 노고를 기억하시옵소서.

오늘도 하나님의 말씀의 능력을 대변하시는 사자 목사님을 통해서 귀를 기울이게 하시고 "젖과 꿀이 흐르는 땅"을 찾아서 가는 저희들 앞날에 방해하는 사탄을 근접하지 못하게 막아 주시옵소서. 이 모든 말씀 주 예수님 이름 받들어 기도드렸사옵나이다. 아멘.

2012

2012년 • 첫 기도문

사랑의 하나님! 우리의 가정과 교회와 나라와 민족을 지켜주신 은혜에 감사드립니다.

어김없이 허락하신 새해의 첫 예배에서 주시는 말씀을 통해서 주님의 뜻을 이루는 시작이 되게 하옵소서.

365일 모든 날을 주님의 뜻대로 살기를 원합니다. 맡겨진 사명을 감당케 하시고, 기도와 찬송과 감사 가운데 믿음이 자라나게 하시고, 교회 부흥을 위해 힘써 복음 전도에 앞장서게 하옵소서.

교회가 세운 계획을 주님 안에서 열매를 맺어가는 한해가 되게 하옵소서.

각 기관마다 성령의 역사로 살아 움직이게 하시고 지난해 주신 감사를 기억하며 평생의 감사 날로 이어지게 하옵소서.

소통 부족으로 멀어진 이웃이 있으면 화해와 용서로 아우러지게 하옵시고 2011년에 예기치 못한 사건사고를 상처와 아픔과 치유치 못한 이웃들의 아픔과 함께 나누는 "이웃사랑"을 실천케 하옵소서.

작금 정치적으로 불안한 이 나라를 간섭하시어 장로 대통령을 통해서 하나님께서 주시는 놀라운 지혜로 평화가 정착될 수 있는 한해가 되게 하옵소서.
　지난 해에 간구하게 기다렸던 기도의 응답을 받지 못하였음을 짚어보고 회개하게 하옵소서.
　'구하라 주실 것이다' 하였습니다. '찾으라 그리하면 찾아낼 것이다' 하셨습니다. '문을 두드리라 그리하면 열릴 것이다' 하셨습니다. 하오나 지은 죄의 용서만 바랄 뿐 기쁘시게 한 믿음과 감사 없는 생활과 때론 기다리지 못해 받지 못한 응답이 아니었는지? 짚어보고 회개하게 하옵소서.
　새해에는 기쁘시게 하고 믿음과 감사하는 삶이 주님 안에서 때를 기다리며 구하며 찾으며 두드리면 열리는 응답을 받는 삶이 되게 하옵소서.
　오늘도 하나님의 말씀을 주시는 사자 목사님의 입술의 부르짖음이 간증이 되게 하시고 증언 하시는 입술의 열매가 우리들의 양식이 되게 하옵소서.
　부목사님, 선교사님, 그리고 모든 사역자의 마음이 하나가 되어 교회 부흥의 힘을 모으게 하옵소서. 우뚝 선 교회가 되게 하옵소서. 시간과 마음을 모두 준비한 각 찬양대의 찬송의 기도를 흠향하시고 주님의 축복이 흘러넘치는 삶이 되게 하옵소서. 이 모든 말씀 주 예수님의 이름 받들어 기도드렸사옵나이다. 아멘.

2012년 1월 27일 • 금요 영성의 밤 기도문

하나님의 사랑과 은혜에 감사드립니다. 세상에 붙들리지 않게 하시고 주님을 허락하신 하나님께 감사드립니다.

저희들에 영과 눈과 귀를 열게 하시고 주님을 경외하며 사모하는 마음이 말씀에 집중케 하시어 깨닫고 은혜 받는 시간이 되게 하옵소서.

(히 10:12) 우리가 마음에 뿌리를 받아 악한 양심으로부터 벗어나고 몸은 맑은 물로 씻음을 받았으니 참마음과 온전한 마음으로 하나님께 나아가는 한해가 되게 하옵소서.

이 자리에 참석치 못한 교우들에게도 주시는 말씀의 음성이 어느 곳에 있던지 그들의 귀를 두드리게 하셔서 믿음의 생활에서 멀어지지 않게 하옵소서.

내가 곧 생명의 떡이니 내게 오는 자는 결코 주리지 않을 터이니 나를 믿는 자는 영원히 목마르지 아니 하리라 하신 성령의 권능 아래서 생활하고자 할진데 말씀의 인도하심을 받고 소란스런 나날에서 평강을 주시는 하나님을 알게 하옵소서.

오늘도 사자 목사님을 통해서 주시는 말씀이 하나님을 알게 하는 귀한 시간이 되게 하옵소서. 애쓰고 정성껏 드리는 성가대의 찬양을 흠향하시고 그들 가정의 축복을 누리고 떠나지 않게 하옵소서. 이 모든 말씀 주 예수님 이름 받들어 기도드렸사옵나이다. 아멘.

2012년 2월 19일 • 대예배 기도문

하나님의 사랑과 은혜에 감사드립니다. 내 마음에 맞는 사람은 나의 뜻을 다 이루리라 하신 주님! 주님의 마음에 맞는 사람으로 거듭나기 위해 이 자리에 모이게 하셨음을 감사드립니다.

(시 40:16) 주님을 찾는 사람마다 주안에서 즐거워하고, 기뻐하게 하시며, 주님의 구원을 사랑하는 자들에게 여호와를 위대하시도다 라고 말하게 하옵소서.

(시 150:6) 호흡 있는 자마다 여호와를 찬양케 하시고 즐겨 순종하는 자를 땅의 아름다운 소산을 먹게 하옵소서.

(시 9:10) 주의 이름을 아는 자는 주님을 의지하게 하시고 주님을 찾는 자마다 버리시지 않음을 믿습니다.

장막에 가시덤불이 있으면 안식과 평안을 누릴 수 없다고 하셨습니다. 어두움에 붙들리지 않고 축복에 머무르게 하시고 하나님의 사랑과 은혜 안에서 평강을 누리게 하옵소서.

특별히 연초에 소망했던 우리의 삶이 365일 주 안에서 살기를 원했었습니다. 맡겨진 사명을 감당케 하시고 교회가 세운 계획이 열매를 맺기 위해 신년 첫 부흥 성회에서 주신 말씀에 힘입어 전도로 부흥되는 교회가 되게 하옵소서. 살아가면서 저희들을 에워싼 고난을 벗어나게 하시고 어려움과 아픔이 닥쳤을 때 염려하거나 좌절치 않고 더 좋은 것으로 체험하며 복을 누리게 하옵소서.

(대상 4:10) 야베스의 기도를 기억합니다. "주께서 내게 복을 주시려거든 나의 지역을 넓히시고 주의 손으로 나를 도우사 나로 환난을

벗어나 내게 근심을 없게 하옵소서" 하였더니 야베스가 구하는 것을 허락하신 것같이 번영을 구하는 우리들의 기도를 허락하시옵소서.

오늘도 하나님 말씀을 대언하시는 사자 목사님의 음성이 간증이 되게 하시고 입술의 열매가 우리들의 양식이 되게 하옵소서.

모든 직분자의 힘이 하나가 되어 교회 부흥에 밑거름이 되게 하시고 우뚝 선 교회가 되게 하옵소서.

모든 찬양대의 뜨거운 찬양을 흠향하시고 그 찬양이 복이 되어 누리며 기쁨이 넘치는 아름다운 삶이 되게 하옵소서. 이 모든 말씀 주 예수님 이름 받들어 기도 드렸사옵나이다. 아멘.

2012년 3월 24일 • 헌금기도

사랑의 하나님! 복된 주일을 주셨고 복된 자리를 허락하셔서 은혜 받는 귀한 시간을 갖게 하신 하나님께 감사와 찬양을 드립니다. 오늘 이렇게 모이게 하셨음은 시간과 몸을 바쳐 주님 위해 봉사하라고 하신 줄 압니다.

지식과 경험, 그리고 지혜와 명예를 바쳐서 주님의 영광을 나타내라고 하신 줄 믿습니다. 더욱이 물질을 바쳐서 주님 위해 봉사하고 영광을 나타낼 수 있도록 모여서 선을 이루게 하시는 줄 믿습니다.

헤아릴 수 없는 많은 감사의 조건을 가지고 바친 손길 위해 주님께서 기억하여 주시옵소서.

여인의 정성과 사랑을 더 귀하게 여기셨기에 향유의 값을 논하지 않으셨습니다. 과부의 동전 두 닢도 마음의 정성과 사랑이 담겨 있었기에 어느 부류의 돈보다 많은 것으로 인정하신 줄 압니다. 바침은 많고 적음에 있지 아니하고 우리의 정성과 마음에 따라 많고 적음을 깨우치게 하신 하나님! 받기만 원하고 바라기만 하는 믿음이 아니고 먼저 바치고 먼저 주님을 사랑하며 감사하는 믿음이 되게 하시옵소서.

정성의 물질을 사용할 때도 어두운 곳에 빛이 되게 하시고 사랑의 소금이 되게 하시어 오직 하나님의 영광만을 드러내는 쓰임이 되게 하소서. 이 모든 말씀 주 예수님의 이름 받들어 기도드렸사옵나이다. 아멘.

2012년 4월 8일 • 부활절 대표기도

하나님의 사랑과 은혜에 감사드립니다.

하나님의 능력과 사랑으로 만드신 만물을 분별케 하시어 4월의 온갖 꽃과 향기를 보고 느끼게 하셨음을 감사드립니다.

"나는 샤론의 수선화와 골짜기에 백합화로다 하셨음에 황무지 샤론 평야의 보잘 것 없는 꽃도 하나님의 거룩하시고 신성으로 피우게 하시어 어느 꽃과도 비교할 수 없는 사랑과 은혜로 가득 채워 아름답게 피우게 하신 줄 믿습니다.

모든 성도가 전도의 열려진 문으로 나오기를 바라시는 주님! 원하시는 뜻에 순종하여 황무지 샤론의 꽃처럼 피우게 하옵소서.

특별히 주신 16차 다니엘 새벽기도가 오늘로서 마침 되지 않게 하옵시고 새벽이면 열려지는 마음이 주님과의 대화의 장이 이어져 축복된 삶이 되게 하옵소서.

삶에서 벽에 무너졌던 어려운 일과 갈급한 심령들의 크고 작은 응답이 있은 줄 압니다. 허다한 응답을 받고 간증하므로 우리 교회가 부흥의 새장을 열어가게 하옵소서.

오늘은 예수님의 부활로 영생의 확신을 주신 하나님께 감사드립니다. 특별히 바울 사도의 말씀을 기억하게 하옵소서. 부활이 없었다면 하나님이 그리스도를 다시 살리게 아니하셨습니다. 우리의 믿음이 헛되고 여전히 죄 가운데 있다 했습니다. 세상의 삶뿐이면 모든 사람 가운데 우리가 더욱 불쌍한 사람들이라고 했습니다.

하나님! 진정한 소망의 근거로 주신 은혜에 감사드립니다. 부활의 마음으로 주님 안에서 존재할 수 있는 저희들은 세상 사람과 구별된 삶이 되게 하옵소서.

4월 11일은 나라의 흥망을 가늠한 인물들을 선택하는 날입니다. 평화의 나라 부강한 민족을 위한 일꾼들을 선택하게 하시고 우리나라가 성역화의 국가로 세워나가게 하옵소서.

오늘도 사자 목사님을 통해서 주시는 말씀이 하나님을 알게 하시는 귀한 시간이 되게 하옵소서. 애써 준비하고 드리는 예배 성가대의 찬양을 흠향하시어 그들 가정이 축복을 누리고 항상 하나님이 함께 하시는 가정이 되게 하옵소서. 이 모든 말씀 주 예수님 이름 받들어 기도드렸사옵니다. 아멘.

2012년 5월 27일 • 대예배 기도문

하나님! 사랑과 은혜에 감사드립니다. 오늘도 영광과 찬양을 드리고 자 모였습니다. 은혜의 말씀으로 공허한 마음을 채워 주시옵소서.
저희들의 삶이 예배가 되게 하시고 마음을 모아 신령과 진정으로 드리는 산제사가 되게 하옵소서.
5월을 가정의 달로 허락하신 하나님! 가정과 가족을 주시어 부모를 통해서 책임을 갖게 하심을 감사드립니다. 갖가지 이름을 붙여 5월을 귀한 가정의 달로 주셨으나 지금의 우리 환경은 주님이 원하시는 가정을 꾸리지 못하고 있음을 용서하여 주시옵소서.
소돔과 고모라 같은 어두움의 문화가 우리들의 자녀들에게 한시도 눈을 뗄 수 없는 세상의 풍토를 감당치 못한 시대에 살고 있습니다.
주님의 사랑으로 양육할 수 있게 하여 주시옵소서.
어느 화가의 고뇌를 기억합니다. 세상에서 가장 만족한 화폭에 담을 그림을 평생 찾지 못하고 실망 가운데 방황하다가 아내가 앞치마를 두르고 정성껏 만든 음식을 식탁 위에 올려놓고 자녀들과 한상에 둘러 앉아 손잡고 기도하는 모습을 발견하여 가장 만족한 그림을 화폭에 담을 수 있었던 화가의 행복함을 저희들도 공감할 수 있었습니다.
사랑의 주님! 저희들에게 주신 가정이 예수님을 주인으로 모시고 아름답고 행복한 가정을 누리게 하옵소서.
서로 복종하고 사랑하는 부부가 되게 하시고, 부모에게 순종하는 자녀들이 되게 하시고, 자녀들을 노엽게 하지 않는 부모가 되게 하시옵소서.
선생님의 그림자 조차 밟기를 꺼려했던 옛 선조들의 "섬기는 지혜를" 본받게 하옵소서.
5월의 가정의 달을 연례행사로 받아들이지 않게 하시고 생을 통해 주님의 말씀으로 아름다운 가정을 꾸리고 누리게 하옵소서.

(시 90:12) 우리에게 우리 날 계수함을 가르치사 지혜로운 마음을 얻게 하옵소서.

교회 부흥과 우리들의 믿음을 위해 시시때때로 하나님을 만나고 영접한 신앙 간증 집회를 허락하셨음을 감사드립니다.

특별히 오늘 저녁 김정택 장로님이 신앙 간증 집회로 우리의 삶을 주님 안에서 구원의 길로 인도하시는 기회를 놓치지 않고 나를 새롭게 발견할 수 있는 은혜의 시간이 되게 하옵시고 교회의 부흥과 우리들의 믿음이 자랄 수 있는 시간이 되게 하옵소서.

사랑의 하나님! 나약하고 병들고 소외된 이웃에게 사랑을 나누게 하옵소서. 시간과 물질과 함께 필요에 따라 도움을 하나님의 사랑으로 전하게 하옵소서.

오늘도 말씀을 대언하시는 사자 목사님을 강건하게 붙들어 주시어 전하는 이나 듣는 이 모두가 복되게 하옵소서.

모든 성가대원들에게 주님의 큰 은혜와 사랑을 덧입혀 주셔서 아름다운 찬양을 주님을 높이게 하시고 행복한 예배에 밑거름이 되게 하옵소서. 이 모든 말씀 주 예수님 이름 받들어 기도드렸사옵나이다. 아멘.

20012년 7월 15일 • 대예배 기도문

만물을 친히 주신 하나님! 거룩한 성전으로 불러주시고 주님의 자녀 된 기쁨을 누리며 살게 하신 하나님께 감사드립니다.

오늘도 하나님을 배우고 알아가는 시간이 되게 하옵소서.

폭염이 자칫 부자유스러운 계절을 느껴지나 영원하신 능력과 신성이 주님께서 만들어 분명히 보며 알게 하셔서 모든 자연을 무성하게 자라서 유익을 주시고 저희들은 땀 흘려 식물을 가꾸며 싱그러운 열매를 바라보며 소망을 갖게 하신 하나님께 감사를 드립니다.

가물어 메마른 땅을 바라보며 한 숨지며 막연했던 저희들에게 조건 없이 단비를 주시어 땅과 마음을 해갈하여 주신 은혜에 감사할 뿐입니다.

너희가 사방으로 우겨 쌈을 당하여도 싸이지 아니하고 답답한 일을 당하여도 낙심치 말라고 하셨으나(고후 4:8) 주님 말씀에 거하지 못하고 실망과 원망을 반복하며 살았음을 고백 합니다. 용서하여 주시옵소서.

은혜의 하나님! 7월을 하나님 말씀의 근간으로 하여 우리나라의 법의 제정을 허락하신 줄 압니다. 주신 법안에서 만민이 법아래 평등하게 하시고, 법을 악용하는 자의 올무에 걸리지 않게 지혜를 주옵시고, 우리 스스로가 질서를 존중하고 지키는 주님의 자녀가 되게 하옵소서.

교회를 사랑합니다. 특별히 기독의 교육의 강화의 달을 허락하신 주님! 어린 자녀들을 성경학교와 수련회에 통해서 주님을 만나고 그리스도 안에서 성장하며 기쁨을 체험하게 하옵소서! 특별히 이들을 위해 애쓰며 준비하는 선생님들을 건강으로 보호해주시고 특별한 능력을 주시옵소서.

지금 사회는 저희들에 자녀들을 마음 놓고 세상에 맡길 수도 허락하기도 어려운 때인 줄 압니다. 오직 주님의 말씀으로 양육되어 어두운 세력에게 지배받지 않고 성장할 수 있도록 인도하여 주시옵소서.

사랑의 하나님! 우리 주변에는 병들고 소외된 이웃이 많이 있습니다. 병들어 고통받는 교우와 물질로 어려움 받는 이웃 모두에게 주님의 사랑의 손길을 치유케 하시고 어려움을 해결하여 주시옵소서.

찬양을 드리기 위해서 늘 준비하고 애써 힘쓰는 성가대에게 주님의 은혜와 축복이 항상 함께 하여 주시옵소서.

이 시간 말씀을 위해서 세우신 사자 목사님을 붙들어 주시옵소서. 성령의 권능과 말씀의 권능으로 세워주신 줄 압니다. 말씀을 통해서 주님 뜻대로 살아가게 하옵소서. 항상 목사님의 영혼과 인생을 사랑하시고 주야로 사역하시는 그를 축복으로 보호하여 주시옵소서. 이 모든 말씀 주 예수님 이름 받들어 기도드렸사옵니다. 아멘.

2012년 9월 2일 • 대예배 기도문

하나님 사랑과 은혜에 감사드립니다. 성스러운 오늘 아름다운 성전에서 저희들의 갈급한 심령들은 주시는 말씀으로 위로 받고자 모였습니다. 저희들의 영혼을 기쁨과 자유 함을 얻게 하옵소서. 생존경쟁에서 빗겨갈 수 없는 갈등과 분노로 얼룩진 마음도 주시는 말씀 받고 변화되어 새사람이 되게 하옵소서.

계절 따라 삶의 모양을 바꾸고 적용케 하시는 하나님 은혜에 감사드립니다. 폭염과 폭우에도 씨뿌린 자들의 결실한 열매를 풍성의 눈으로 바라보았습니다. 하오나 원치 않는 태풍으로 이들의 마음이 허탈과 실의에 빠져 있습니다. 상처 받고 허탈한 이들의 마음을 위로 받게 하옵소서.

"고난 뒤에는 숨겨진 하나님의 축복"을 주실 줄 믿습니다. 주님의 참뜻을 발견하고 전에 없는 축복의 역사가 일어나게 하옵소서. 씨 뿌리며 열매 맺기까지 우리들의 신앙생활도 들여다보고 회개하게 하시옵소서.

하나님의 돌보심을 의심의 눈으로 바라보고 살 때가 많이 있었습니다. 풍성한 열매를 바라보면서도 감사를 모를 때가 많았습니다. 이웃 사랑과 전도의 지상명령도 순응 못했습니다. 저희들의 생활이 하나님 중심에서 벗어났음을 용서하여 주시옵소서.

나라와 민족을 위해 기도합니다. 이웃나라의 파렴치한 탐심이 민족의 분노를 일으키고 있습니다. 동족의 첨예한 사상 대립으로 긴장 가운데 있습니다. 역사의 무질서하게 깊이 병들고 있습니다. 이 어려운 난관을 저희들이 감당하기에는 한계가 있습니다. 이 땅의 교회가 앞장서서 바로 세우게 하옵소서.

기록된 말씀과 선포된 말씀에서 많은 선지자들은 금식하며 기도로 나라를 구했습니다. 전능자 하나님을 의지하는 간구의 기도만이 나라를 바르게 세워나갈 줄 압니다. 어려운 이 나라를 붙들어 주시고 보호하여 주시옵소서.

이제 남은 한 해를 잘 마무리 할 수 있도록 기도합니다.

"열매 맺지 못한 나무마다 불에 던져 버리겠다" 하신 주님! 얼마 남지 않은 한해를 영적 긴장 속에서 잘 마무리 할 수 있도록 인도하여 주시옵소서.

오늘도 귀한 말씀을 들고 서시는 사자 목사님을 위해 기도합니다. 지금까지 말씀과 신앙으로 잘 양육케 붙들어 주신 은혜에 감사드립니다. 늘 영육 간에 강건함으로 붙들어 주시고 말씀 전하실 때마다 성령의 능력이 함께 하셔서 거룩한 뜻을 증거케 하옵소서. 이 모든 말씀 주 예수님 이름 받들어 기도드렸사옵니다. 아멘.

기도의 향연

인쇄일 2013년 2월 28일
발행일 2013년 2월 28일

지은이 이희식
펴낸이 김화인
디자이너 김진순
펴낸곳 도서출판 조은
주소 서울시 중구 인현동1가 19-2번지
전화 (02)2274-2408
출판등록 1995년 7월 5일 등록번호 제2-1999호
ISBN 978-89-94329-34-5
정가 10,000원

※ 잘못된 책은 바꾸어 드리겠습니다 ⓒ